世界哲學家叢書

盧 卡 奇

謝 勝 義 著

2000

東大圖書公司印行

國家圖書館出版品預行編目資料

盧卡奇 / 謝勝義著. -- 初版. -- 臺北市：
東大, 民89
　面； 　公分. -- (世界哲學家叢書)
　ISBN 957-19-2205-6 （精裝）
　ISBN 957-19-2206-4 （平裝）

1. 盧卡奇(Lukacs, Georg, 1885-1971) - 學
術思想 - 哲學

149.6   88011540

網際網路位址　http : // www. sanmin. com. tw

© 盧卡奇

著作人　謝勝義
發行人　劉仲文
產權人
著作財　臺北市復興北路三八六號
　　　　東大圖書股份有限公司
發行所　東大圖書股份有限公司
　　　　地址／臺北市復興北路三八六號
　　　　電話／二五○○六六○○
　　　　郵撥／○一○七一七五──○號
印刷所　東大圖書股份有限公司
總經銷　三民書局股份有限公司
門市部
　　　　復北店／臺北市復興北路三八六號
　　　　重南店／臺北市重慶南路一段六十一號
初版　中華民國八十九年一月
編號　E 14104
基本定價　肆元
行政院新聞局登記證局版臺業字第○一九七號

ISBN 957-19-2206-4 (平裝)

「世界哲學家叢書」總序

　　本叢書的出版計畫原先出於三民書局董事長劉振強先生多年來的構想，曾先向政通提出，並希望我們兩人共同負責主編工作。一九八四年二月底，偉勳應邀訪問香港中文大學哲學系，三月中旬順道來臺，即與政通拜訪劉先生，在三民書局二樓辦公室商談有關叢書出版的初步計畫。我們十分贊同劉先生的構想，認為此套叢書（預計百冊以上）如能順利完成，當是學術文化出版事業的一大創舉與突破，也就當場答應劉先生的誠懇邀請，共同擔任叢書主編。兩人私下也為叢書的計畫討論多次，擬定了「撰稿細則」，以求各書可循的統一規格，尤其在內容上特別要求各書必須包括（1）原哲學思想家的生平；（2）時代背景與社會環境；（3）思想傳承與改造；（4）思想特徵及其獨創性；（5）歷史地位；（6）對後世的影響（包括歷代對他的評價），以及（7）思想的現代意義。

　　作為叢書主編，我們都了解到，以目前極有限的財源、人力與時間，要去完成多達三、四百冊的大規模而齊全的叢書，根本是不可能的事。光就人力一點來說，少數教授學者由於個人的某些困難（如筆債太多之類），不克參加；因此我們曾對較有餘力的簽約作者，暗示過繼續邀請他們多撰一兩本書的可能性。遺憾的是，此刻在政治上整個中國仍然處於「一分為二」的艱苦狀態，加上馬列教條的種種限制，

我們不可能邀請大陸學者參與撰寫工作。不過到目前為止，我們已經獲得八十位以上海內外的學者精英全力支持，包括臺灣、香港、新加坡、澳洲、美國、西德與加拿大七個地區；難得的是，更包括了日本與大韓民國好多位名流學者加入叢書作者的陣容，增加不少叢書的國際光彩。韓國的國際退溪學會也在定期月刊《退溪學界消息》鄭重推薦叢書兩次，我們藉此機會表示謝意。

原則上，本叢書應該包括古今中外所有著名的哲學思想家，但是除了財源問題之外也有人才不足的實際困難。就西方哲學來說，一大半作者的專長與興趣都集中在現代哲學部門，反映著我們在近代哲學的專門人才不太充足。再就東方哲學而言，印度哲學部門很難找到適當的專家與作者；至於貫穿整個亞洲思想文化的佛教部門，在中、韓兩國的佛教思想家方面雖有十位左右的作者參加，日本佛教與印度佛教方面卻仍近乎空白。人才與作者最多的是在儒家思想家這個部門，包括中、韓、日三國的儒學發展在內，最能令人滿意。總之，我們尋找叢書作者所遭遇到的這些困難，對於我們有一學術研究的重要啟示（或不如說是警號）：我們在印度思想、日本佛教以及西方哲學方面至今仍無高度的研究成果，我們必須早日設法彌補這些方面的人才缺失，以便提高我們的學術水平。相比之下，鄰邦日本一百多年來已造就了東西方哲學幾乎每一部門的專家學者，足資借鏡，有待我們迎頭趕上。

以儒、道、佛三家為主的中國哲學，可以說是傳統中國思想與文化的本有根基，有待我們經過一番批判的繼承與創造的發展，重新提高它在世界哲學應有的地位。為了解決此一時代課題，我們實有必要重新比較中國哲學與（包括西方與日、韓、印等東方國家在內的）外國哲學的優劣長短，從中設法開闢一條合乎未來中國所需求的哲學理

路。我們衷心盼望，本叢書將有助於讀者對此時代課題的深切關注與反思，且有助於中外哲學之間更進一步的交流與會通。

最後，我們應該強調，中國目前雖仍處於「一分為二」的政治局面，但是海峽兩岸的每一知識分子都應具有「文化中國」的共識共認，為了祖國傳統思想與文化的繼往開來承擔一分責任，這也是我們主編「世界哲學家叢書」的一大旨趣。

傅偉勳　韋政通

一九八六年五月四日

自　序

　　思想的辯證與辯證的思想之後設批判模式，乃是傑出思想家的特徵。理論與實際或實踐的對應端賴仲介體的轉化，否則將陷入異化的僵化現象。

　　享譽西方馬克思主義之父的盧卡奇，集這種特徵於一身。他擁有布達佩斯大學的哲學博士學位，除了前往德國學界請益之外，又參與當時匈牙利的各種政治活動，因而歷經內心世界的二重性的對立與掙扎，建構一些足以對資本主義和共產主義社會有影響的批判性理論。

　　針對盧卡奇一生中辯證的思惟與實踐的經驗知識，吾人試圖從中獲得一些啟蒙的認識與思索的依據。因而，本書藉以探討盧卡奇的三化理論思想體系作為認識與思索的主軸。　盧卡奇的啟蒙論點主要是有：

　　第一、早期浪漫主義式的反資本主義之理念，導引他關心周遭的社會環境之難題。當時的議題是，資本主義社會既存的貧窮、戰爭和科學所帶來的文明危機。他背負著救世主義的意識形態之角色，期盼能進行具體的改造。儘管，盧卡奇內心世界充滿著強烈正義感的救世角色，但是，他卻面臨著思惟上認識的難題與具體世界改造的障礙。換句話說，盧卡奇所思惟的內心世界與實際所觀察的客觀世界形成對立與衝突之現象。他的思惟方法之基礎卻是不同於實際既存的現實條

件。這些對立的事實產生了一道不易跳躍的障礙。因此，克服障礙的方法決定了產生具體成果的首要條件。

其理由是，僅就辯證法的模式就存有三種──黑格爾式的正三角形、馬克思式的反三角形、恩格斯式的細胞分裂流動形。盧卡奇在早期的思考方式必然侷限在德國觀念論的黑格爾式之辯證法。之後，盧卡奇為了釐清正統馬克思主義理論體系，勢必澄清馬克思與恩格斯辯證法的差異，也同時批判當時以史達林為首的共黨國家和庸俗馬克思主義者之方法。

第二、盧卡奇觀察資本主義社會的弊病，以及審視前蘇聯共產黨革命成功例子，一再鼓舞救世主義的信念，並且處理與調和思惟上的二重性難題，使之達到統一的範疇。

第三、直接性的對立需要仲介物的辯證調和。所有人類的各種形式的關係不外顯現出直接與間接的結構。畢竟關係的結構得以永續發展的生機，端賴建築關係的主客之間存有仲介物的調和。也就是說，這個仲介物除了扮演媒介的角色之外，必須具有對立物之共相，方能發揮媒介之功能。僅就整體而論，仲介物的功能務必調和異同要素使成統一，才能稱為媒介角色。這就如盧卡奇所提出商人乃是出售者與購買者的仲介角色。直接性與仲介固然是處於對立的局面，但是兩者欲趨於統一就得透過辯證的過程。

第四、資本主義社會的內在性質與外在的形式之整體表徵，可以以單一面向的核心概念把握它的普遍現象意含。每一位思想家都有他獨特的觀察基礎概念。盧卡奇除了受到五位思想家的影響，也建構他自己的三化理論體系──異化、物化與事化。這三種轉化過程都發生在人類的意識當中。舉凡受到三化的意識世界就是指既存存在資本主義社會的人類生活範疇。因此，盧卡奇主張，如果人類要超克這種三化

的意識世界，則以批判性的辯證手段，才能跳躍到第三種的自然世界（第一種自然世界是指未受三化的世界；第二種自然世界是指已經受到三化過程的世界）。

綜觀盧卡奇分析資本主義社會的思想，吾人可以瞭解的一個定理是，不論是資本主義或是共產黨領導的社會主義，意識形態的特徵是有其內在並存的難題。如果，意識形態的建築過度抽象而異化於生活具體世界，則也表徵它的烏托邦屬性的侷限點。

本書之探討工作得以推展，首先要感謝我最敬愛的三位恩師——易君博教授、洪鎌德教授以及已故的傅偉勳教授指導。另外，個人也要向對本文提供寶貴意見的學長們致萬分的謝意。 格外不能忽視的是，內人在工作之餘以及兩子在課業之外協助電腦打字與校對工作，尤其個人分外對東大圖書公司劉先生的支持表示感激。

謝勝義

1999 年 11 月於大屯山下

盧卡奇

目　次

第三章　影響盧卡奇的思想家

第四章 盧卡奇三化論的體系

第五章 盧卡奇三化論之批判

第一章 緒 論

1.1 研究動機

　　拉潘特(Francois H. Lapointe)在其新編的《盧卡奇與其批判者》一書中，總共蒐集全世界研究盧卡奇的著作為數有 2087 篇（本）。這一輯所包含的時間是從 1910 ～ 1982 年。其中有英、德、法、義、西或其它語文。依編輯者之說明，盧卡奇過去只成名於中歐的學界，如今已成為國際上在文學、哲學，特別是馬克思主義學所要討論的對象❶。

　　又按照哈特曼(Jürgen Hartmann)編《盧卡奇的著作輯》，從 1902 ～ 1965 年共有 882 篇（本）❷。從為數不少的研究著作及盧卡奇自己發表的作品之數量來看，這都足以證明他普受學界重視。吾人

---

❶ Francois H. Lapointe, *G. Lukács and His Critics* (Westport, Connecticut: Greenwood Press, 1983), p. vii.

❷ Jürgen Hartmann, *Bibliographie Georg Lukács, Festschrift zum achtzigsten Geburtstag von Georg Lukács* , Hrsg. von Frank Benseler (Neuwied und Berlin: Hermann Luchterhand Verlag GmbH., 1965), S. 625ff.

探討的目的並不是受這些數目之吸引，而是他的思想。從其自傳顯示，盧卡奇從戲劇進入文學領域，再轉入研究哲學的範圍。並使他再次深入哲學研究之主要原因是：

1. 在匈牙利的大學教育，不能滿足他的求知慾。

2. 為了要進一步探討馬克思(Karl Marx)之哲學及追溯正統馬克思主義(orthodox marxism)思想，不再像第一次透過席默爾(Georg Simmel)的觀點看馬克思，而是由於他自己的興趣與需要。盧卡奇批判當時共產國際並反對普列漢諾夫和梅林的「正統馬克思主義」，並且認為這兩個人都是修正主義者。因為，他們都力圖用資產階級哲學來補充馬克思主義。此外也反駁恩格斯(Friedrich Engels)的自然辯證法(Dialektik der Natur)。盧卡奇又指出：「所謂自然辯證法，不應再被看作是和社會的辯證法(dialectics)並行，在《歷史與階級意識》中，拒絕了這種並行的看法，而應該看作為它的前史」❸。

盧卡奇的著作引起共產國際主席季諾維也夫(C. Zinovev)在第五次大會上的斥責，就是這一本《歷史與階級意識》。因為盧卡奇是首先注意異化論(theory of alienation)的人❹。這一理論主要是出現在該書第四章〈物化與無產階級(Proletariat)〉之中。在這一本書中，最為引起注意的就是這個物化論。盧卡奇也因為這個物化論而被迫作「自我批判」(Selbstkritik)。吾人由此得知，盧卡奇批判當時的共產國際為「非正統」的馬克思思想，因而落得被迫「自我批判」。因此，本文就以異化(Entfremdung)、物化與事化(Versachlichung)等理

---

❸ Georg Lukács, *Gelebtes Denken* (Frankfurt am Main: Suhrkamp Verlag, 1981), S. 268ff.

❹ 侯立朝編，《哲學經濟學》一書中之附錄，頁 319：鄭學稼著，〈論馬克思的異化論〉。

論建構的過程作為探討盧卡奇思想的研究主題。

　　盧卡奇所建構的異化、物化與事化等三化論，是因為他所處的現實社會背景的刺激，並受到五位主要思想家的影響，以及自己參與實際黨的活動後之體驗。這三項關鍵因素都是源自於資本主義社會。也就是說，盧卡奇的三化論是基於五位思想家的主要概念與方法，尤在觀察資本主義社會之後，所建構的一種社會理論。也就如阿烈特(Andrew Arato)所指：「物化論是試圖闡述一種辯證的社會理論(dialectical method of society)」❺。

1.2　內容探討

　　研究資本主義社會的利弊之學者，除了早期的馬克思之外，仍有許多著名學者指出不同的見解及處理方法。盧卡奇所經歷的情形也不例外。

　　他觀察資本主義社會主要是受到五位思想家的核心概念影響。例如，席默爾的《貨幣哲學》裡的物化之文化、韋伯(Max Weber)的《新教倫理與資本主義精神(spirit of capitalism)》的合理化(rationalization)、馬克思的《資本論》之商品拜物教、黑格爾(G.W.Γ.Hegel)的《精神現象學》的辯證法、以及恩格斯的《自然辯證法》。也就是說，盧卡奇的三化論的母體就是資本主義社會。如果沒有這種社會背景存在以及前述的五位思想家思想，則盧卡奇就不會提出這種三化理論的體系。他與馬克思一樣，分析這種社會的歷史及其主人的角色。 馬克思認為資本主義社會有兩大階級 —— 資產階級(bour-

---

❺ Andrew Arato, *The Young Lukács and the Origins of Western Marxism* (New York: The Seabury Press, 1979), p. 113.

geois)與無產階級。由於階級的利益,所以透過內在的矛盾和剩餘價值的剝削,而引起階級鬥爭。在這個過程之中,無產階級必然是勝利者。雖然盧卡奇也認為資產階級將由無產階級取而代之,但是兩人的分析仍有不同之處。盧卡奇的見解是因物化造成人格分離勞動者,引起革命意識而起來對抗資產階級並取而代之。

　　盧卡奇關心歷史的未來,所以他著重於資本主義發展特徵的分析。為了凸顯出資本主義社會的特徵,他也分析前資本主義社會,尤其比較前後兩種社會的差異。這種差異就是指,產生物化之條件的區別。物化的基礎,就是商品(Ware)。盧卡奇稱馬克思分析資本主義是始於商品的分析。但是,盧卡奇的分析是以勞動為開始,進而再探討商品的問題。因為,在前資本主義的社會裡,每個人的勞動只用來滿足自己使用價值的需要。當時的勞動者所生產的東西不是用來交換。也就是說,經勞動生產的勞動產品並沒有拿到市場去交換,這種生產勞動產品的方式與目的,不是為了滿足市場需求或進行交換。他們純粹是只為了個體的生活需要才生產,這種產品乃是自己勞動力加上智力的產物。個體可以看到自己的產品是自己的成就或成果,個人對產品有感情,保有人的本質存在,人不會與自己的成果產生疏離與對立。因此,自給自足的生產方式,是前資本主義社會的特徵。雖然,當時的社會仍有少量的交換活動,不過,這些活動都是侷限於物與物的交換。盧卡奇指出,這種交換是偶然性的。換句話說,偶然性的物物交換,是侷限在滿足使用價值(value of use),以及生產活動只是為自己所需要使用的。因此,吾人可以說,盧卡奇描述的前資本主義社會特徵,不可能是產生物化的條件。盧卡奇分析個體的勞動,在前資本主義社會裡,不致產生人與產品或勞動力疏離的現象,他們是完全可以認識到自己,且是一個完整

的人。這是因為在生產過程中沒有分工(division of labour)與其規律的存在，個人專有的勞動力也就沒有被分割的現象。

盧卡奇把前資本主義社會預設為一種人自己掌握自己的社會。至於論到資本的仲介(Vermittlung)之因素，盧卡奇乃預設勞動是人與社會之間的仲介物。然後為了探討人與社會的關係，所以他就從勞動展開分析的工作。在生產過程中，人的勞動是隨著勞動產品出售到市場一併去進行交換。由原來偶然性的交換活動，轉變到專為交換而生產。勞動產品經交換的過程以後，即變成商品。同時，人也在這種社會的內外生活中將由根底完全轉變。這時的人已逐漸遠離自然走入非人性的社會，也就是資本主義社會。人離開自然以後，他的勞動力也轉入社會的總勞動數量之中，這也是盧卡奇所指的勞動是人與社會的仲介物。人借著勞動過程走入整體社會之中，人的勞動力已不是自己所專有的，它是社會總勞動的一部份。在整體社會的生產過程中，個體的勞動力是隸屬於社會的總數量。因此，人的勞動才遠離自己，這種原屬勞動者自己的勞動力就成為社會的總流通物之一部份，勞動者所生產的勞動產品就成為用來交換之物。

人的勞動力成為交換物以後，在市場而言，個體生產不再是單純為了自己的使用價值，而變成為了市場的整體交換而生產。這種為了市場交換而生產的過程，個人的勞動力或勞動產品就成了商品。也就是說，勞動力也被看作是一種可以交換的東西。人的勞動在生產過程中，隨著產品的形成而逐漸遠離勞動者。因此，人與自己的勞動力在生產過程中就產生了異化的現象。也就是說，異化現象的產生是來自於勞動。這個勞動在生產過程中，使人與物的關係產生疏離的現象。人的原先既存的自然本質已經不可能在產品上出現。這種情形的深廣化，是因為分工制度的實施而更加明顯，而分工乃

是產生疏離現象的原動力。盧卡奇就曾指出:「在產品上,人已愈來愈看不到自己的人格」。當勞動力變成商品以後,人與人之間的關係就由商品交換的關係所取代。整個社會的內外生活就由商品結構所支配。商品雖然支配整個社會,但並不代表商品就是該社會的基礎。商品要成為社會的基本結構之條件是:商品已成為社會的普遍化,並能支配所有的生產與交換過程。當商品的作用深入人的意識等方面時,人與人之間的關係就變成物與物之間的社會關係。尤其這種商品化的結構越擴大,則物化越加強起來。

盧卡奇引用馬克思的抽象拜物教,結合商品來詮釋資本主義社會的現象。人在資本主義社會裡,由於商品普遍化之故,人的內外生活都受到商品影響,人與人之間純粹是商品關係。也就是,人與人之間已失去原有的人的本質,而由物與物的關係所取代。因此,由商品拜物教所帶來的社會內外生活形式,也就成為商品形式。人的勞動力一旦變成商品以後,原來是人在控制自己的勞動,反而變成物在控制人的結果。而且,這個商品是由人自己創造出來的勞動產品。所以,盧卡奇認為,由於商品拜物教的關係才產生了社會的各種形式之物化現象。物化之基礎是商品,沒有商品,就不可能有物化發生。同理,沒有勞動也就沒有異化的現象出現。

商品支配整個社會之際,就是資本主義社會完成的階段。在資本主義社會之中,因勞動者自由出售自己的勞動力到市場,工業化(industrialization)隨即開始。也就是,沒有自由勞動者出現,就沒有工業化的產生。這一點是區別盧卡奇與韋伯對工業化社會之不同見解。韋伯以負有天職觀的企業家之勞動來表示整個社會的活動,朝向企業化的社會前進。盧卡奇則認為要由自由勞動者出現,才有可能進行工業化。商品產生物化現象之後,人的意識與思想活動也就

受制於物化規律所支配。物化規律在思想上的特徵是僵化與固定化。

　　盧卡奇運用韋伯對資本主義社會分析之概念──合理化(rationalization)，融合到物化的內容，使物化後的現象呈現出規律化。韋伯的合理化之基礎在於嚴格的核算，由經濟的合理化進而擴大到整個生活的規律化。這種經過計算的商業標準化，普及到物化後的各種制度，最顯著的地方就是，現代國家的行政官僚制度及其法律制度。人與人之間的物化關係深入到事務的範圍，也就是各種制度的事務範圍。事化是由物化發展起來的現象。任何官僚或法官，在制度內出售其勞動力而受到物化影響，也是受制於事化之宰制。

　　又因制度的運作也經過計算的規律所支配，所以，行政官僚處理事務與法官審理案件，其處理過程也就是事化過程，是無法以自己的意志去改變這種過程。盧卡奇把法官看成是僵化的、失去工作熱忱的人。法官處理案件的過程，就好比將案件放入僵硬的與冷酷的機器頂部，隨即在底部可取得固定化後的判決。行政官僚處理事務的過程，就如勞動者在生產過程中，因分工與業務的分殊，而使自己的人格分離。所以，官僚處事的準則就是，一切按規定。盧卡奇面臨這些物化與事化的生活現象，提出了一些顯著的特徵。他認為物化與事化的發展，不但沒有減弱反而增強，是因為科學的發達把人與社會分割起來。也就是，商品愈分殊化、勞動愈分工、事化愈精細複雜，就顯現出愈瑣碎化，人的本質與人格也被分割得支離破碎。盧卡奇所提出的物化論可歸為兩個主要論點：

　　1. 在人的方面，思想、意識固定化。

　　2. 在制度方面，行政官僚與法律制度合理標準化(standardization)。

　　盧卡奇把社會視為一個總體，亦為，預設未來社會的歷史之主

導力量。資本主義的社會會被分割成各個部份，是因為商品產生的階級和科學所造成的。要解決資產階級的這些現象，唯有從克服物化的途徑著手。也就是，資產階級的物化特徵，將隨著物化的克服而消失。屆時取而代之的是另一種階級，而這個階級是為盧卡奇所預設的。

　　盧卡奇主張無產階級是資本主義社會的產物。資產階級與無產階級都是受物化的對象。如果要從無產階級的意識進行克服物化的工作，這必然要從自我意識瞭解歷史及歷史任務開始。如果受物化者的自覺不夠，無法意識這項歷史任務，也就無法克服物化之侵蝕。依照盧卡奇的說法來分析，凡自由出售勞動力到市場的都算是自由工人。也就是，所有行政官僚、法官與到工廠工作的……等等對象都屬於勞動者，他們都是無產階級。因為，盧卡奇把工廠視為等同市場的社會，整個制度也視為社會的現象，無產階級就是指這些受物化的人。如果按照盧卡奇的辯證方法推理，則直接性(directness)與仲介互為辯證，主、客體互動也成為辯證關係。那麼，這些受害於物化的人，都將因辯證而成為未來社會的主人。當然，他們已揚棄物化才克服物化。換言之，每位受物化的對象都是無產階級，唯有藉著辯證的途徑以及躍入第三種自然的環境，方能免除物化的主宰與控制，真正成為完善自己的主人。唯有超克資本主義社會的整體運作原則和規則才是異化、物化與事化的主人。

1.3　資料探討

　　為了讓思維的推理能有所發揮，資料蒐集的工作是立於決定要素。研究盧卡奇的早期思想——三化論，在文獻方面都以第一手為

主。其次，為增強論證內容，以針對相同概念與有關聯的研究報告加以蒐集。因此，以下分二方面敘述：

1. 原著部份(Works by Lukács)：對盧卡奇的著作主要是它的全集。所蒐集到的有德文版、日文版與英文版。日文版：共十四冊；全集有十三卷，其名稱為《盧卡奇著作集》。而另一卷的名稱是《盧卡奇之研究》。出版的時間是自 1968 年 10 月 20 日至 1969 年 12 月 10 日止，平均每月出版一本書。《全集》在 1969 年 11 月 25 日出版完畢。別卷最後在 1969 年 12 月 10 日才出版。此《全集》都由東京白水社取得翻譯的授權出版。德文版：因路赫特翰(Luchter-hand)出版社發行的《盧卡奇全集》(*Gesamtausgabe, Werke von Lukács*)仍不完整，目前僅擁有：卷 2、4、8、13、15、16、17。英文版：因受制於翻譯，致使得全集出版時間增加。這一點與日文版集體行動的翻譯不同。因此，蒐集的工作顯得比較費時。英語世界所出版的書以英國倫敦的梅林(London: The Merlin Press)居多數。出版的時間自 1962 年至 1980 年。

2. 論盧卡奇之作品(Works on Lukács)的材料應分書籍與雜誌二類。雜誌則以《目標》(*Telos*)；《新左派》(*The New Left*)；《蘇聯思想研究》(*Studies in Soviet Thought*)等發表的文章比較多。其次，有關書籍方面則以研究「西方馬克思主義者」為範圍，或者是當代的馬克思主義者之哲學、社會學以及新左派等都可能涵蓋到。介紹盧卡奇的作者有：C. D. H. Parkinson、Istvan Eorsi、George Lichtheim、Andrew Arato & Paul Breines 等人。其次，在馬克思主義者的某一特定概念中，仍然可以蒐集到豐富的資料。此外，盧卡奇的早期信件（1902 ～ 1920 年）也都輯冊出版(Selected, edited, translated and annotated by Judith Marcus and Zoltan Tar)。

1.4　研究途徑

　　易君博教授曾對在方法論裡容易引起誤用與混淆之名詞加以說明：

> 所謂方法論就是關於研究過程的分析工作，或者對方法及研究法的批判工作。方法(method)與研究法(approach)，在一般著作中，常常混為一談。其實二者並非同義，簡單說來，方法只是收集及處理資料的技術，如問卷法、統計法、分析法、局內觀察法等──即屬於此種範圍；研究法卻是選擇問題與資料的準則，如功能研究法即應放在這一範圍。❻

　　本文採取歷史研究途徑與哲學研究途徑等辯證批判為主。批判主要在比較與釐清有爭論的概念及問題的癥結。它不是一種基於意識形態的「徹底否定」之批評。歷史研究途徑是指：處理與時間因素相關的準則。因為，任何概念的建構都有它的背景與發展，所以，一個經抽象化後的概念必然有它的時間過程。哲學研究途徑是針對所運用的各個基本概念的背後及基本假設作分析與澄清的工作。理由是，每一個概念都有它要把握的對象與範圍的極限。總括上述，吾人以概念為主導且追溯其根源加以批判，期對盧卡奇的概念與理論有所探討與瞭解。

---

❻　易君博著，《政治理論與研究方法》（臺北：三民書局，民國73年），頁98。

1.5　研究限制

　　欲研究盧卡奇的所有思想體系觀念非本文的能力所及，因此，把研究的範圍侷限在盧卡奇的三化思想的理論。基於上述的研究動機，本文再從其思想當中擇出一個普受爭論的概念——異化、物化與事化思想體系，為研究之主題。綜觀盧卡奇一生，不論在思想、研究和參與政治活動方面，都有一個明顯的變化，也就是所謂的「改變論調」(recantations)。

　　任何有思想的人一向會改變原來的作風，都是在無法抗拒環境的壓力下，為求適應而做某些調整的反應。這種調整最明顯的地方就是在他所發表的著作及談話的內容。盧卡奇的例子就是其中之一的典型。如從他的著作看，《歷史與階級意識》一書的出版正是明顯的分界。盧卡奇自從被迫自我批判以後，轉向文學方面的研究。按照帕金森(G. H. R. Parkinson)的發現，在 1933 年至 1946 年之間，盧卡奇很顯然未曾有過以整本書的形式出版[7]。

　　在 1949 年於《社會評論》的 8 月號做「自我批判」[8]。也就是在史達林逝世（1953 年 5 月 5 日）之前，他將近有 20 年的時間都投入於文學方面的研究。其間包含他兩度前往「莫斯科的研究」[9]。

---

[7]　G. H. R. Parkinson, *Georg Lukács* (Fakenham, London: Cox & Wyman Ltd., 1970), p. 238.

[8]　國松孝二等編譯，《盧卡奇之研究》(東京：白水社，1969 年)，頁 VI。

[9]　E.巴爾等著，張伯霖等譯，《西方馬克思主義之父——盧卡奇研究》(臺北：南方叢書出版社，民國 76 年)，頁 107。(1) 1930 年盧卡奇被奧地利驅逐出境。他前往莫斯科。(2) 1933 年 3 月，被法西斯集團驅逐出境，取道捷克的斯洛伐克前往蘇聯。1933 年在莫斯科共產主義研究院語言

因此，盧卡奇早期由戲劇與接觸馬克思著作的研究轉變到中期的文學領域之鑽研，以及晚年從事美學的研究，這些都是受到環境壓力而產生的。不過這有助於本文把握研究範圍之一種顯明的線索。

所以，本文就以盧卡奇早期的異化、物化與事化思想體系作為研究的範圍。其次，在資料方面：盧卡奇的著作有部份是以俄語寫的，此蒐集不易。如今可用的資料有：或部份以匈牙利語撰寫的著作，或日本白水社出版的《盧卡奇全集》、德國路赫特翰書局出版的《盧卡奇全集》(*Georg Lukács' Werke*, Gesamtausgabe bisher erschienen Band 2, 4, 5, 6, 7, 8, 9, 10, 11, 12, 13, 14, 15, 16, 17)。英國倫敦梅林(London: The Merlin Press)出版的翻譯本。因為，它們的版本都譯自德文版。此與日文版（集體翻譯）不同的地方是：它以單本方式（1962～1980年）出版，而非全集的方式。盧卡奇的思想之廣博，對本文而言則是一項大挑戰。為了把握主題的論述，本文將盧卡奇的生平與著作之內容，列為附錄。

1.6　研究架構

本論文就上述的研究動機陳述、探討主要內容、採用的研究方法途徑及研究範圍限制和困難而提出說明。因此，基於這些項目的說明，提出研究架構。就題目而言，分六章討論其內容。

第一章緒論：說明研究的動機，並闡述異化、物化與事化思想

研究所工作。1934年成為蘇聯科學院院士。1934～1936年在哲學研究所工作。1936～1938年及1942～1944年是蘇聯科學研究院的成員。1933～1945年是《國際文學》撰稿人。1933～1939年是《文學評論》撰稿人。

體系的主要內容與過程，進而提出資料的分析，研究過程及限制，使有初期之瞭解，才敘述論文處理的架構。

　　第二章論述盧卡奇的身世和時代背景，其目的在於追溯盧卡奇早期思想發展之背景，除了家庭的異化生活與當時環境因素外，主要在說明走上馬克思之路的背景。因為，盧卡奇之三化論形成背景與此有直接關係。不論盧卡奇以什麼方式接觸馬克思主義，都指涉到異化、物化與事化體系建構的內容。

　　第三章是探討影響盧卡奇之異化、物化與事化思想體系理論的思想家。三化論之建構固然是盧卡奇之創見，但是，事化論除了盧卡奇自己的觀點以外，都是引借他人的概念。而這些概念主要是來自五位思想家之核心概念。他們分別是席默爾、韋伯、馬克思、黑格爾與恩格斯。這五位與盧卡奇都有一個共同點，他們都研究當代社會的背景——資本主義社會，尤其是對資本主義社會的特性及發展。如果未深入個別的論點，則無法瞭解盧卡奇之整體建構的方法與模擬方式。

　　第四章是探討盧卡奇異化、物化與事化論之主要內容。它是析論盧卡奇對整個資本主義受這三化之影響，主要包含兩個部份，三化的演變過程及在社會制度下受三化的意識問題。盧卡奇的異化、物化與事化思想體系主要是在論人的意識問題，不論在工廠的工人、行政官僚、法官或資本家，都不外乎受到異化、物化或事化的意識主題。第一部份是分析人的意識在兩種不同的資本主義社會，受三化的影響及演變的過程。第二部份則論述受三化作用後的各種特徵，最明顯的是人類勞動的異化現象、人的意識受商品物化與受制度的事化的特徵。甚至於是，盧卡奇所指的人類意識固定化及國家行政官僚與法律制度的機械化之基本論點。同時，也探討盧卡奇超脫與

克服物化等難題的概念。因此，本章主要探討盧卡奇對人受物化後的意識演變過程及其在社會裡所表現的特性與超越功能。

第五章是三化論之批判。本章針對上一章的主要內容，提出相對的詳論。首先說明盧卡奇批判的意識，再以盧卡奇之資本主義批判為盧卡奇之三化意識批判為題，討論盧卡奇在建構上的缺點。

第六章結論。有二個重點討論：一是：針對第四章的兩個論點，指出個人的看法。二是：對第五章之批判部份，敘述個人不同的見解，對本論文所涉及的主題——盧卡奇的異化、物化與事化思想體系理論之批判。吾人研究之目的在於批判三化論之整個體系建構的極限。除了詳論其極限之外，本論文也試凸顯出它的每一個意識，並反駁當時共黨世界所迷信的教條要點。吾人對盧卡奇的評價，是指他的再批判精神帶動後來西方馬克思主義的批判。尤其對共黨傳統的教條之批判。所謂亡共在共，應該是自己最真正瞭解自己，而且是反自己最有效的道理所在。

第二章 盧卡奇的生平和時代背景

　　盧卡奇在青年時期發表了不少的著作，尤其是一本名為《歷史與階級意識》(*Geschichte und Klassenbewußtsein*)以研究馬克思主義的辯證法之理論文集特別出名。其中包含許多他自己所獨創與發現的意見，尤其是他的異化、物化、事化等思想體系理論最為出色。這一個理論遠較馬克思的《巴黎手稿》中的異化論更早公開於世。因為《巴黎手稿》比《歷史與階級意識》晚了 10 年才出版❶。所以，異化、物化、事化思想體系理論不是偶然間幻想出來的理論，它有一段不算短的醞釀和發展過程。本章首先主要探討三化論形成之相關背景及因素，而整個重點擺在盧卡奇的青年階段，即 1918 年以前未參加匈牙利共產黨的時期之背景。它包含家庭背景的影響及時代背景的反應。

---

❶ 按 Karl Marx, *Pariser Manuskripte — ökonomisch–philosophische Manuskripte aus dem Jahre 1844* (Westberlin: Dietz Verlag, 1987), S. 137.參閱註解⑴ 1932 年於柏林出版。Dargestellt von Frilz J. Raddatz, *Georg Lukács in Selbstzeugnissen und Bilddokumenten* (Hamburg: Rowohlt Taschenbuch Verlag GmbH., 1972), S. 128. 另參閱*Telos*, No. 7, Spring, 1971, p. 129. 以及 No. 11, Spring, 1972, p. 26.

2.1　家庭背景

喬治・貝那・羅文格(Gyoergy Bernat Loewinger)，1885 年出
生於布達佩斯，他的父親尤瑟夫・羅文格(József Loewinger)是一位
自力更生獨立奮鬥，又善於多種語文的銀行主管。在 1890 年他的父
親將他的名字改為盧卡奇(von Lukács)，但是在信中常以 Gyuri❷的
別名稱呼他。這個名字含有以家庭觀念(von Haus aus)期望他未來的
成就超越匈牙利的地理環境及知識界的範圍❸。

盧卡奇與當時匈牙利許多知識份子一樣被稱為「自由飄浮的知
識份子」❹。他們的共同特點就是由家庭提供一筆金錢，讓他們在
這筆資金中依靠利息而可以維持生活。盧卡奇的思想最早是受了他
父親的各種安排所影響。

父親常常在信中激勵盧卡奇要進入「全球的學界」❺，並鼓勵

---

❷　Gyuri 是 Georg 之別名。例如 Dear Gyuri 有人稱為 Gyuri Lukács，他
　　的別名從 1902 ～ 1920 年的書信看，有這樣的變化: Gyuri → Gyurika
　　→ Gyuaka。這對親近的人使用。但是對有社會地位的人士的回信，卻
　　都以 Dr. Georg von Lukács，他父親的名字也稱 Joesef von Lukács。
　　Georg Lukács , selected by Judith Marcus and Zoltan Tar (New York:
　　Columbia University Press, 1986), p. 29.

❸　因而在 1901 年以 szegedi Lukács = von Lukács （指高尚的），G. v.
　　Lukács，或 Dr. Georg von Lukács, ibid., p. 13.

❹　自由漂浮的知識份子 freischwebende Intelligenz = free-floating intel-
　　ligentsia 是一群靠利息生活的人。參考 1911. 7. 1, 1911. 11. 19, 1914.
　　5. 25 信件。Ibid., p. 13.並參考二封信 1911. 11. 17 (p. 174), 1914. 5. 25
　　(p. 236)。盧卡奇說: 在那時有許多知識份子，尤其是大學知識份子，
　　都是靠放利收入之階層。

他多與一流的學者來往。所以他曾邀請韋伯(Max Weber)、托馬斯・曼(Thomas Mann)到布達佩斯訪遊， 也邀請貝拉・巴爾托克(Bela Bartok)到家裡居住多年。

盧卡奇的母親阿德列・韋特海馬(Adele Wertheimer)出生在維也納，雖嫁到匈牙利，但仍不諳匈牙利語。在家裡以嚴屬的家規教導孩子，常引起盧卡奇的不滿與反抗，致使盧卡奇在幼年時期就有自家庭疏離(von der Familie entfremdet)及異化的觀念❻。

盧卡奇在幼年時期經歷父母兩種強烈對比的家庭教育。這雖然不能直接作為與他後來提出的三化論有相聯繫的因素，但卻給吾人對盧卡奇的異化觀內容有初步的瞭解。這是起因於除了父親之外幾乎沒有與家庭其它成員溝通過的緣故。

2.2 盧卡奇所處的時代環境

2.2.1 奧匈帝國的演變

當時的社會環境激發了盧卡奇對革命與戰爭等課題的注意，這些課題是當時匈牙利國內外的問題。而以當時的知識界的鼓勵與思想趨勢而言，認為這些都是資本主義制度所造成的結果。因而，反

---

❺ Ibid., p. 13.並參閱 1909. 8. 23 的信件，p. 96.

❻ 在《經歷過的思想》(*Gelebtes Denken*)，盧卡奇說：然而在家裡與其母親是絕對的異化，幾乎沒有來往的溝通。(S. 249)甚而答覆 1966 年 11 月 26 日訪人的問題，也說：我與這個家是完全疏離的，至少是部份的人（指除他的父親之外）。(S. 55)Georg Lukács, *Gelebtes Denken, Eine Autobiographie im Dialog* (Frankfurt am Main: Suhrkamp Verlag, 1981), S. 55, 249.

資本主義的風潮格外盛行。吾人欲瞭解它的起因，就得要從 1867 年成立的奧匈帝國進行分析。這些歷史背景的說明可以幫助吾人認識盧卡奇何以參加革命團體，與來回奔走各地，以及革命失敗後逃往其它地方，猶能暗中進行革命活動等情形。這些都可以藉當時的歷史和地理因素來說明清楚的。

奧匈帝國的問題及其複雜的民族：在第一次世界大戰以前，匈牙利是這個帝國的成員。這個帝國是經協議而組成的二元帝國。影響奧匈帝國的主要因素是因複雜的民族，由於這個因素而造成帝國的分裂，甚而消失。其境內民族的組成有：

日耳曼人：占四分之一人口，在財富方面、教育水準方面都領先其它民族。

匈牙利人：在政治上的影響力最大，也是最強悍的一個民族。他們比較著重本身的利益，但具有強烈的愛國心，所欠缺的是現實感和現代的各種知識及雅量，與日耳曼人成為帝國的兩大支柱。

斯拉夫族：這個民族的人口最多，內有波蘭人、捷克人、斯羅夫克人、南斯拉夫人、塞爾維亞人、克羅特人、斯羅文人等。這些人都不願意留在自己的國家，反而願意接受帝國的統治。但在帝國之內又不能和好相處，致使帝國無法確實掌握這個複雜民族的統一工作。

欲要維護帝國的完整不致破裂，就得依賴武力和境內多數人民對皇室的忠心擁戴。以下將奧匈帝國的形成經過敘述之：

1859 年當義大利奪回龍巴迪地區後，奧國政府開始進行政治的改革，1861 年頒新憲法，但是境內各民族不滿的情緒仍然高漲。1866 年普奧戰爭，奧國戰敗向國內異族讓步。1867 年奧匈兩國同意另頒一部新憲法，它是時代的產物。其中規定各國有自己的法律規定，

但是國旗、外交、軍事與君主不能分開。另外組成一個由兩國各派
60 位委員參與，處理關稅、商務及預算等問題的委員會。這個委員
會議輪流在維也納及布達佩斯召開。此時帝國境內因美國總統威爾
遜民族的自決原則引起各民族要求獨立,增加帝國維持運作的壓力。
匈牙利於這一年成為獨立王國，把 1848 年的憲法加以修改，以因應
新獨立王國的環境要求。至 1910 年匈牙利仍然是歐洲最封建國家
之一，人民中有百分之七十六都無選舉權。

　　1918 年 11 月 16 日匈牙利正式宣布為共和國，將舊國會改選
為制憲國會。1919 年匈牙利共黨因得不到農民的支持而結束了短暫
的統治。1921 年舊王朝復辟運動，因王室的復辟運動和積極收復失
地，而影響國內的安定和外交推展的工作。

2.2.2　匈牙利的革命背景

　　青年盧卡奇因身處國內外戰爭與革命爆發的前夕，以至於在時
代變遷的十字路口上徘徊。他受到 1917 年俄國革命的鼓舞，所以他
把所有的精神都投入在戰爭和革命的工作上。就如盧卡奇指出：

　　　　思想的混亂狀態並不都是一片渾沌。這種情形也許暫時加劇內
　　　心矛盾，但以未來看，它會得到合理解決的。因此，我的道德
　　　趨向實踐行動與政治方面。這些能引導我走向經濟學基礎，最
　　　後轉向馬克思主義哲學。這些發展步驟都是很自然的漸進緩慢
　　　且不穩定的進行著。然而，就在俄國革命爆發後數年間的戰爭
　　　中，使我的方向更明確了。在寫《小說理論》，我完全處在絕
　　　望之中，唯有俄國革命的爆發才真正打開希望之窗。沙皇垮臺
　　　帶來了希望，資本主義的瓦解展現出我們的未來前景，讓我們

看到人類從戰爭與資本主義制度中走出路來。❼

他與匈牙利共產黨有來往，這要追及 1907 年 12 月 18 日，認識他的第一位情人塞德列爾，也同時結交她的堂兄弟沙博(Ervin Sza-bó, 1877 ～ 1918)與柏拉尼(Karl Polanyi, 1886 ～ 1964)。兩位都是工團主義馬克思主義者。沙博是匈牙利政治家、左翼社會民主黨人，並且出版翻譯馬克思與恩格斯的著作。柏拉尼則是經濟歷史學家，他是伽利略圈(the Galileo Circle)的創始人之一，這是一個激進社會主義的俱樂部。 以及她的弟弟艾爾諾·塞德列爾 (Ernoe Seidler, 1886 ～ 1940)，他是匈共共同創始人之一。

匈共成立的背景，除了前述奧匈帝國轉變的原因之外，就是因貧富的懸殊及種族問題而產生的。匈牙利一直是工業落後的國家，在政治上匈牙利的社會民族黨在首都布達佩斯的黨員都是猶太人和知識份子，國會完全受到貴族和民族主義者的控制。貴族充當官吏和擁有廣大土地，而農民與工人卻相當貧窮，因而各地區常有農民暴動。到了 1918 年情況更為惡化，國會又拒絕經濟改革，造成軍火工業大罷工，在布達佩斯接連發生兵變，一些社會主義者紛紛在各地區領導工兵會議(worker-soldiers council)。 在 1918 年 10 月 31 日整個首都完全落入革命黨人手裡，11 月 16 日共和國成立。

在俄國方面於 1918 年 3 月 24 日成立俄共匈牙利小組，這是由庫恩(Béla Kun)負責，在 11 月 4 日該小組易名為「匈牙利共產黨」。11 月 16 日也就是匈牙利共和國成立的日子，奉列寧命令集體回到

---

❼ Lukács, *Geschichte und Klassenbewußtsein*, Werkauswahl Band II (Darmstadt und Neuwied: Hermann Luchterhand Verlag GmbH. & Co. KG., 1977), S. 13.

布達佩斯從事各種宣傳及煽動的工作。尤其針對失業的工人及情緒
不滿的士兵，宣傳重點是以民族主義為主。因此，於 11 月 21 日在
布達佩斯正式成立匈牙利共產黨，同時出版《紅色報》。這份報紙不
斷地攻擊社會民主黨的保守派。由於這些宣傳活動引起各地兵變、
罷工和社會動盪不安，當時政府下令逮捕匈牙利共產黨份子。

　　後來經過妥協的結果，由社會民主黨和匈共於 1919 年 3 月 21
日組成一個新黨，名為「匈牙利社會黨」，並由該黨執政，盧卡奇就
在這個新成立的政府擔任教育委員會副主管。後來因羅馬尼亞軍隊
干預，新政府遂告崩潰，匈共也面臨沒落的命運。這一次的革命給
予盧卡奇在組織上的運用得到許多寶貴的經驗，並且激發他完成《歷
史與階級意識》中〈有關組織問題〉的作品。

　　盧卡奇在政權垮臺時被判死刑，但未即刻執行，他被移送到維
也納一家名叫修泰厚福的精神病院收容❽。他在精神病院中利用餘
暇的時間，總結整個匈牙利革命的經驗，並完成〈物化與無產階級
的意識〉及〈組織問題的方法〉兩篇重要的文章。

　　這一次的革命經驗對盧卡奇之反省有決定性的影響。革命雖然
失敗，但是它卻指引盧卡奇兩條方向：一是革命要成功必須要有組
織。所以他願意聽命於黨，作為一名忠誠的成員。這一個體驗就如
同他發現列寧書中所記載的一樣——要有「職業革命家黨」的組織；
另一是革命雖有實踐仍嫌不夠，尚要有好的革命理論作為指導基礎。
為了尋找良好的理論，盧卡奇走回去探討青年馬克思時代所完成的
著作。

　　例如：1843 年《黑格爾法哲學批判》、1844 年《哲學貧困》、
〈費爾巴哈提綱〉等等。這有如青年馬克思當年去批判黑格爾、費

---

❽　城塚登譯，《盧卡奇著作集》，卷 9，頁 552。

爾巴哈(Ludwig Feuerbach)並認為哲學唯物論對革命理論是必要的，卻不夠充足，是同樣的道理❾。

從這些過程中，吾人可以清楚的瞭解，現實的問題——革命與戰爭帶給盧卡奇新的體驗，使他對馬克思的觀點有必要重新定位。尤其是先前在學校時期所閱讀到的馬克思著作，大部份都與德國觀念論、唯心論有關，加上未經歷到實際的革命經驗，所以對資本主義制度的厭惡，遠不如經過這次實際參加革命來得深刻。

另外，盧卡奇對於馬克思的正統觀念是否適合於那一時代的社會，他也從此獲得了重要心得。一方面是不能毫無批判地照單全收馬克思過去所講的理論，而是應該謀求馬克思所用的辯證方法。另一方面是將社會理論注入到馬克思的理論之中，重新再建立一個新的理論。這些主張可以從他在 1967 年為《歷史與階級意識》新版所寫的〈序言〉中得到印證。

盧卡奇在所處的時代中，他不是局外人，而是當時環境演變和事件轉化的主角。因此可以說，這一時期的過程就如同在寫他的歷史，也是當時歐洲典型知識份子的歷史。他是這一過程的主事者，也是這段歷史的批判者。所以這種雙重性成為他生平的最大標示，並成為他的理論與實踐之辯證核心。這種現象全表露在他的《歷史與階級意識》一書的各個章節中❿。這就是他經常使用的一個詞「二重性」(duality)之原因。

---

❾ Andrew Arato and Paul Breines, *The Young Lukács and the Origins of Western Marxism* (New York: The Seabury Press, 1979), pp. 212–213.

❿ Lukács, G., ebenda.

2.3　盧卡奇走向馬克思之路

2.3.1　盧卡奇的馬克思主義思想的分期問題

　　欲明確劃分思想的界線是一件不容易的事。思想的演變過程是有連續性的，縱然因某種原因致使做 180 度的大轉變，也只是方向性的不同而已，不能就此認為其整個根基都已動搖。尤其思想的形成是漸進性的，思想家的思想在完善的過程都得經過一段激烈反省、體驗與批判，才可能進入創見的歷程。大轉變現象的發生是先經過因環境的刺激及良師的啟蒙之後的自我反省、批判階段。欲走出這一過程常常要用「超克」、「批判性超越」及「一番新穎、徹底、完整的批判與詮釋」❶。

　　如何劃分盧卡奇的整個思想演進的段落之判準似乎有許多的方式。如果依一般方式劃分為青年、中年及老年，就如許多研究者將馬克思思想區分為三個不同的發展階段一樣。這個方式的設定顯然是以時間作依據，將其一生的過程用簡明方式區分開來。

　　如果依其專長來區分，他所研究過的文學、美學、政治學、哲學等只能將它們作裁斷面的區分。因為他的著作發展方式不是階段

---

❶　「超克」及「批判性超越」兩詞是傅偉勳教授在其著作中經常出現的用詞。例如《哲學與宗教》，第 3 集，頁 293–307；第 1 集，頁 3–27；第 2 集，頁 16–19，尤其在有編述哲學分法更為顯著。另一詞「一番新穎、徹底、完整的批判與詮釋」。傅偉勳著，《哲學與宗教》，1、2、3 集（臺北：東大圖書公司，民國 75 年）。洪鎌德著，《傳統與反叛》（臺北：臺灣商務印書館，民國 74 年），頁 2。

性的，而是斷續進行的。例如他對文學作品的研究，縱貫其一生每個階段中都有心得發表，也就是說，他整個文學範圍可以依其著作區別為屬於那一個階段的作品。

如果以他所從事的活動加以劃分，只能強調活動在階段上所具有的某種意義，究竟要以何種活動標準作為劃分的依據，似乎會面臨一種無法尋求代表所有活動的重要性加以界線之問題。

以上是吾人論述區分標準所遭受的困難，如果以盧卡奇自己反省後所作的區分，必然優於吾人所提的時間、著作、活動等方式。吾人在做劃分思想家的思想發展階段，必定要有一項明確的目的及清晰的準據，如此才能凸顯出區分的意義。縱然有標準而無目的地區分，這也只是形式上為區分而區分。反之，只為區分的目的而無標準，這將陷入盲目的分類活動中。因此，如何區分盧卡奇思想發展的階段，吾人將以多項因素同時考慮為原則，尤其配合本文所要把握的主題為主要目的。

本文將盧卡奇的思想發展區分為兩個階段。一是青年時期，另一是老年時期。區分如下：

1. 以問題的延續性而論，無疑可以區分為兩個時期來研究早期的盧卡奇與其晚期的馬克思主義❷。

2. 自馬克思以來，第一位提出物化問題的是盧卡奇。並在他的《歷史與階級意識》一書中首次出現。縱然有許多人爭奪正統馬克思主義者，卻無任何一位能提出像 1932 年出版的《巴黎手稿》那樣值得爭論的問題——勞動異化論。這個理論的提出不僅在西方世界受到重視，就連當時的共黨國家也同樣感受震撼。尤其，盧卡奇的

---

❷ *Four Critics*, ed. by Rene Wellek (Seattle: the University of Washington Press, 1981), pp. 38–39.

這一名著，影響後期的馬克思主義發展方向最值得吾人注目。要評價整個盧卡奇的所有著作不能不提及此書。也因為這一本書而使盧卡奇被迫作「自我批判」。盧卡奇在 1967 年的序文中強調，自 1918 年至 1930 年之間為他最重要文獻的出版時期。

3. 盧卡奇提出的〈布魯姆提綱〉(Blum Thesen)為其初學馬克思主義譜上終點。「當我真正開始克服自從戰爭後期以來我思想特徵的對立時，我的馬克思主義初學歲月即告終止」⓭。

4. 盧卡奇更確切的認為，馬克思主義初學時期就是他的全部青年時期發展的結果，當他評述時再提出這一觀點：

> 嚴格的說，儘管這些論述不是現在才有的，但當我認識到《歷史與階級意識》是建立在錯誤的假定上時，這就表明一種新方向，並顯示將產生一種根本的變化。我的馬克思主義的初學時期，隨著我的全部青年時期發展而告此結束。⓮

5. 盧卡奇認為在早期研究馬克思著作中，能達到合乎理論水準的作品就是《歷史與階級意識》。如果從盧卡奇生平的著作看，在 1930 年以前有關馬克思的理論著作只有以 1923 年出版的《歷史與階級意識》這本書為主，其餘的部份都是文章或專論。也就是，他本人尚無第二本類似再度引起普遍爭論有關馬克思學說的理論著作。

歸結上述所論，在區分盧卡奇研究馬克思思想的階段，吾人選擇 1930 年以前為其青年時期，也就是盧卡奇年齡為 45 歲時。在這

⓭　Lukács, G., ebenda, S. 33.

⓮　Ebenda, S. 40.

一年以前對馬克思研究有其獨到的發現。在這之後，他面臨俄國共產黨及第三國際的壓力，分別在 1929 年、1933 年和 1949 年作了三次的自我批判。這三次的自我批判與史達林逝世後，他對史達林的錯誤批判是不能相提並論的。

我們為了把握盧卡奇研究馬克思的思想觀念，所以採取其青年時期具有代表性的「異化、物化、事化理論」為研究對象。

2.3.2　走向馬克思的發展階段

盧卡奇一生中接受很多人的啟蒙，自己實際參加黨的活動失敗多於成功。每當失敗之後就成為他做自我批判、反省、進修和檢討理論與現實對照的時機，甚而被迫離開他貢獻大半輩子的匈共機構。由哲學、社會學轉入文學，再回到存有論，無論是他實際參與的工作及理論上的重建部份都沒有離開過馬克思主義的範圍。似乎馬克思的著作一直被盧卡奇拿來作為檢驗當代的資本主義制度之指標。

盧卡奇的一生過程表現出變化多端及不屈不撓的戰鬥精神，他也能視狀況而做進退的處理，頗能作到曾國藩所說的「君子要能伸能藏」。這項原則的遵守使他能在歷次的災難中免於生命威脅的危險。

盧卡奇走向馬克思主義之路表現最為明顯之處是在他的自傳及那篇〈走向馬克思之路〉。盧卡奇對馬克思的研究前因是不滿資本主義社會之弊病，尤其第一個不滿的就是他對戰爭的反感。為了研究這樣的社會，必然尋找相關的資料，因此馬克思的著作成為他首次尋找的目標。

吾人將盧卡奇走向馬克思之路分為六個階段來討論：

1. 摸索一期：1902 年以前

這是盧卡奇在中學時代，17 歲那年閱讀共產黨書籍。依照他自己的說法「首次閱讀馬克思的著作是〈共產黨宣言〉」●。

2. 摸索二期：1903 ～ 1906 年

盧卡奇 18 歲進入大學之後，繼續讀了一些馬克思及恩格斯的作品。如《霧月十八日》、《國家、家庭和私產的起源》，尤其是《資本論》第一卷是他從頭到尾細心研讀的，對這些作品的研讀使盧卡奇確認馬克思主義的基本觀念是正確的。

在此當中引起盧卡奇注意的問題是「歷史的發展與階級劃分的社會」。這些問題都屬於經濟學與社會學兩大方面的範圍。儘管這一時期他已閱讀過馬克思的《資本論》等著作，但是在他的作品中並沒有相當明顯的提到馬克思的為人和生活。也可以說，在這一段時期盧卡奇仍然受到新康德主義的影響，一切以唯心的認識論為主，並作為他的世界觀。這樣毫無批判地接受唯心論點，證明他並未接受馬克思唯物思想的洗禮與同化。在這一個階段，按照盧卡奇的說法，是初次接觸到馬克思，但卻沒有任何證據表示他受其影響。因此，在 1906 年取得博士學位之前，並沒有迫切認同的感覺，所以對馬克思的思想只能算是摸索探究的期間。

3. 進階一期：1906 ～ 1911 年

此一時期為盧卡奇前往柏林大學成為席默爾的私人學生●。他

● *Revolutionäres Denken* —*G. Lukács*. Hrsg. von Frank Benseler (Darmstadt und Neuwied: Hermann Luchterhand Verlag GmbH. & Co. KG., 1984), S. 75.

● *Georg Lukács, Selected Correspondence . 1902–1920,* ed. by Judith Marcus and Zoltan Tar (New York: Columbia University Press, 1986), p.15.盧卡奇參加席默爾的圈子有其一段重要背景，在 1911 年，他的第一位情人 Irma Seidler 自殺，及最要好的朋友 Leo Popper 逝世之後，

把馬克思的觀點整合到他從席默爾那裡學到的東西裡去，形成屬於自己的世界觀。盧卡奇受了 1900 年席默爾出版的《貨幣哲學》及 1905 年韋伯出版的《新教倫理與資本主義精神》兩本書的影響。所以，此時接受馬克思的成份就顯得微不足道。這點可由盧卡奇在 1909 年所寫《現代戲劇發展史》時開始引用馬克思的觀念得知源概。在此書中馬克思的思想只是略微提及，尚不能居於支配的地位。早期盧卡奇放棄了文學史的興趣而轉向哲學，開始接受席默爾觀點。對於這一個問題盧卡奇接受訪問時的回答指出：

> 席默爾提出藝術的社會性問題，給我一種觀點，我才根據這樣的觀點對文學進行超越他本人的討論。因此，席默爾的哲學是我戲劇那本書的哲學基礎。[17]

除此說明之外，在〈走向馬克思之路〉一文中他也強調：

> 我一方面依照席默爾的模式使社會學儘量和那些非常抽象的經濟學原理分開，另一方面把社會學僅看作是對美學的真正科學研究的初期階段。從 1907 年到 1911 年間所發表的文章都以這種方法和神秘主觀主義為主要基礎。由於這種世界觀的發

以及大學拒絕他任教授資格審案，這三個原因使他在 1911 ～ 1912 年前往義大利佛羅倫斯，去研究藝術的哲學著作。當時受到 Ernst Bloch ——Bloch 也是席默爾的學生——催促，以及席默爾之擔保——見 1912 年 5 月 25 日席默爾給盧卡奇的信願幫他寫介紹信，見 Emil Lask 與 Dr. Salz.——才離開義大利進入德國學界裡，隨而獲得多人的幫助。

[17] Georg Lukács, *Gelebtes Denken*, Hrsg. von Ferenc Janossy und Istvan Eoers (Frankfurt am Main: Suhrkamp Verlag, 1981), S. 58.

展，青年時期對馬克思的印象必然越來越淡薄，在我的學術活動中起的作用也就越來越小。我始終認為馬克思是最有權威的經濟學家和社會學家，但是經濟學和社會學在我那時的活動中所起的作用暫時還是微不足道的。❶

在這個階段裡顯示盧卡奇的主要興趣有三：

⑴認為唯物論的認識論已經過時，甚而根本不能區別辯證的唯物主義與非辯證的唯物主義，而以新康德主義關於「意識內在性」的學說為比較適宜當時的地位及世界觀。他沒有作批判性的檢驗，就毫無反抗的全部接受，並作為提出每一個認識論問題的出發點。

⑵針對極端主觀的唯心主義採取懷疑態度——馬爾堡派及馬赫主義。其理由是：不知道如何才能把現實的問題很簡單地作為內在的意識範疇。

⑶他並沒有轉向唯物主義，反而接近以非理性主義(irrationality)和相對主義，甚至以神祕主義方式處理問題。此時，他所接觸的思想家為：文德班、李克爾特、席默爾及狄爾泰。

4. 進階二期：1912 ～ 1917 年

這一時期遠離席默爾思想。因為，黑格爾的一本著作《精神現象學》對盧卡奇產生另一種巨大的影響，使他在 1914 年以客觀唯心主義完成了《小說理論》。之後，隨而進行對黑格爾及費爾巴哈的研究，這一次是盧卡奇自稱第二次深入鑽研馬克思的思想，其中心點仍以馬克思青年時代哲學著作為主，包含馬克思那篇〈政治經濟學批判導言〉。就如盧卡奇自己承認：

---

❶　Frank Benseler, ebenda, S. 76.

這一次不再是透過席默爾的眼睛，而是透過黑格爾的眼睛來觀察馬克思主義。馬克思主義不再是「有名的科學家」、「經濟學家」、「社會學家」，而是一位「全面性的思想家」、「偉大的辯證法家」。當然，我那時也未曾看到唯物主義使辯證法問題具體化、統一化及連貫一致的意義，只是看到黑格爾的內容優於形式。我試圖以黑格爾為主要基礎，並將他和馬克思在歷史哲學當中加以綜合。❿

5. 進階三期：1918 ～ 1923 年

這一個時期充滿戲劇性的變化。一向反對戰爭的盧卡奇處在一場改變整個人類生存方式的世界大戰中，又適逢俄國革命成功（1917 年）及奧匈帝國解體之後匈牙利國內的動盪不安和與鄰國瀕臨戰爭的局勢，使盧卡奇毅然決然的參加共產黨活動。1917 年離開海德堡，盧卡奇在自己的國家似乎是孤立無助。這個時期他主要在追求如何調適戰爭期間的正常生活。所以，便從美學的鑽研轉到倫理學的探索。這一時期正是他的《歷史與階級意識》諸篇文章形成綱領之時。這表示他尚未真正以馬克思的歷史主義為主，而只是將自然界的限制，也即自然辯證法的觀念往後加以壓抑，否認自然是人類歷史前進的推動力。這些因素是導致走向馬克思之路的後面階段。也是盧卡奇自稱為學習馬克思的第三階段。這個階段有兩個特點：

⑴由資本主義時代引起的戰爭，迄今尚無任何辦法能夠提出對策，所有可能解決的辦法就是以暴力對付暴力，再不然就是走向革命。然而，從那裡可以尋找到革命的理論基礎呢？盧卡奇為調適在戰爭中的正常生活，一向將現實與理論的問題聯想在一起。這必須

---

❿ Ebenda, S. 77.

追溯到盧卡奇在 1914 年發表《小說理論》中的諸篇文章之後，不斷來往於海德堡與匈牙利兩地之間。他在自傳中的說明是這樣的：

> 在 1911 年至 1912 年我由散文轉向美學。一開始走向存有論是繞過邏輯及認識論的問題。直到 1917 年秋天離開海德堡回到布達佩斯，我就放棄美學，之後由美學轉向倫理學的研究。也就是，倫理活動是從美學開始的，理論建構初期就是透過倫理學之後再走入政治學。1919 年開始關心政治的主要問題是「怎麼辦?」。我常把理論與現實政治領域聯結一起思考，對倫理興趣的理由是為了走向革命。❷⁰

　　⑵暫時遠離文學、哲學、美學等而走入解決現實與理論配合的問題。一旦論及革命，就必須談到列寧的著作，尤其是他的《國家與革命》一書。所以，盧卡奇說：

> 只是由於長年實踐而形成與革命工人運動的融合關係，而且研究列寧的著作，並從其基本意義上逐漸加以領悟的可能性，才使我進入了學習的第三階段。這正使我明白對馬克思主義的真正學習是從現在才剛剛開始。這是由於瞭解了唯物主義辯證法的全面與統一性質。❷¹

　　6. 完成階段：1924 ～ 1933 年
　　這一個階段的特點是：由實際革命活動到黨內鬥爭時期中，學

---

❷⁰ *Gelebtes Denken*, S. 70ff.

❷¹ Frank Benseler, ebenda, S. 78.

習到將馬克思與列寧的理論加以綜合，並作為認識社會與歷史的依據，主要以辯證法為其基礎。亦即盧卡奇所述：

> 自我中學第一次閱讀〈共產黨宣言〉以來，都已過了30多年，對馬克思著作的不斷深入，如果說它對社會有意義，則將成為我思想發展的歷史，甚至成為我整個一生的歷史。在馬克思出現以後的時代裡，認真研究他的方法和成果，在人類學的角度來看，這種發展不是一成不變的，而是辯證的。㉒

以上是盧卡奇走向馬克思之路的青年時期發展階段。主要是從起初的摸索時期，透過席默爾的觀點看馬克思進入另一認識階層，然後經哲學上的自我歷練及黑格爾的觀點看馬克思。最後階段則綜合自己活動歷練及列寧的著作，再加上黨內的鬥爭經驗來說明馬克思。也可以說，青年時期的盧卡奇是從對馬克思的無意識，到經他人引介才獲得瞭解馬克思，並進一步探討馬克思對資本主義社會處理的方法。

盧卡奇所吸收的馬克思思想是有其延續性，只是他對馬克思的理論與方法運用的成熟度不同而已。在青年時期的盧卡奇，來往於俄國與匈牙利的時間遠超過其他階段。尤其是他晚年的活動不像早期參與革命的頻繁，而逐漸走向寫作與深思，目的在為他的社會存有論構思和撰寫。也就是從事於他所關心的問題——由資本主義的社會擴展到社會主義的社會，尤其是為社會主義的現實主義如何完成的問題而鑽研。

吾人檢討盧卡奇走向馬克思之路的六個階段以及進入思想成熟

㉒ Ebenda, S. 79.

領域的階段，可以得出一些認識與瞭解。盧卡奇在對資本主義與共產主義的社會究竟採取什麼態度？這可以從他臨終前的話作為說明：

> 兩大體系都有危機，真實的馬克思主義是唯一的解決辦法。因此，在社會主義國家裡，馬克思主義的意識形態必要提供對現有國家事務之批判以及協助改進，這些改革是刻不容緩的。❷❸

　　盧卡奇從中學時期的 17 歲起到逝世時的 86 歲止，共達 70 年的歲月與馬克思及馬列主義社會為伍，不論是遭批判或自我批判仍舊沒有對馬克思思想表示失望。他的心路歷程給晚期的馬克思主義注入新血，重新點燃馬克思理論的堅韌性和適宜性。尤其是馬克思的辯證方法以及批判精神成為以後西方馬克思主義的核心。在此意義下，盧卡奇可謂為西方馬克思主義的奠基者。

　　基於以上所述，吾人可以瞭解盧卡奇的青年時期，接受環境的洗鍊與現實問題的激引，使他走向馬克思之路。這一條道路是由自己的革命經驗與接受當代學者的理論薰陶所累積而成的。因此，下一章將探討他的理論發展，及影響他的思想家。

---

❷❸ *Gelebtes Denken*, S. 34.

第三章　影響盧卡奇的思想家

　　三化論的形成是盧卡奇青年時期中才華橫溢的最佳表現。他接
受了完整的學校教育，尤其在布達佩斯大學獲得博士學位後，深感
自己未能從學校中學習到對未來有影響的東西，為了彌補這個缺陷，
於是前往德國柏林、海德堡等地，向有名望的學者請益。在盧卡奇
的青年時期可分前後兩大階段，雖然這兩個時期都接觸過馬克思的
著作，但不同的是前階段屬於自修階段，而後階段是透過名師指點，
及基於此再度重讀馬克思作品，加上革命現實狀況的刺激，以及發
現當時庸俗的馬克思主義者，只用恩格斯的自然辯證法，而忽略馬
克思所汲取的黑格爾辯證法。為了批判恩格斯的自然辯證法，不足
以用在人類的歷史上，致使他走進馬克思啟蒙之路。本章介紹盧卡
奇的三化論影響最深的人與觀念，按影響的深淺分別以席默爾、韋
伯、馬克思、黑格爾與恩格斯的次序加以論述。

3.1　席默爾的生平與思想

　　席默爾對盧卡奇之影響可從兩方面來說明，其學說師承席默爾。
一是席默爾與盧卡奇當時的交往；另一是盧卡奇自己承認，且提出
相當明顯的論點，來說明席默爾對他的影響。因此，在此將分成兩

部份來論述這個主題。

3.1.1　席默爾的生平與著作

　　喬治・席默爾(Georg Simmel, 1858 ～ 1918)在其回憶錄
(*Auszuge aus den Lebenserinnerungen*)自述，他於 1858 年 3 月 1 日
出生在德國柏林的舊都市，在這裡渡過半輩子的光陰。總結一生的
著作約有二十五部書，其中以《道德哲學導論》(*Einleitung in die
Moralphilosophie*)、《社會學》(*Soziologie*)及《貨幣哲學》(*Philosophie
des Geldes*)這三部書為其代表作。它們包含倫理學、貨幣理論、社
會學等三方面。另外他還發表約三百篇的論文，1876 年席氏進入柏
林大學攻讀歷史、心理學、民族學，後來改為研究哲學。早期一些
著作以心理學與哲學方面為主。1880 年他研究音樂之根源，以〈論
音樂的心理學與民族學〉為其博士論文的主題，但未為被接受。不
過，這篇文章在 1882 年發表。1881 年以〈評述康德對事物性質之
不同見解〉一文獲得博士學位。1882年～1891 年他發表了約十二篇
有關心理學的文章。1884 年他發表丹丁心理學。1885 年 1 月獲得
教師檢定資格，在柏林大學擔任副教授，講授康德哲學。 1886 ～
1889 年負責的課程是「達爾文主義的哲學影響」。1887 ～ 1891 年
共四次機會講授有關「當前哲學理論」和「作為社會學問題的論理」。

　　1890 年出版第一本重要著作《論社會分殊》。席默爾的許多概
念紛紛被提出。他接受實踐主義、社會達爾文主義、斯賓塞的進化
論、分殊的原則(the principle of differentiation)、費赫那的原子論
(Fechners Atomismus)。透過他的老師瞭解客觀精神、達爾文的類保
存之理論等等。席默爾的社會學成為一個研究的問題，而針對這個
主題他提出一篇名為〈社會團體的自保〉之文章，後來列入《論社

會分殊》(*Über soziale Differenzierung*)一書裡。這本書主要論及自
然科學問題、社會哲學及進化以及社會學與心理學之研究。

在 1890 年與 1900 年間席默爾提出社會學的重要特徵。同時，
他也研究叔本華的悲觀哲學與心理學和尼采的哲學，受這兩位哲學
家的影響，於 1907 年完成《論叔本華與尼采》一書。不論在校內校
外他都與社會主義的學界圈子有來往。

1892 ～ 1893 年出版《歷史哲學的問題》(*Die Probleme der
Geschichtsphilosophie*)、《道德學說導論》(*Einleitung in die Moral-
wissenschaften*) 等。1894 ～ 1895 年發表了〈社會學的問題〉一文，
這是他經常介紹給別人研讀的作品。

另一篇使他津津樂道的文章是〈論選擇規則與知識之關係〉。席
默爾在論悲觀主義的課程居然吸引了 269 位學生聽講，在社會學課
程也有 152 位學生聽講。1896 ～ 1910 年擔任新成立的《美國社會
學雜誌》的編輯，發表約九篇經過翻譯的作品。他計劃進行貨幣心
理學的研究，也期望完成相對主義的理論。1900 ～ 1908 年他自稱
是哲學家，把哲學當作終生工作，社會學僅是副業。然而他仍舊講
授社會學。

出版的作品有:《貨幣哲學》(*Philosophie des Geldes*, 1900)、〈論
貨幣心理〉、〈大城市與精神生活〉(*Die Großstadten und das Geis-
tesleben*, 1903)、《論康德》(這是收集上課教材而輯成的書)、《歷史
哲學的問題》(*Problems of the Philosophy of History*, 1905)、〈宗
教〉、〈康德與哥德〉、〈叔本華與尼采〉、《社會化的形式之研究》
(*Untersuchungen über die Formen der Vergesellschaf-tung*, 1908)
(這是席默爾分析資本主義及他的社會學，原先屬於純社會學，而
後將它視為一種科學)。

這個時候，他廣泛的討論馬克思主義的價值論和異化概念。在政治上受到社會民主的意識形態影響，自 1900 年到 1915 年往返於柏林大學與海德堡大學之間，結識了韋伯、胡塞爾、李克爾特等人。1909 ～ 1918 年擔任格來弗斯瓦德(Greifswald)的普魯士大學的哲學講座。

1914 年獲得斯特拉斯堡大學的哲學講座。作品有：〈哲學的主要問題〉、〈哲學文化〉、〈林布蘭特〉(Rembrandt)、〈社會學的基本問題〉、〈戰爭與智慧的決心〉、〈現代文化的衝突〉、〈生活觀點〉等。從上述的簡單生平介紹可以瞭解席默爾的生活過程和重要著作❶。

3.1.2 席默爾的思想

從席默爾的興趣來看是由自然科學走入人文科學，而其整個過程是從社會學擴展到心理學及哲學的範圍。 依照福利斯必(David Frisby)的觀察，席默爾的《貨幣哲學》有助於韋伯論述《新教倫理與資本主義精神》的撰寫和討論。席默爾提出社會行動的意圖性之概念與韋伯的合理行動很接近。席默爾的觀念不僅影響到盧卡奇，也影響布洛赫(Ernst Bloch)與班雅明(Walter Benjamin)， 尤其擴及到西方馬克思主義思想的範圍❷。

---

❶ 有關席默爾的生平參考資料：(1) *Key Thinkers, Past and Present* , ed. by Jessica Kaper (New York: Routledge & Kegan Paul Inc., 1987), pp. 227–230. (2) *Dictionary of Sociology* (New York: Penguin Books Ltd., 1984), pp. 191–192. (3) David Frisby, *Georg Simmel* (Sussex: Ellis Horwood Ltd., 1984), pp. 21–34. (4) *A Encyclopedia of Western Economists and Their Works*，臺銀經濟研究室編印（臺北：臺灣銀行，民國 61 年），頁 895–896。

❷ David Frisby, ibid., p. 9, 143.

席默爾所處的時代背景正好是西方社會革命與戰爭接連發生之際。有些知識份子在尋求解決時代的問題時，把所有的責任指向資本主義的社會。他們所揭發的角度相同，不論是悲觀或樂觀的學者都難免重新考慮馬克思所曾經發表過的意見。在歐洲學圈風氣的助長下，學者聚會討論，形成派別也是一股自然的趨勢。因此，資本主義社會的文化，也就成為社會學家們所專注的目標。席默爾的《貨幣哲學》正是以當代的文化為研究對象。

以下從兩方面來討論席默爾與盧卡奇的關係：一是思想關聯；二是論點關聯。

3.1.2.1 盧卡奇與席默爾相關的思想

欲暸解席默爾與盧卡奇兩人之間的關係，必須從兩人的生平相互比照。盧卡奇在 1906 年取得博士學位之後，前往德國深造，首先遇到的就是席默爾。當時席默爾學圈的私人討論會是由許多崇尚馬克思主義的青年學者所組成的。正好席默爾的重要著作《貨幣哲學》在 1900 年出版。由於該書受到當時學界的重視與高度評價，所以很自然的成為這個私人聚會討論的主要課題。雖然，涂爾幹評論該書「第一篇的經濟預設部份不清楚，第二篇有三百多頁的分析含糊不清，尤其所涵蓋的問題太多，不能將它們合理的聯結成一個體系」❸。但是，這本書卻與後來西方馬克思主義的產生發生關係。其理由如下：

1. 盧卡奇曾經提到他觀察馬克思是透過席默爾的觀點，這就是指《貨幣哲學》而言。吾人如果從席默爾早期的生平看，不能以他讀過誰的書而作為判斷席默爾何時接觸過馬克思，甚而認為他在何時開始研究馬克思的思想。然而，從他的《貨幣哲學》觀察，似乎

---

❸ Ibid., p. 142.

又可以證明與馬克思有密切關連。在 1890 年以前席默爾只是一位改革的社會主義者，後來逐漸在他的其它著作中排斥歷史唯物論。到了 1900 年形成的貨幣理論，批判意見更為激烈，例如：對勞動價值論(theroy of labour-value)、貨幣對分工的影響等。在這種情況，有些人認為他早就發現到馬克思的《巴黎手稿》。實際上他所提出的文化異化理論是遠離馬克思的作品。這一點誠如郭德塞所言：「席默爾主張這部《貨幣哲學》可以與《資本論》作對照」❹。

盧卡奇在 1908 年進行他的《現代戲劇發展史》撰寫時，就認為馬克思是一位社會主義者，他有這樣的觀念乃受到席默爾和韋伯的影響。也就是受到席默爾的哲學與社會學薰陶的結果。難怪他的《發展史》可以稱為「席默爾的哲學」❺之闡述。除了盧卡奇受影響之外，尚有班雅明以及法蘭克福學派的第一代學者阿多諾(Theodor Adorno)也奉席默爾的學說為圭臬。這些都在說明，席默爾的著作挑起青年學者接觸青年馬克思的作品。因此，可以說他是馬克思主義的啟蒙者。

2. 盧卡奇在 1911 年出版的《發展史》，就已論及現代文化的合理化與對象化(Gegenstädlichkeit)問題。這些都在重述席默爾貨幣論的分析內容。盧卡奇受席默爾影響的時間是到 1918 年席默爾逝世為止。之後，盧卡奇才正式離開德國回到布達佩斯，並決定參加匈牙利共產黨的組織，逐漸遠離席默爾去重建他的歷史唯物論之理論建構。

馬克思死後，其主要著作《資本論》第二卷、第三卷分別出版（恩格斯所編）。他所用的物化及異化的學說，都出現在席默爾的貨

---

❹ Ibid., p. 145.

❺ Ibid., p. 146.

幣論裡，當然從 1908 年起，盧卡奇也已討論到這些問題。因為，它是用來批判當時資本主義社會的資產階級文化之工具。

3. 《貨幣哲學》包含了很多的論點及重要概念。例如：貨幣經濟文化異化理論等。這些與青年馬克思的思想比較明顯接近，其中又以文化異化理論，似乎較早被公開討論過。因為，盧卡奇的物化論是在 1923 年才引起普遍注意，可是馬克思的《巴黎手稿》一直到 1932 年公諸於世才引起大驚動。

4. 席默爾對貨幣異化的描述

⑴ 貨幣是物與物之間純粹關係的物化現象。這些物化現象表現在經濟的活動中。

⑵ 貨幣製造一個魔幻的客體性與自己成對立而作為自然體。

⑶ 人與人之間互動的客體性在純貨幣經濟利益之中得到最高表現。它也在智化(intellectualization)與功能化(functionalization)的關係裡顯現❻。

5. 這種成熟的貨幣經濟確實是等同於韋伯某些方面檢驗合理化的過程以及盧卡奇的物化分析。

6. 智化功能一方面應付這個世界，另方面規範個人與社會之間的關係。例如：運算功能。運算就是思考這個世界好比為一個大數學題一樣。

7. 在業已物化的客觀文化及貨幣關係的物化世界中，每個人的創造性與發展的機會都受到相當地限制。

8. 這種思考的客體駕御主體文化之上，是表現在社會生活與其

---

❻ G. Simmel, *Philosophie des Geldes* (München und Leipzig: Verlag von Dunker & Humblot, 1922), S. 377–385ff. 並參閱 David Frisby, *Simmel*, pp. 107–110.

產物之間的關係。另外也表現在個體的部份生活內容。

9. 席默爾注意到在現代資本主義社會裡的主體與客體文化之距離的擴大，他也發現一種具體與確實的疏離原因。

10. 發現在生產與消費之間的分工根源。

11. 分工與專業化。工業化帶來了分工制，因為它可以提高生產率，不過未使彼此之間相互依賴增強。依照亞當・斯密(Adam Smith)的意見：分工是基於交換的分工。亦即交換傾向是由於分工所引起的。生產過程與社會形態有密切的關係。分工又可分為社會的分工、工廠內的分工、行業間的分工以及技術上的分工等。其中社會分工是以各企業的生產品的交換為基礎，結合生產者之間的關係及工廠內工人為主。席默爾的分工與專業化雖然與馬克思的看法所強調的重點有所不同，但都仍彼此互相對應。席默爾認為在現在的生產過程中，生產之所以完成都是在生產者支出消耗的發展過程上，他的整個人格變成遲鈍。因為，能源分散對自身的和諧成長是不可缺少的。個別工人無法認知自己，完全從不同根源的產品地關係中異化。

工人的異化增強是隨著工人遠離生產工具，勞動本身與勞動者分離，即勞動力變成商品。這種分離在自動化機械生產中更加明顯。席默爾也比較過訂制的生產與大量的生產等方式。訂制生產給消費者與商品之間存有人的關係。但是，大量生產而言，商品對消費者來說是外化的、孤立的。分工不僅是破壞了訂制生產，也使生產的主體氣息消失在對消費者的關係裡。因為，商品的生產都已獨立化，個體遠離了較廣的文化環境，也遠離了日常生活的熟悉方面。這種主、客體的分離文化，在後來的席默爾談論中，逐漸歸結於三個術語：「文化的危機」、「文化的悲劇」、「文化的病狀」。也就是，文化

的永恆悲劇的領域裡。這些術語是盧卡奇在早期的著作中常常引用的。

除了上述之外，席默爾貨幣論尚有其它論點：

1. 貨幣哲學發展的簡述

《貨幣哲學》在 1900 年出版，全書分為兩大主題：一是分析部份(analytischer Teil)；另一是綜合部份(synthetischer Teil)。這兩部份各有三章。此書未出版之前，席默爾在 1889 年 5 月 20 日的政治科學研討會上發表過一篇名為〈貨幣的心理學〉。到了 1899 年才將名稱改為《貨幣哲學》。此書受到相當高的評價，不論正面或反面都有，被稱為「當代的哲學」之地位。

席默爾的著作被拿來與當代的社會學著作相比較，如：涂爾幹的《勞動分工》對上席默爾的《論社會分殊》。馬克思的《資本論》對上席默爾的《貨幣哲學》。不論如何比較，它們的共同點都是在針對資本主義社會進行分析與獨特批判。

這本書的第一部份是分析部份，主要的內容是：論價值與貨幣、貨幣的實物價值以及目的等級的貨幣。第二部份是綜合部份，談論個體自由、個別價值的貨幣等量以及生活的形態。

2. 基本概念——貨幣

(1) 可以當作經驗的項目；

(2) 在世界內作為運動主要形式的象徵；

(3) 把貨幣本值作為價值尺度來討論；

(4) 只是用來作為一種手段、一件東西，或代表兩個最表面的、現實的、偶然的現象。換句話說，他的出發點是指最表面的、不重要的。然而，他真正指涉的應該不是現象這一層，而是深入生命的內在本質，或運動的主要形式。他在研究的途徑上，應該是從存有

整體性開始，不同於藝術只是對於某一人、某一風景或某一種心情發生效果。也即是，貨幣的效能應擴展到整體性與最高層次的普遍性。這是席默爾的主張❼。

就社會學分析而言：以貨幣描述社會的實際性，每一件物與其它東西都成為互動，是沒有起點可言。但是，貨幣作為起點有其特性，可以表示社會實際性的根本相互關係。其次是它保有將經濟生活結合在知識文化原因裡的解釋價值。

(5)交換功能，按席默爾的意見是，「交換當作生活形式和經濟價值的條件以及第一經濟事實」❽以及「把主觀主義的價值理論與經濟當作交換的系統。同時強調社會的交換關係之重要性，也是貨幣社會學的基礎」❾。

欲分析席默爾的交換功能，就得先對他的貨幣經濟有所瞭解。因為，經濟是個人需求的滿足之活動。這個需求是指貨物與勞務的消費而言。整個經濟的根基在於貨物的交換而不是其生產。也可以說，交換就是創造價值，如同生產本身一樣。因此，經濟的根基是交換，交換也是人類社會的一個重要現象。它不僅是社會的現象，也是最單純的一種可以形成在人類之間的互動。社會的互動本身就是一種交換，即每一個互動就是交換，以貨幣來表示這種最單純的互動方式。

3. 貨幣關係為有目的的人類活動

❼　Ibid., p. 96.另參閱見田宗介等編，《社會學事典》(東京：弘文堂，昭和63 年)，頁 157。And also refer to Andrew Arato, "Lukács Path to Marx-ism (1910 ～ 1923), " *Telos* , No. 7, spring, 1971, p. 130.

❽　Georg Simmel, ebenda, S. 58. And refer to David Frisby, ibid., p. 98.

❾　David Frisby, ibid., p. 98.

即指增加更多的手段、工具來取得給予的目的。貨幣是個體與其目標之間有關聯的鎖鏈（仲介物——個人添加的詞）。而且，也是產生其它暫時不會實現的目標之手段。它是一種最純粹的物化手段或工具。

4. 在社會層面看，交換乃是社會生活的原本形式與功能

社會是一種超越個體的結構，但不是抽象的。因此，交換關係的普遍性及不斷互惠互動，可以避免社會的物化與其原子化的概念。社會不是一個物化的項目，是因為社會組織單位只表示在個體群中一種吸引力和推進力。

綜合以上所述，貨幣是以最單純的方式表現出純粹互動的仲介物。貨幣固然是一個個別的東西，但是這個東西的主要意義是達到超越個體性的普遍屬性。在席默爾的觀點是要以功能來取代本質，以關係來代替物自身。這就是他在貨幣之中發現到的一種實體，它在社會裡表示了這種取代的特徵。因為，貨幣是物化人們之間的交換仲介物，並且有具體實現的純粹功能。貨幣之所以有這些功能，是在已發展的經濟之中才有可能實現。即在一個具有目的的手段與目標的系絡裡才能發現這些已發展的貨幣之廣泛特性。

3.1.2.2　盧卡奇與席默爾相關的論點

1. 永恆的物化現象：盧卡奇對物化意識形態現象的認識，並舉出席默爾的貨幣理論論點，他說：

> 就在資本主義經濟以其自我創造的直接性立足時，資產階級也試圖認識物化意識形態現象。甚而那些思想家決不願否認或掩飾這些現象。瞭解物化破壞人類的思想家們仍然在分析物化的直接性，並不試圖超越物化自身的現象，脫離那種最表面化的

形式，只把這種形式視為永恆或孤獨的。這可從席默爾的《貨幣哲學》一書中看的很清楚。⑩

2. 盧卡奇在論物化意識形態的意識結構情形時，就引用到席默爾的意見，這證明盧卡奇的物化觀念是絕對取自席默爾的。席默爾區別兩種對立物化時指出：

這種對立的方向一再被採用，在觀念上也會突進其絕對單純的分裂。因為，所有生活事態漸漸變成事務的、非人格的。所以，剩下那些未受物化(der nicht zu verdinglichende Rest)的生活形態也漸漸成為有人格的，也更加無爭辯的成為自己所有物。⑪

席默爾在討論當代資本主義社會時，著重在文化的層面。他描述與分析這種社會的外表現象時，有兩個地方影響到盧卡奇：1910年以美學文化批判文化；其次是，1923年描述物化世界的表面。如：阿烈特(Andrew Arato)所說：「盧卡奇稱五種人類的文化為美學文化，它意涵祭拜已原子化的自我及偶然的情緒。」⑫

席默爾所提出的貨幣論重點是在第二篇第六章專論〈由貨幣形成的文化〉，席默爾認為文化的特徵是：

⑴人類文化乃是物的教化(cultivation)，即客體文化。然而，這種物的教化也教化吾人，即主體文化。

⑩ Lukács, *Geschichte und Klassenbewußtsein*, S. 269.

⑪ G. Simmel, ebenda, S. 532.

⑫ Andrew Arato, ibid., p. 129.

⑵對象化的世界就是文化。

⑶文化就是超越自然狀態，人類價值的發展。

⑷早期文化史有兩個過程，彼此相容、互惠並行。其中客觀物的文化是超越主觀的個別文化⓭。

這些觀點影響盧卡奇等同使用對象化與異化⓮。這一點一直到 1967 年，他的著作《歷史與階級意識》一書新版的〈序言〉中，盧卡奇才發現並表明出這個因素的來源。

盧卡奇在 1918 年以前一直不能走入馬克思主義思想，主要是因為馬克思主義不能幫他解決主體與客體之間的問題。這是盧卡奇從 1912 年受席默爾及布洛赫影響才逐漸形成他的哲學體系之故。在 1915 年偶而論及馬克思主義的方法論——歷史唯物論。但在海德堡停留的這一段時間(即 1912 ～ 1918 年)都與席默爾學圈相處。所以，在思想上似乎很難跳出席默爾的某些理論範圍之外，而自行發展。

3.2　韋伯的合理化理論

盧卡奇離開匈牙利到德國後受席默爾的影響最深，其次就是韋伯(Max Weber, 1864 ～ 1920)。從時間上來看，韋伯比席默爾晚兩年逝世，理應對盧卡奇更有所影響才對，其實不然。1918 年 12 月盧卡奇加入匈牙利共產黨之後,韋伯對他這種決定感覺相當的失望。這個決定除了盧卡奇的第二任妻子大力支持之外就是他自己的辯解。

⓭　Simmel, ebenda, S. 520.

⓮　Andrew Arato, ibid., p. 129.

從 1906 年到 1918 年之間，盧卡奇沒有理由繼續停留在海德堡是因絕大部份時間與席默爾來往，與韋伯則以通信或約定見面時機為主。第一次與韋伯通信是在 1912 年 7 月 2 日，這也是盧卡奇正要離開義大利前往海德堡之時。從這一年起到 1920 年 3 月，他一共收到韋伯的信有 17 封❶。兩人來往除了這些書信之外，沒有其它較直接或明顯的資料可資證明，加上，他與席默爾之間的接觸頻繁，所以，在此無需簡述韋伯的生平細節，況且盧卡奇提到韋伯僅止於他的資本主義與合理化觀念而已。

盧卡奇與韋伯在第一次見面後，雙方都各留下深刻的印象，不論盧卡奇對韋伯❶或韋伯對盧卡奇❶都有同樣的感覺。雖然，韋伯對盧卡奇的影響較晚，但是卻很深刻❶。兩人的不同觀點乃基於當時的局勢，就是在第一次世界大戰爆發之際，大多數的德國知識界都贊成這一次戰爭。韋伯常聲稱「那是一次偉大而又令人興奮的戰爭」❶。一向反對戰爭的盧卡奇卻不以為然，他的這個舉動對當時時常相處在一起的學者來說，不免深感訝異，終而使盧卡奇成為局外人。儘管兩人在世界觀上有所不同，但他們在方向上都有主要的共同點，此為：

1. 他們都排擠第二國際的庸俗馬克思主義形態，都沿著新康德主義之路追尋社會科學的知識論。

❶ *Georg Lukács Selected Correspondence. 1902–1920*, ed. by Judith Marcus and Zoltan Tar, pp. 204–281.

❶ *Max Weber*, translated by Harry Zohn (New York: John Wiley & Sons, 1975), pp. 465–466.

❶ Georg Lukács, *Gelebtes Denken — Eine Autobiographie*, S. 59.

❶ Ebenda, S. 58.

❶ Judith Marcus, ibid., p. 17.

2. 對於藝術與文學的社會學及哲學問題有共同的興趣。

3. 都接受多斯妥耶夫斯基(Dostojewski)、托爾斯泰(Tolstoy)的觀點以及俄國的看法。

4. 對於倫理與政治問題彼此都有興趣[20]。

從整個物化論看，韋伯所留下的影響標記是資本主義發展的輪廓和理性與非理性的體系。而韋伯對資本主義的描述被盧卡奇引用的有兩方面：

1. 資本主義發展的輪廓。法律制度與國家形式的基本特徵相當雷同，用社會學的眼光，也即以一個「唯商業導向者」的立場來討論現代國家。並且從歷史觀點看，對它來說也是明確的。商業中的權力關係也趨於此[21]。盧卡奇對資本主義之內部特性的說明是：

> 近代資本主義企業經營(der Betrieb)在內部特別奠定於計算(Kalkulation)之上。為了存在，它需要有一個司法與行政系統。系統的功能得以合理地計算，在原則上按照一般固定的規律。好比一部機器的大略性能那樣可以計算出來。如同法官在個別案例中表現出公正感， 以其它荒唐的執法手段或原則進行審判，幾乎無法忍受的憐憫。然而，這是一種維持不合理的傳統家長式統治方式。……現代資本主義與古老形式的資本主義之區別是在於：建立在合理的技術基礎之上的嚴密合理的勞動組織，而不可出現在任何不合理所構成的政治制度之中，甚而不可能存在。因為，現代的企業形式都以他們的固定資本與精確

---

[20] Judith Marcus, ibid., pp.16–17.並參閱韋伯太太寫韋伯自傳：*Max Weber —A biography.*

[21] Lukács, ebenda, S. 270.

計算為主。但對法律與行政管理的不合理性(Irrationalität)是有
頗多感受的。它們只出現在具有合理法律的行政官僚體系的國
家之中，在這其中，法官或多或少就像是一部自動執行法的機
器。吾人只要在機器上面放入一份資料及一些費用，於是就可
以在機器底下取得具有說服力的判決。這也就是說，其功能是
完全可以計算得到的。[22]

2. 理性與非理性的問題。盧卡奇引用韋伯分析印度的禁慾主義
(asceticism)，他們採用非常專業的理性方法，就是一把刷子，他們
可以準確地預測所有結果。這種主義的全部理性屬於直接的和非仲
介的關係，也處於手段和目的之間。手段和世界本質已完全超越理
性的經驗關係之中[23]。

從這些引例看，吾人有必要深入理解韋伯對這兩個問題的意見。
因為，這將有助於區別與批判盧卡奇的見解。

3.2.1　韋伯論資本主義的特徵

1. 近代資本主義精神是具有獨特的精神氣質，除了有發跡的方
法之外，仍重視倫理。韋伯舉了兩個例子來比較歐美與東方國家(中
國、印度、巴比倫) 的資本主義精神不同的地方[24]。他強調近代西

[22] Lukács, G., ebenda, S. 271.

[23] Ebenda, S. 290.

[24] 馬克思·韋伯著，于曉譯，《新教倫理與資本主義精神》(臺北: 谷風出
版社，民國 77 年)。兩個例子: 1. 富蘭克林(Benjamin Franklin)代表
西方有倫理道德的賺錢方式; 2. 富格(Jacob Fugger)代表東方，他主張:
錢，只要能賺，他就想賺。

方的資本主義是一種帶有功利主義色彩的道德觀念。它們的主張是，誠實帶來信譽以及守時、勤奮、節儉。這種倫理道德呈現另一個主題——非理性。理由是，這種倫理所宣揚的至善是，盡可能的多賺錢，是和那種嚴格避免任憑本能衝動享受生活結合在一起的。因而，它是完全沒有享樂主義的成份在其中。這種至善被如此單純地認為是目的本身，從對個人的幸福或功利的角度來看，它顯得完全先驗的和絕對非理性的。人竟然被賺錢的動機所左右，把獲利作為人生的最終目的。經濟上獲利不再屬於滿足自己物質需要的手段了。我們認為這種自然關係的顛倒，從一種樸素的觀點來看，是極其非理性的。但是，它顯然是資本主義的一項主要原則❷。

2. 要在人身上賺錢，是因做事殷勤的人都站在上帝面前。這是由基督教精神來的觀念——人人有職業(Berufung)，即表示都受上帝的召喚，因應這種召喚而有一種責任工作。也就是，聽從上帝的指令是一項天職。這些情況早在資本主義產生以前便已在某個時代出現過。

3. 現在資本主義具有前資本主義的這個特點，所以才能延續下去。當今的資本主義的經濟，可說是一個人生活在廣漠的宇宙。它對這個人來說，是一種他必須生活於其中的不可更改的秩序。他只要涉足於那系列的市場關係，資本主義經濟就會迫使他服從於資本主義的活動準則。如果一個製造商長期違反這些準則，他就必然要從經濟舞臺上被趕下去❷。

4. 從獲利的本能看，找不到資本主義精神和前資本主義精神之間的區別。因為，在歷史上的任何時期，只要有可能就必有置任何

---

❷　同前書，頁 35–36。這個原則韋伯認為是來自於《聖經》的古訓。

❷　同前書，頁 37。

倫理道德於不顧的殘酷的獲利行為。

5. 金錢具有孳生繁衍性。金錢可生金錢，孳生的金錢又可再生。由五先令經周轉變成六先令，再周轉變成七先令三便士，如此周轉下去變成一百英鎊。金錢越多，周轉再生的錢也就越多，這樣，收益也跟著越增長㉗。

6. 資本主義精神在資本主義秩序出現以前就存在。因為，早在1632 年就有人抱怨新英格蘭那種不同於美國和其它地方的專門於計算追求利潤行為。資本主義精神為了取得統治地位，所以必須與各種敵對力量的世界進行搏鬥㉘。

7. 區別西方與東方國家的資本主義。在東方：賺錢謀取私利方面，不講道德的作法普遍盛行。因為，這些國家的勞動者缺乏自覺性。這是資本主義發展的主要障礙之一。

8. 前資本主義的情況：在一個長期經營企業中，合乎理性地使用資本和按照資本主義方式合乎理性地組織勞動，但尚未成為決定經濟活動的主導力量。所謂傳統主義是指，人並非天生希望多賺錢，只希望像他已經習慣的那種生活而賺錢即可。

9. 資本主義打從開始就爭取減少工資的方法，也就是低工資多生產，結果增加了勞動。這種低工資不與廉價勞動等同，低工資或高工資注定是要失敗。因為，從單純的商業角度，所要求的是高度的專注與創新精神的責任心。其次是，勞動必須是被當作一種絕對的自身目的，當做一項天職來從事。這些是不能只憑低工資或高工資可以刺激的，它只能靠長期艱苦的教育。諸如此類都基於一項原則——在勞動時間內，不容有半點分心，拿來計算怎樣方能以最省

㉗ 同前書。

㉘ 同前書，頁 37–38。

事又最省力地賺取已經習慣的工資。

10. 一定要在有宗教教育的背景之下，資本主義才能戰勝傳統主義的生產方式。

以上十點的資本主義精神是有其宗教思想的配合而產生的。這些都有實際的歷史背景，經年累月的薰陶，人民已習慣它。

資本主義的積極精神帶有某種適合宗教的倫理道德，逐漸要求生產率提高。激起高效率的要求，才有計算準確原則的產生。這種計算的責任就落到社會中的某一階層——資本家身上。這一階層指的是在上升時期的工業，中產階級才能體現出資本主義的精神。韋伯的資本主義精神就是由那些刻苦自力更生奮鬥出來的中產階級來表現，但不是指那些大企業家、紳士。這種精神正是宗教要求人人要能勞動才能表示向上帝感恩。這種不可閒散，要積極不斷的勞動，逐漸成長的精神才是真正的資本主義精神。韋伯輕視那些不勞動而獲得暴利財產的閒散人士。

3.2.2　理性、合理化與資本家

直接改變適合消費者需要的產品以及銷售的方法。這種合理化的過程，迫使不願意這樣做的人歇業。這樣的變化是由於新精神所引起的，這是資本主義擴張的動力。

近代企業家必須承擔無比繁重的工作。發揮資本主義新精神的人，不是那些膽大妄為、肆無忌憚的投機商或經濟冒險家，更不是那些大金融家，而是一些在冷酷無情的生活環境中成長起來的人。他們能精打細算又敢作敢為，更重要的是，所有這些人都節制有度、講求信用、精明能幹，全心全意地投身於事業中。且固守嚴格的資產階級觀點和原則。這類商人之所以能成功，似乎是因為他們具有

一種擺脫共同傳統的能力，具有一種自由的啟蒙精神。充滿資本主義精神的人傾向於對教育採取一種漠不相關的態度❷。

　　韋伯把能發揮資本主義精神的企業家之性格描述相當詳盡。這些特徵正顯現出這種社會的內外在生活方式。對於不合理性的特徵，韋伯的描述是：

　　　　這種需要人們不停工作的事業，已成為他們生活中不可缺少的
　　　　部份。事實上，這是唯一可能的動機。同時，從個人幸福觀點
　　　　來看，它表示了這類生活是如此地不合理性。在生活中，一個
　　　　人是為了他的事業才生存，而不是為了生存才經營事業。追求
　　　　只靠財富就能獲得權力和聲譽的慾望也就發生作用。❸

　　韋伯對於資本主義企業的理想類型是：

　　　　企業家們一向注意避免不必要的開銷，從不自吹自擂，從不對
　　　　自己的權力沾沾自喜。相反地，他們常常為自己的社會聲譽那
　　　　些外在的標記而感到窘迫不堪。換言之，他們的生活方式常常
　　　　是以某種禁慾的傾向見稱於世。這種情況雖不常見，但往往形
　　　　成一種慣例。他們的財富只為他們帶來一種自己做好自己的本
　　　　職工作，有極不合理的感覺。正是這一點在前資本主義時期的
　　　　人們看來，是那樣地不可理解、那樣地神祕莫測、那樣地可憎
　　　　可鄙。❸

---

❷　同前書，頁49。
❸　同前書，頁50。
❸　同前書，頁51。

企業家的生活方式提供了倫理基礎和正當理由。也就是，人人都感到自己對這種獲利可以成為一種職業，並且負擔一種倫理義務。個人主義的資本主義經濟的根本特性之一，是以嚴格的核算為基礎的合理化。因而，「資本主義精神的發展完全可以瞭解為理性主義整體發展的一部份」❷。

從以上韋伯論述資本主義之特性看，就如柏托其爾(Tom Bottomore)指出：「韋伯把他的資本主義分析和兩個截然不同的現象牽連在一起。第一是合理化過程；第二是民族國家。」❸韋伯在這種情況下，觀察在當時社會裡的各種現象。從追溯它的起源到當前形成的各種現象特徵之描述。韋伯提出許多重要概念。以下敘述之：

3.2.2.1　疏離現象

韋伯在《新教倫理與資本主義精神》一書中固然沒有提到疏離的概念。然而，他在分析過程時已經暗示這個現象的存在。依照他的分析，資本主義精神來自於新教的倫理與天職觀。也就是，新教產生資本主義精神之後，這種精神遠離了這個新教的倫理本意，最後與之對立而漸漸疏離。他對這種現象提出五點描述：

1. 清教徒的職業觀以及他對禁慾主義行為的讚揚，必定會影響資本主義生活方式的發展❹。

2. 清教的世界觀哺育了近代經濟人。故清教理想在強大財富誘惑下發生動搖❺。

---

❷　同前書，頁55。

❸　Tom Bottomore, *Theories of Modern Capitalism* (London: George Allen & Unwin 1985), p. 32.

❹　韋伯，同前書，頁137。

3. 宗教必然產生勤儉，而勤儉又必然帶來財富。但隨著財富的增長，傲慢、憤怒和對現世的一切熱愛也會隨之增強。因此，儘管還保留了宗教的形式，但它的精神正在如飛雲似地逝去。難道沒有辦法阻止這種純宗教的不斷衰敗嗎？㊱

4. 大獲全勝的資本主義，依賴機器的基礎不再需要這種禁慾主義的精神支柱㊲。

5. 資本主義制度已經不再求助於任何宗教的力量作為支柱了。儘管時至今日，我們仍然感到宗教企圖對經濟生活加以影響。然而，這種不正當的干預已經微不足道了，已經不能與國家制定的規章制度對經濟生活的干預相提並論。所以，這些都是近代資本主義在它已經取得了支配地位，並擺脫了舊有支柱的時候所表現出來的現象。只有近代資本主義與近代國家的力量配合起來，才能摧毀中世紀經濟生活準則中的那些陳舊腐朽的形式㊳。

3.2.2.2 資本主義的類型

韋伯對資本主義發展中並行出現的形式，都加以描述。而這些形式都有其共同點——追逐利益。由於追逐利益的方式不同，所以也產生了許多不同的利益階層，而形成組合資本主義社會的成員。其種類可歸結如下：

1. 前資本主義：受傳統主義的倫理影響。這種精神是與資本主義時代作對抗的，合乎理性的勞動尚未居於支配經濟活動的地位。

2. 近代資本主義：它的擴張動力不是資本額的來源問題，而是

㉟ 同前書，頁 143。

㊱ 同前書，頁 144–145。

㊲ 同前書，頁 150。

㊳ 同前書，頁 52。

它的精神存在。在當時就善於計算追求利潤的行為，凡傾向於這種精神的人，對教育都採取冷漠的態度。由此可以區別它與前資本主義的特性。

3. 個人主義的資本主義：它的經濟特徵就是以嚴格的核算為基礎，而合理化的以附有遠見和小心謹慎的態度來追求它所欲達到的經濟成果。

4. 冒險家式的資本主義：它們是享受特權的傳統主義。

5. 賤民式的資本主義(pariah–capitalism)：它們在政治上有大膽氣勢，並且敢於投機冒險。

6. 德國式資本主義：韋伯指出當時的一些商人坐享世襲而來的財產和貴族封號，將自己兒子送進大學、官場。這類是暴發戶的典型，將來必成頑劣的廢物。

在以上這幾種類型中，韋伯似乎最支持第二種近代資本主義下的理想類型企業家。因為，它的作風完全不同於暴發戶型或其它類型。韋伯關心日耳曼民族的前途，尤其第一次世界大戰爆發時，他稱之為「偉大戰爭」，與盧卡奇相對立。這種心態表現出他對當今資本主義為主控的社會，應由誰來主導之問題格外關切。

3.2.2.3 資本主義的特性與條件

韋伯的關切是有其根本的理由。他對資本主義的特性及基本條件都做了深入分析與瞭解。因而才能推論這個社會中的資產階級的影響力及其中的企業家之角色。

對於資本主義的特性方面，他提出下列六項：

1. 資本主義是在不斷的對抗中世紀傳統主義之中成長的。

2. 資本主義有強烈的適應性。

3. 資本主義獲利精神始終被新教義作為異端看待。

4. 強調固定職業的禁慾主義， 為近代專業化勞動提供道德依據。這種詮釋把職業分工和階級差異視為神意而直接設定。

5. 由於專業化，才能為技術展開一條路。

6. 要求生活統一性的傾向是增強資本主義對生產標準的興趣。

韋伯認為資本主義應具有以下六個條件：

1. 徵收生產工具。

2. 市場自由，沒有不合理限制。

3. 它的合理技術(rational technology)盡可能化約為計算。

4. 可資計算的法則。

5. 自由勞動。

6. 經濟生活的商業化❸。

3.2.2.4 企業家的特性

從以上這些描述，吾人可以瞭解韋伯在近代資本主義社會中強調企業家的角色。因為，當代的社會經濟必須走向企業化過程。主導這個繁重的責任自然而然的就落在企業家的肩上。

韋伯描述企業家的特性有：

1. 資產階級商人意識到自己充分受到上帝恩寵和祝福。他們認為，只要他們注意外表正確得體、他們的道德行為沒有污點、他們的財產使用不至遭到非議，如此就可以隨心所欲地聽從自己金錢利益的支配，同時還感到自己這麼做是在盡一種責任❹。

2. 現代資本主義企業中的個人（無論是企業家或勞動者）有意識地接受倫理格言，乃是當今資本主義能夠進步存在下去的條件❹。

---

❸ Tom Bottomore, ibid., p. 24.這些條件引自 Weber, M., *General Economic History*, pp. 208–209.

❹ 韋伯，同前書，頁 146。

3. 企業家從資本主義的精神中汲取到最合適它的動力。舉凡經營管理，如銀行。只有以資本主義企業形式才有可能存在。

4. 企業家的活動純屬於商業性質。

5. 企業家具有高度發展的倫理品質、遠見及行動能力，尤其是能相互信任。

6. 新型的企業家不喪失自我控制，才能免遭道德上和經濟上的毀滅。

7. 企業家全心全意的投注於事業中，並固守著最嚴格的資產階級觀點和原則。

簡單歸結，企業家是要有財、德兼顧的作風。企業家進行的企業經營，主要是在合理化。這個合理化原則就是如盧卡奇所說的計算(Kalkulation)及可計算性(Kalkulierbarkeit)[42]。也就是韋伯認為的「資本主義的經濟是要以嚴格的核算為基礎而合理化」[43]。

在資本主義社會中，因勞動推演出另一個角色——勞動者。資本家與勞動者都是受上帝的恩寵。由於人人必需勞動不可懶惰，才是符合上帝的神意。因而轉變為都在追求財富，賺錢獲利。這些都逐漸因時代轉變，增強自己的適應性，隨而發生主導地位。也就是，這種天職由禁慾主義迎合上帝而勞動，轉變為追求財富的勞動。在這種社會中，各個因合理化建構而成的階層，都因合理化而呈現出機械化。而控制這種過程的是理性主義。也是韋伯指出的：

在技術和經濟組織領域中的這種理性主義過程，無疑決定近代

---

[41] 同前書，頁37。

[42] Lukács, ebenda, S. 262.

[43] 韋伯，同前書，頁55。

> 資產階級社會的生活理想的重要部份，合乎理性地組織勞動，
> 俾為人類提供物質產品。毫無疑問的是他們畢生工作的最重要
> 目的之一。㊹

綜觀這些分析，韋伯的關心及建構是在為其理想類型的企業家
路。因為，他在解決「人類科學的方法問題就是理想類型的理論。
這個理論原本就是一種經濟研究的思考」㊺。吾人在此可以把韋伯
分析資本主義的過程及方法，尤其是作為工具而非目的的理想類
型㊻，作為一個參考點，來探討盧卡奇在分析資本主義發展的手段
及其理想的目標。

3.3 馬克思的拜物教

資本主義社會的內外生活方式，逐漸趨於普遍相同，造成這種
結果的原因相當多。而其主要的因素是因生活當中的人們所用的工
具幾乎相同。縱然有不同方式，但仍有人為的制度使之聯結溝通。
盧卡奇在觀察這種社會則持不相同的角度，而有不同的結果。由於
資本主義社會運作的影響下，由原來人與人之間的人際關係，轉變
為物與物之間的物化關係，制度運作下形成事化關係。也就是，在
這種社會之中，人際關係已不存在，反而受到物化與事化的支配。

㊹ 同前書，頁55。 And refer to *Max Weber* ed. by Stanislav Andreski
   (London: George Allen & Unwin, 1983), p. 125.

㊺ Michael Holzman, *Lukács' Road to God* (Boston: University Press of
   America Inc., 1985), p. 111.

㊻ Ibid., p. 112.

　　盧卡奇在關心資本主義的未來命運之際，尤其關切的是存在其中的無產階級的命運。因為盧卡奇認為這個階級是主導下一個歷史的主體。它的角色功能是判定資產階級社會將消滅，由無產階級來接替這個任務。盧卡奇對未來的歷史過程安排，主要是先透視資本主義的意識形態的致命點，揭發這種商品拜物教所產生的物化現象，以其革命實踐功能的歷史唯物論來克服這個物化，以便達到重建未來的社會主義社會之目的。

　　盧卡奇深知無產階級要完成這項任務不是一件容易的事。因為，無產階級與資產階級都同樣受到物化的影響。而無產階級受到這種永恆規律支配，變成麻木不仁，在意識裡無自覺地認識歷史所表的方向，且擔任起主導歷史的任務工作。如果無產階級欲改變自己未來的命運，就得先除去這種正支配人類的資本主義意識形態。

　　盧卡奇除了接受席默爾與韋伯的哲學與社會學觀點之外，也透過黑格爾的途徑去觀察馬克思。青年馬克思的著作成為他再度深入研究的材料。如此一來，他在青年時期所完成的著作就無法避免受黑格爾與馬克思之影響。就物化論的內容看，受到《資本論》的影響非常大。

　　盧卡奇在批判當時庸俗馬克思主義者所用的方法，是自然辯證法。基於這個原因，使盧卡奇再次回到研究馬克思的黑格爾辯證法。至於克服物化現象的過程，黑格爾的辯證法就是解決物化問題的方法，而不是恩格斯的自然辯證法。因此，將先論述馬克思的拜物現象，進而再討論被盧卡奇所引用的黑格爾的辯證法以及被盧卡奇所批判的恩格斯的自然辯證法。

　　以下論述馬克思的拜物教(Fetishism)：

　　盧卡奇曾聲稱馬克思的著作讓他徹底地閱讀就是《資本論》第

一卷。在這一卷中所引起注意的問題就是第一篇第一章的第四節〈商品的拜物教性質及其秘密〉。 馬克思在該節裡描述商品拜物教的問題。雖然僅僅 15 頁的內容，但是其內容相當不容易瞭解。馬克思在分析這個問題是以他的觀察立場，對發生在資本主義社會的現象，以其所做術語的分析與推理。吾人欲瞭解它的涵義，則必須以馬克思的界定為主，方可推理其內容，否則將陷入深不可測的謎霧中。為了分析這個問題的特性，將分兩個部份論述：一是商品；二是拜物教。至於其性質與其秘密的部份，即指它的神秘性。

3.3.1　商品

馬克思對資本主義生產方式的分析是以研究商品開始。他的理由是，整個資本主義生產方式站在支配與控制的地位，它的範圍涵蓋很廣泛。具有支配人類生活的地位是它的社會財富，這些財富正表現在龐大的商品上。同理，每一個商品則表現財富的元素。

馬克思指出商品它有兩種意義：一是外界的對象；另一是藉自己的屬性來滿足人的某種需要之物[47]。商品還具備兩個因素：使用價值和交換價值。

3.3.1.1　使用價值

物的有用性使物成為使用價值。這種有用性不是懸在空中的，它決定於商品體的屬性，離開了商品體就不存在[48]。每一件東西都有它的使用性，如果依馬克思的界說則是指：

> 每一種有用物，如：鐵、紙等，都可以從質與量兩個角度來考

---

[47] 《馬恩全集》，卷23 （北京：人民出版社，1972 年），頁 47。

[48] 同前書，頁 48。

察。每一種這樣的物都是許多屬性的總和，因此，可以在不同方面有用。發現這些在不同方面的有用物，也就發現物的多種使用方式，這是歷史的事，為有用物的量找到社會尺度，也是這樣。商品尺度之所以不同，是由於部份被計量的物的性質不同，部份是由於約定俗成。㊾

馬克思在具體事物的界說上，常常都給予抽象化，以便進而為他的推理著想。吾人之所以難以理解的地方就在於此。他所指的有用物，依照一般用語是可用或使用的目的。但是，試圖將經濟學上的用詞加以重新界定或再概念化之後，這種有用之物賦予某些屬性，它的有用性就是與它的屬性劃上等號。由此更可以把它有用的範圍擴大，就連使用方式不同也都包含在內。

因此，自有用之物到總括許多屬性，進而推理到總括許多使用方式，這表示具體物的性質提昇到抽象的歷史方面。由此，可感覺到超感覺的抽象指涉。這也等於把範圍由具體物推進到抽象社會尺度或是商品尺度，造成尺度的不同是因被計量與被化約之故。由這些基礎，吾人可以進一步探討使用價值在社會形式之中的角色。馬克思認為：

它只在使用或消費中得到實現，不論社會的財富形式如何，它的使用價值總是構成財富的物質內容。在社會形式中，使用價值同時也是交換價值的物質承擔者。㊿

㊾　同前書。

㊿　同前書。

3.3.1.2 交換價值

至此，吾人可以瞭解到馬克思對在社會形式中的商品之解說是他的主要目標，即如何認識將一件物品轉變成商品的意思。單單談論使用價值並不是馬克思的主要目的，因為，使用價值只是指物品的使用或有用性。如果一件東西要成為商品，必須具備有自然屬性的使用價值之外，還要具備另一個元素。這個元素是決定商品之意義，它就是交換價值。這兩個元素都具備齊全才可稱某物為商品。就在社會形式中「使用價值同時也是交換價值的物質承擔者」(51)。這其中就表現出使用價值對交換價值的重要關係。反之,「交換價值首先表現為一種使用價值，同另一種使用價值相交換的量的關係或比例。這個比例就隨著時間和地點的不同而不斷改變」(52)。

此中提出一個概念，就是交換的等量物，也就是指兩個東西或兩個以上的東西如何相互交換的問題。如果沒有這個物的量作為橋樑溝通，則這兩個東西就無法進行交換。這個道理就如同使用價值一定要有天然屬性（即物體屬性，如：幾何、物理、化學或自然屬性）一樣才能成立。例如：一本書與十枝筆、一百張紙可以劃上等號，而這個等號則表示兩種不同的東西裡面有一種等量的共同物。也就是，不論兩者的交換比例如何，都可以用一個等號來表示。這個共同物表示書與筆等於紙，當然紙不是書或筆。因此，書或筆只要有交換價值的量就可化約為紙。即各種物品的交換價值同樣化約成一種共同東西，各自代表這種共同東西的多量或少量。

兩個物品的交換即表示在交換關係之中，只要它們的量比例適當，一種使用價值就和其它任何一種使用價值完全一樣。因此，一

---

(51) 同前書。

(52) 同前書，頁 49。

個商品包含兩個元素。一個是使用價值：它是指物體屬性或使物品有用。另一個是交換價值：它指交換的兩物必然中間存有一個能交換的等量物。只要能完成交換，就表示除了具備有這個等量物之外，也等於它們有使用價值。在未完成交換之前，則只有使用價值。一旦成為商品，就表示擁有這兩個元素。

在商品體裡，馬克思又發現唯一一個怪物——即「勞動產品的屬性」。依馬克思的描述是：

> 作為使用價值，商品首先有質的差別。作為交換價值，商品只能有量的差別。它不包含任何一個使用價值的原子。如果把商品體的使用價值撇開，商品體就只剩下一個屬性，即勞動產品這個屬性。如果我們把勞動產品的使用價值抽去，那麼也就是把那些使勞動產品成為使用價值的物質組成部份和形式抽去。它們可以感覺到一切的屬性都消失了。隨著勞動產品的有用性質消失，體現在勞動產品中的各種勞動的有用性質也消失了。因而，這些勞動的各種具體形式也消失。各種勞動不再有什麼差別，全都化為相同的人類勞動、抽象人類的勞動。這個勞動產品所剩下的只是同一幽魂般的對象性。只是無差別的人類勞動的單純凝結。(53)

在這裡吾人注意的地方是，在商品裡存在著一個抽象的東西，那就是勞動。對於「使用價值或財物具有價值（交換價值）只是因為所有抽象的人類勞動體現或物化在裡面」(54)。這個抽象勞動量表

(53) 同前書，頁 50–51。

(54) 同前書，頁 51。

示價值量。所以，在商品的交換關係或交換價值中表現出來的共同東西，就是商品的交換價值。在其中也許令吾人不瞭解的問題是，這個勞動是如何規定？它對成熟的工人與不成熟的工人之勞動是如何區別？是否表示成熟度高的，就有高價值？這些個別因素都不是馬克思關心的，他所關注的是：體現在商品世界中的所有社會勞動力，都被當作同一人類勞動力者。對於時間單位作尺度看，也以在社會平均的勞動熟練程度，能製造出某種使用價值而所需要的勞動時間。

上述的商品說明過程，由原先商品是一種雙重的東西（即使用價值和交換價值），到加添勞動因素。這是馬克思首次作批判說明，他認為這是瞭解政治經濟學的樞紐。

對於這個雙重性與勞動的關係，馬克思又加以說明：

> 就使用價值說：有意義的只是商品中包含的勞動的質。就價值量說：有意義的只是商品中包含的勞動的量。不過這種勞動已經化為沒有質的區別的人類勞動。在前一種情況下，是怎樣勞動、什麼勞動的問題。在後一種情況下，是勞動多少、勞動的時間多長的問題。既然商品的價值量只是表示商品中包含的勞動量，那麼在一定的比例中，各種商品應該總是等量的價值。[55]

雖然上述的說明較繁瑣，但它有助於進一步瞭解馬克思對商品運用在資本主義社會推論上的認識。尤其，後來盧卡奇所引用及說明的，甚至黑格爾的勞動觀都與此有密切的關連。有了對商品性質的瞭解，才能探討商品的拜物教。

----

[55] 同前書，頁 59。

3.3.2　商品拜物教

人類自古以來就有一種崇拜的文化。例如：對圖騰，或各種符號，甚至是自己無法理解或因畏懼而以順服的習慣方式來接受等等。這些行為都屬於崇拜的範圍。只要有崇拜的現象出現，就有被崇拜的對象存在或有意識上所決定的目標。無論有形或無形，都存在自己的意識當中。對馬克思而言，商品只是一個平凡的東西，而且並沒有什麼神秘的地方，它是一種可以感覺而又超感覺的東西。最明顯的是，這些可稱上商品的物都是人類通過自供自給活動的過程，按照對自己有用的方式，把自然物質原來的形態加以改變成一件人為的創造物，如：桌子、書本。沒有拿出去交換放在自己家裡時，它只是一件成品或是一種普遍可以感覺的東西。只要拿出去交換，即以商品的形式出現，它就變成一個可以感覺而又超感覺的物品。

在此吾人要瞭解的問題是商品拜物教，即指商品的神秘性質。商品的神秘性質不是來自於使用價值。依前面所述，使用價值是依自己具有的屬性來滿足人的需要，這無顯示任何神秘性。但也不是來自於其規定內容。這個理由依馬克思的意見是：

第一、不管有用勞動或生產活動怎樣不同，它們都是人體的機能，而每一種這樣的機能不管內容和形式如何，實質上都是人的腦、神經、肌肉、感官等等的耗費，這是一個生理學的真理。第二、說到作為決定價值量基礎的東西，即這種耗費的持續時間或勞動量，那麼，勞動的量可以十分明顯地和勞動的質區別開來。在社會的一切狀態下，人們對生產生活資料所耗費的勞動時間必然是關心的。最後，一旦人們以某種方式彼此為對方

勞動，他們的勞動也就取得社會形式。㊶

這些原因說明商品的神秘性質不是來自使用價值。它的來源是在生產商品的勞動所特有的社會性質。這種勞動的社會性質是指生產者私人勞動的總和，變成社會總勞動，即私人勞動是社會勞動的一部份。私人勞動只有通過交換的過程，他們的勞動產品才發生接觸，也同時表現出來。

交換促使勞動產品之間及生產者之間都發生了關係。這裡所表示「不是人們在自己勞動中以直接的社會關係，而是表現為人們之間的物的關係和物之間的社會關係」㊷。如果知道這個來源是何物，即瞭解拜物的性質，那麼就必須認識商品的形式及其與社會的關係。

馬克思對商品形式的分析：

> 勞動產品一旦成為商品形式，就具有謎一般的性質。它是從那裡來的呢？顯然是從這種形式本身來的。人類勞動的等同性取得了勞動產品等同的價值對象性。這種物的形式，用勞動的結構時間來計量人類勞動力的耗量，取得了勞動產品的價值量的形式。最後，勞動的那些社會規定藉以實現的生產者的關係，取得了勞動產品的社會關係的形式。㊸

馬克思在說明這個商品形成的特性之後，再提出他的拜物教觀。他指出：

㊶　同前書，頁88。

㊷　同前書，頁90。

㊸　同前書，頁88。

可見商品形式的奧秘，不過在於商品形式在人們面前把人們本身勞動的社會性質反映成勞動產品本身的物的性質，反映成這些物的天然的社會屬性，從而把生產者與總勞動的社會關係反映成存在於生產者之外的物與物之間的社會關係。由於這種轉換，勞動產品成了商品，成了可感覺而又超感覺的物或社會的物。這只是人們自己一定的社會關係，但它在人們面前採取了物與物的關係之虛幻形式。因此，我要找一個比喻，我們就得逃到宗教世界的幻境之中去。在那裡，人腦的產物表現為既有生命的彼此發生關係，並同人發生關係的獨立存在的東西。在商品世界裡，人手的產物也是這樣。我把這稱為拜物教。勞動產品一旦被作為商品來生產，就帶上了拜物教的性質。因此，拜物教是和商品生產分不開的。❺❾

馬克思將人類的勞動視為等同價值，是因為把它們之間實際差別抽掉，變成具有共同性質的人類勞動。吾人可發現到馬克思以社會整體作為標準，去同化所有人類之間的差異性質，不論是使用價值或是交換價值都以社會範疇作為界說基準。

商品拜物教存在的基礎是私有財產制。在這個制度下，貨幣形式成為它的最高點。按馬克思的意見，要消除這些拜物教，不論是商品或貨幣，只有等到支持這些東西的制度被廢除，才能達到。

在這些說明之後，吾人才能瞭解盧卡奇為何去論物化，而且從開始就提到馬克思分析資本主義社會是以商品為基本。商品拜物教是這個時代特有的問題。唯有經過此種瞭解，才能預測資本主義的

❺❾ 同前書，頁89。

意識形態將是腐敗廢棄的。

　　商品的性質只有在資本主義社會裡形成它的結構與外觀。盧卡奇就是基於這些認識，進而由商品觀念形成物化論的內容。也就是他一再強調：商品問題是不能孤立地看作經濟問題，而是要看作資本主義社會裡形成它的結構與外觀。盧卡奇把商品普遍化，使社會的所有結構以及人的內、外生活都與之成為密切的關係。由此形成的商品關係的結構，才能產生資產階級社會的所有客觀形式以及相對應的所有主觀形式。

　　馬克思的商品概念是盧卡奇物化論的建構基礎。席默爾的貨幣就是他的商品類比物。商品與貨幣都具有共同功能──支配所有經濟活動及生活形式。整個經濟生活所普及的層面之各種制度形成共同化的基礎。這種顯現出來的形式，就如同韋伯所言的合理化，即盧卡奇指的機械化、僵化、零碎化、固定化。這些共同化特徵不是人的意志或個人自由力量所能左右的，它的永恆化迫使人類順從。這一個現象在有救世主義的盧卡奇看來，是有待改造的，尤其它未來的歷史發展。

　　盧卡奇為了解決由商品造成的物化及制度化後的事化現象，而提出克服物化與事化的方法，即回轉到黑格爾的辯證法。把辯證法用到社會與歷史方面是他所力求達到的目標。

3.4　黑格爾的辯證法

　　盧卡奇對黑格爾的研究，依他在自傳中所載是從第一次世界大戰之後開始研究的。除此之外，他自己也承認受到布洛赫的人格影響及其勤勉走向古典哲學研究，這些都是在離開義大利到海德堡研

究文學之際，也就是，在這個時候與韋伯討論康德的美學而留下深刻的印象。然而，吾人常常容易忽略了盧卡奇思想發展中的一個問題，就是他為何到德國向學者請益？主要原因是他欲建立自己的世界觀。顯然在他思想建構的過程中，常出現雙重性的矛盾現象。這些現象一直伴隨他到晚年建立了他的《社會存有論》為止。為了克服這些雙重性就必須要有一套方法來支持他的整個體系。

盧卡奇常常吸收別人的觀點，隨時補充他的體系。例如：他從席默爾那裡學習到馬克思的東西，就隨即納入了他的世界觀。如自傳中表示，席默爾的《貨幣哲學》及韋伯的《新教倫理》是他的文學、社會學的範本。

引起盧卡奇在方法論上的興趣之來源就是黑格爾。因祁克果論點導引他進入黑格爾。他極力反對當時的第二國際和恩格斯對黑格爾的歪曲等，由於這些原因而使他加緊的研究黑格爾。事實上，因為對黑格爾的深入研究，　使人們認為盧卡奇是黑格爾的重要解釋者❻。

盧卡奇對黑格爾哲學及辯證法的意見如下：

1. 馬克思強調他的《政治經濟學》的方法步驟是從他閱讀黑格爾的《邏輯學》一書衍生出的偉大意義。這一點盧卡奇有同感的表示，「我曾提到過迂迴發展過程，從研究黑格爾出發，經由對經濟和辯證法關係這個方案的研究，到達今天我試圖建立一種《社會存有論》」❻。

2. 盧卡奇在《歷史與階級意識》1967 年版的〈序言〉中絕大部

---

❻　Julian Robert, *German Philosophy* (Oxford: Basil Blackwell Ltd., 1988), p. 235.

❻　Lukács, *Geschichte und Klassenbewußtsein* , S. 37. und S. 166.

份篇幅都在提示黑格爾的辯證法之重要性。因為，這個辯證法對抗當時以恩格斯的自然辯證法為主的思想體系。這就是盧卡奇被迫自我批判的原因[62]。

梅沙羅斯(Istvān Meszāros)提出同樣看法說，「辯證法的問題在盧卡奇的思想裡佔有重要地位」[63]。

3. 盧卡奇對黑格爾的著作是採取「一種持久的認識」。

4. 盧卡奇認為：

> 黑格爾的辯證法之復興，嚴重的打擊了修正主義(revisionism)的傳統。伯恩斯坦曾經期望以科學的名義取消黑格爾辯證法的痕跡。對於任何期望返回到馬克思主義的革命傳統的人來說，恢復黑格爾的傳統都是勢在必行的。《歷史與階級意識》表達了這方面的嘗試。它試圖通過對黑格爾的辯證法和方法論的革新和擴展來恢復馬克思理論的革命性質。[64]

[62] 洪鎌德，〈盧卡奇論正統馬克思主義〉，《思與言》，卷24，6 期，民國 73 年 3 月 15 日，頁 110。恩格斯指稱，「辯證法為一個概念轉化為另一個概念持續變化的過程。這種說法的結果，導致人們只注意片面的、僵硬的因果關係，而忽略了事物互動的重要。在各種互動中，主體與客體在歷史過程中的互動所造成的辯證關係是最具關鍵性的， 影響也最大。這一點 Engels 卻忽略了」。傅偉勳，〈後馬克思主義與新馬克思主義〉，《哲學與宗教》，第 3 集，頁 298。「盧卡奇在 1922 年敢於揭發恩格斯自然辯證法似是而非的科學性格， 可以說對於後來辯證法唯物主義的官方教條化具有先見之明。而他所提出的黑格爾式總體性概念，對於後來沙特等人的馬克思主義再摸索亦有開拓之功」。侯立朝編，《哲學經濟學》一書中之附錄， 頁 319：鄭學稼著，〈論馬克思的異化論〉。

[63] Istvān Meszāros, *Lukács Concept of Dialectic* (London: The Merlin Press, 1972), pp. 11–12.並列出 7 部有關的著作。

5. 唯物主義的辯證法是一種革命的辯證法。這個定義非常重要，並且對於理解唯物辯證法的本質來說，仍是非常重要的。它與理論、實踐的問題有關係[65]。

6. 從相互作用的功能（即互動），這一點就是盧卡奇批評恩格斯之忽略關鍵。因為：

> 恩格斯甚至根本沒有提到歷史過程中的主體和客體之間的辯證關係。這種最重要的相互作用更不必說給予它本應值得重視的地位。但是，要是沒有這個因素，辯證法就不再是革命，儘管試圖保持流動的概念(die fließende Begriffe)。這意指沒有認識到在一切形而上學中都無涉及與改變客體。於是，思想就只停留在思辨的層面上，而缺少實踐。對於辯證法來說，主要問題就是要改變現實。[66]

對於這些批評的意見，盧卡奇主要的目的是提出他的整體性辯證法，他把歷史與社會看作是整體的。如欲改變歷史與社會就得用辯證法才能把握到它的整體，並且才能進行改造。所以，他更加指出：「如果忽略了理論的主要功能，那麼所構成流動的概念就有問題存在。」[67]

7. 對於同時承認與直接存有的揚棄的雙重特點，就是辯證的關

---

[64] Lukács, ebenda, S. 23.

[65] Ebenda, S. 174.

[66] Ebenda, S. 173ff.

[67] Ebenda.

係[68]。這種指示揚棄的特點：丟棄、提昇、保存三者合而為一變成「棄而揚昇」。

8. 辯證與整體關係的特性是這樣：

> 辯證法和它的總體性概念，提供給我們達到對於商品事情的真正認識。它表現出好像部份和整體的辯證關係，只不過是一種思維的結構作為資產階級經濟直接的闡述，好像遠離了真正的社會現實範疇。如果這樣，辯證法的優越性將是單純的方法論。[69]

9. 盧卡奇由上述的觀點分析辯證法，進而推論到歷史的辯證法之特徵。故盧卡奇強調：

> 每一個自覺地辯證的思想中，任何一種先後次序本身都是辯證的。不只是對黑格爾如此，早期的羅克魯斯(Roclus)也是如此。除此之外，範疇的辯證之演繹不可能是一個簡單的排列，或者只是一個同一形式的連續。的確，如果辯證法並未蛻變成一個僵化的形式，那麼同一性的外在方式就應該允許以重複的機械方式發揮。當辯證的方法變成僵化的時候，正像經常從黑格爾那兒看的，更不用說追隨他的人，唯一能掌握住辯證法的，並且是唯一能使它免除僵化的是馬克思的具體歷史的辯證法。黑格爾認為：肯定的辯證法就是特殊內容發展和對具體的總體性的解釋。[70]

---

[68] Ebenda, S. 179.

[69] Ebenda, S. 187.

　　盧卡奇一再強調辯證法的重要性是有他的理由。他從方法論著手去對抗當時一再誤用辯證法的庸俗馬克思主義者，也就是遠離了馬克思而沒有汲取黑格爾辯證法的精華部份及把黑格爾的辯證法當作「死狗」看待的一些人。其次，盧卡奇認為要以整體性的觀點來觀察並透視當時資本主義社會的各種拜物教的假象。尤其要解決由拜物教所形成的物化現象。他的辯證整體性是唯一可能解決這種現象的有力依據。

　　盧卡奇分析社會被物化分割成部份，也即是零碎化(Fragmentierung)，唯有靠整體性觀點才能有效的處理。這種處理的先決條件是把社會當作實體看待，在社會實體中主、客體、整體和部份彼此成為相互運作，即辯證的關係。對於社會與歷史的改造與重建之基礎，在於先預設它們都是整體性的範疇，部份對整體應處在彼此互動的關係，而不是分割的組合之關係。在欲進行改造歷史與社會之際，理論與實踐應該也是辯證，才能產生實在的改變。尤其是指把方法手段與目標合而為一。盧卡奇利用黑格爾式的總體性辯證法去批評恩格斯先後次序流通的辯證法。在此將扼要說明黑格爾辯證法的內容以利更清楚的瞭解它們的差異。

　　辯證法的意義通常是一種彼此談論的藝術，早在蘇格拉底時代就被用來作辯證方式以求逐漸把概念澄清，達到讓人看到事物的本質。它原本的意義指涉到一種討論的競賽(debating tournament)，它的主要目的是要批駁對方的論據，使對方陷入矛盾或似是而非的困境中⓱。

⓰　Ebenda, S. 395.

⓱　布魯格編著，項退結編譯，《西洋哲學辭典》，頁 80。並參閱 Peter A.

辯證法自希臘時代以來到黑格爾不斷廣泛的運用在思想概念澄清等方面，是黑格爾將它發揮的更為透徹，也更為有系統。不過也有其不完整的地方。因為，他往往沒有認清辯證的進行並不是由於矛盾達到統一，而是因為反對的對立而達到一致。盧卡奇曾指出黑格爾不完整的地方，而把它補充。

黑格爾以正、反面辯證法的原始楷模是源自費希特的方法（正面→反面→綜合）。 費氏知識學的建立之立場剛好與謝林的立場相反，費氏是主觀觀念論，而謝林是客觀觀念論，費氏的知識學架構是由三大原則所組成的：

第一個絕對原則乃是從自我出發（自我即是自我）。

第二個原則確定與自我對立的物成非我。

第三個原則是自我再度確定自己，而與物或非我互對立❼。

費氏的辯證法是以絕對自我的根源活動作為唯一出發點，推演出哲學的其它基本的概念。

黑格爾建立他的辯證法之途徑，是通過正、反、合三個階段的構造，以達到展現概念自體的內在發展過程。黑氏不同於費氏，甚至超過費氏。因為，黑格爾除了以費希特的辯證法為主幹之外，更賦予超越的意義。也就是說，黑格爾的辯證法不是從費希特的絕對自我確定正、反，而是從提昇一切存在的動態發展，然後再經過概念之途徑把握它的普遍存在形式。從此看，黑格爾的辯證法「不是一種形式邏輯，而是一種『存有發展之論理學』(Logik der Seinsentwicklung)或是一種『泛論理主義』(Panlogismus)」❼。黑格爾在德

Angeles, *Dictionary of Philosophy* (New York: Harper & Row Publishers Inc., 1981), P. 61.

❼ 傅偉勳著，《西洋哲學史》（臺北：三民書局，民國 76 年），頁 424。

國觀念論上的功績是：以絕對精神完善康德的物自體與現象界之劃分，而費希特的辯證法只能反證非我，而不能解釋非我的實在構造問題，以及解決謝林的絕對者與現實世界的二元論難題。黑格爾的絕對精神，或稱絕對者、絕對觀念或稱上帝。這個絕對者是精神或自體，是辯證法展開的起端，也是終端。因此，絕對者是有限者與無限者的內在綜合的理念🄍。絕對者歸結成正、反、合情形是：

1. 正：最初是不具素材（實質）的純粹思維規定。

2. 反：純粹思維（理念）外在化為時空之中的自然或即自有 (an-sich)。

3. 合：揚棄自然界自覺絕對者之自我而達到自我實現的現實精神🄎。

在黑格爾的正、反、合三大階段，相關的兩個概念是否定與揚棄。

1. 否定，概念本身所具有的內在矛盾性的表現。通過「自存」（正立）的內在矛盾，而有否定「自存」的「自為」(für-sich)（反立）產生。一切正立（定立）皆含有否定性的因素於自己之中。也即，一切概念自體有其與它自己相對立的反立契機（自為），而在對立關係之中否定（自存）概念本身。然而，概念之否定也是一種定主或肯定。也就是，概念（自存）通過否定作用，可以從中產生（內容）更豐富的新概念（自存＝自為）。

2. 揚棄或否定之否定，綜合正、反兩大契機而為高度的統一性概念的展現作。揚棄一詞具有：否定、保存及提升等三種不同的涵

🄌　同前書，頁 461。

🄍　同前書，頁 464。

🄎　同前書，頁 466。

義⑦。

　　黑格爾的辯證法是他整個體系的支柱，他的辯證法從《精神現象學》初期發展，到《邏輯學》及《哲學全集》中的《小邏輯》完全底定。耗時多年，非以區區數言所能概觀。在此只提供辯證法的一般展現歷程。與此歷程有關的是：藉此發展出來的馬克思主義的辯證法。它們都是從恩格斯的自然辯證法推演出來。依據已故鄭學稼教授在其《列寧主義國家論之批判》一書的附錄〈恩格斯的錯誤〉中舉出恩格斯在許多地方的論述都歪曲馬克思的本來意思。(馬克思於 1883 年逝世，恩格斯於 1895 年逝世) 馬克思逝世之後有許多書都在恩格斯的整理之後才出版。因此，就產生恩格斯自己的意見取代馬克思原來的觀點。

　　這就如鄭學稼教授所指出：

　　　誰能歪曲和修正馬克思原意者? 是恩格斯。廣西元信對《馬克思主義》的解釋，是空前的。博學的馬克思主義者，如：考茨基們，也不能發現像廣西氏所說的馬克思《社會主義》的原意。曾細心讀馬克思和恩格斯著作的人，都知道恩格斯更改《共產黨宣言》和馬克思的本意，卻很少人能夠和廣西氏一樣指出恩格斯那麼多地修改馬克思的思想。⑦

　　因此，下一節將論述恩格斯的自然辯證法。

---

⑦　同前書，頁 467–468。

⑦　鄭學稼著，《列寧主義國家論之批判》(臺北: 國際共黨問題研究所，民國 65 年)，頁 354。廣西元信，1913 年出生於日本京都。他發表多篇的「資本論誤解」，其重點在於說明誤解的原因和法則。

3.5 恩格斯的自然辯證法

恩格斯的歪曲固然是一個大問題，如果再以他的意見作為實踐的依據才是真正的嚴重。在恩格斯對於自然辯證法的論述之中，有關辯證法部份將簡述如下：

3.5.1 他的辯證法分為兩種

1. 客觀辯證法，它是支配著整個自然界的。

2. 主觀辯證法，它是主宰人類的思想，即辯證的思維。這種辯證法不過是自然界中到處盛行的對立中的運動之反映而已❼。

恩格斯將此辯證法運用到進化方面，他舉細胞發展為例，單細胞開始是經遺傳和適應不斷鬥爭一步一步向前，最後有兩個結果就是最複雜的植物與人類。在這當中他的說明是把正、負拿來對應遺傳與適應。

1. 把遺傳看作正的保存遺傳特徵的方面。

2. 把適應看作負的不斷破壞遺傳特徵方面。

可是他又認為這種情形也可以是：

1. 適應是從事創造的、互動的、正面的活動。

2. 遺傳是進行抗拒的、被動的、負面的活動。

正像在歷史中，進步是現存事物的否定一樣，在這裡就純粹實踐的理由來考慮，也是把適應看作負面的活動。在歷史上，有對立中的運動， 在先進民族的一切存亡危急的時代中， 表現得特別顯

---

❼ 恩格斯，《自然辯證法》，中共中央馬、恩、列、斯著作編譯局（北京：人民出版社，1971 年），頁 189。

著⑦。

此處恩格斯所表示的是：正面的部份是保存遺傳的特徵，這又像是被動的。如第二種說法是進行抗拒、被動活動。另一個負面的部份是不斷地破壞遺傳特徵。這些矛盾說法在說明彼此雖然對立、有差異，但是：

> 一切差異都在中間階段融合，一切對立都經過中間環節而互相過渡。對自然觀的這種發展階段來說，舊的形而上學的思惟方法就不再夠用了。辯證法不知道什麼絕對分明和固定不變的界限，不知道什麼無條件的普遍有效的「非此即彼」，它使固定的形而上學的差異互相過渡。除了「非此即彼」又在適當的地方承認〈亦此亦彼〉。並且使對立互為中介。辯證法是唯一地、最高度地適合於自然觀的這一發展階段的思惟方法。⑧

3.5.2 同一性

恩格斯對於以往的同一種問題作出新的說明。舊的說法是 A ＝ A，每一個事物都和它自身同一的。一切都是永久不變的，不論太陽系、星體、有機體都是一樣按照這個舊的世界觀之基本原則。不過：

> 最近，自然科學從細節上證明：真實的、具體的同一性包含著差異和變化。每一個細胞，在其生存的每一個瞬間，都既和自

---

⑦　同前書。

⑧　同前書，頁 190。

己同一而又和自己相區別，這是由於吸收和排泄各種物質，由於呼吸，由於細胞的形成和死亡，由於循環過程的進行而舊的同一性觀點，把有機物看作只和自己同一東西，長久不變的東西之觀點，便過時了。[81]

除了這種說明之外，也補充同一性的另一種性質，即：

同一和差異是不可調和的對立，而不是同一個東西的兩極。這兩極只是由於它們相互作用，由於差異性包含在同一性中才具有真理。同一和差異，當分開來考察時，都互相轉化。正和負可以看作彼此相等的東西，不管把那方面當作正，把那方面當作負，都是一樣的。如果顛倒過來，把其名稱相應的加以改變，那麼一切仍然是正確。[82]

3.5.3 邏輯分類

1. 形式邏輯：只滿足於各種思維運動的形式，即各種不同的判斷和推理的形式列舉出來和毫無關聯地排列起來。

2. 辯證邏輯：由此和彼推出這些形式，不把它們互相平列起來，而使它們互相隸屬，從低級形式發展出高級形式[83]。

恩格斯分析辯證法時，把正、負只是看作相互作用，這種運動在相互過渡之下由低走向高的方向，它的出發點就在自身同一性中

---

[81] 同前書，頁 192–193。

[82] 同前書，頁 194。

[83] 同前書，頁 201。

的差異所引發的。因為，原先的正極力在作保存，即抗拒破壞，另一個負力則進行不斷破壞，在同一性中包含有差異和變化之下與正成對立狀態。這些都在說明任何一物本身具有同一性之下的差異，就有產生發展的可能性。這些都是個別的運動。從這種角度看，運用到歷史上的認識是不同整個相互作用的互動方式。這也是盧卡奇在其自稱具有高水準（什麼是正統的馬克思主義?）中所指出：

> 庸俗的馬克思主義者步上資本主義社會的歷史過渡性質。辯證法連同整體性起著超越個別方法論的優越性，都被它們廢除了。部份不能從整體性中發現它的限定。[84]

依照梅沙羅斯的研究發現:「盧卡奇的辯證之主要範疇就是與整體性與仲介相互緊密關係。」[85] 他又舉出盧卡奇整體性的變化過程：

> 就吾人已看到的，盧卡奇在《小說理論》中，不管高度認定其整體性概念的重要性。但是，仍保存著一種抽象規範的原則。就在《歷史與階級意識》一書中，盧卡奇首度成功地在普遍化的高水準上，提出這種「具體整體性」的問題來。[86]

羅柏(Julian Robert)也認為：

> 革命知識的綱領要改變以闡述的方式來充實歷史。 基於這一

---

[84] Lukács, ebenda, S. 180.

[85] Istvān Meszāros, ibid., p. 61.

[86] Ibid., pp. 61–62.

點，盧卡奇利用狄爾泰(Dilthey)的著作，主張歷史的來源確實在於：藉著人與環境產生互動，再來改變歷史的結構形式。由這種相對的立場看，盧卡奇的意圖是把實踐看作整體性的一部份。❽

　　就以上所論述，從物化論的背景看，盧卡奇的生活遭遇，實際參與學者討論，到走向馬克思之路是息息相關的，也可以說他在實踐上、經驗上，體驗出一些現實的問題。縱然自己摸索了十多年，都一直在進行克服心中的問題，及如何提出一套能解決資本主義社會所造成的問題、辦法或建立一個體系思想來超越它。其中，他幸逢當代數位影響他最深的社會學家及哲學家，協助他走向馬克思的思想境界。由他們的指引及古典哲學支柱，漸漸完成他走向馬克思的初期階段。他在 1918 年決心參加共產黨應是這些過去經驗與體驗的運算的結果。

　　他的三化論是想要解決資本主義社會問題所建構的理論體系。有這些理論的架構，才能找出當時社會的癥結及克服的辦法，尤其是根本的、徹底的改革體系。他的理論內容，顯然來自五位主要啟蒙者，不論是著作或教導方式，使盧卡奇得益。

　　「物化論」一詞最早為其私人導師席默爾首先在《貨幣哲學》中使用過。席默爾所關注的文化問題，正好也是早期盧卡奇欲從文學中，如小說，找出拯救社會所關心的問題一樣。在觀察資本主義社會問題時韋伯的啟蒙，指出資本主義社會的特性。尤其它的普遍合理化現象，不論是生產過程或是整個民族國家各方面的運作制度，都在合理化的支配下進行。各種制度愈趨合理化、機械化，事化就

---

❽　Julian Robert, ibid., p. 244.

愈厲害，結果變成分殊化愈細，生活形式或人際關係之物化現象及事化現象，就顯得更加瑣碎，使人類的生活失去人格。非人格化變成物化與事化的副產品。人自主性喪失之後，呈現出物與物關係的木訥、僵化、孤立。

盧卡奇三化論的發展，是由黑格爾那裡首次看到的。黑格爾描述英國資本主義社會的勞動而提出異化問題。由於這個因素引起盧卡奇第一次注意到由勞動產生異化問題的關心。然而，馬克思的主要著作《資本論》第 1 卷是他中學時閱讀，因兩位啟蒙老師研究的內容都有指涉到馬克思的思想，經席默爾、韋伯之指引才使他重閱該書。最後，因古典哲學及自己的興趣，再次研讀《資本論》。

首先引起他注意的問題是《資本論》第一篇第一章的主題，也是他在寫物化論首先談的主體──商品及商品拜物教。由商品產生的物化現象，成為他分析的課題。在生產過程的變化，隨前資本主義轉變成資本主義使物化更加顯著。整個社會在合理化支配影響下，所建立的制度都是機械化、合理化、僵化、孤立。

從物的商品化之後，接著受規律化的就是事化。所有制度，不論在工廠或國家行政、法律上其中的事務也受到規範。處理的過程都有規律的支配，事務的處理方式已遠離過去憑經驗辦事，逢迎領導人喜好而作決定之無規律現象，完全隔絕遠離。在制度中的人如同物一樣，隨事物制度運作，處在當中的自主角色消失，變成事化的對象。隨著事化激烈，物愈龐雜，愈規律化，意識反映出愈趨瑣細。三化論的背景告訴我們，問題的方向與重心。

如欲瞭解三化的特性及論點，必須觀察它的形成。尤其盧卡奇對資本主義變化過程的觀察，是有其獨特見解，這都直接影響三化論的形成。

　　盧卡奇對社會問題之把握是從物與事根本發展過程開始。為分析其現象，所以從事與物的物象性的分析到探討物化與事化是有其意義存在。事化的作用即指事化的結果所形成的各種制度。按韋伯的分析，資本主義社會的企業精神，充滿整個民族國家內制度運作，盧卡奇也相當的重視它。

　　物化問題形成後，欲超越及克服是盧卡奇更關心的。因為只有從這些基礎才能替未來歷史主人——無產階級找出路。因此，由物事化形成到克服物事化成為下一章所要討論的中心。

　　吾人將繼續探討盧卡奇的物事化論的主要內容，它包含物事化的演變過程及受物事化意識的固定化意義。

第四章　盧卡奇三化論的體系

　　從盧卡奇的背景可以看出他之所以會提出三化論體系不是一件偶然的事。如果沒有馬克思的著作啟發，以及其間經過其它學者、理論家著作的啟示對馬克思的社會觀重新認識，如果不是當時的資本主義社會所發生的種種現象與問題叢生的話，則三化論就不一定會被盧卡奇提出來討論，且成為他的學說標誌。因此，吾人可以想到盧卡奇的三化論是一個以總體性及構造性的觀點來把握資本主義的各種現象之學說。

　　盧卡奇的三化論所指涉到當時存在的社會現象，即在資本主義的社會觀裡，是把形式當做整個社會現象的基本範疇。因而由異化、物化與事化所造成的結果，依照盧卡奇的分析立場看可分兩方面：

　　1. 經濟生活方面：它造成生產過程的抽象化或合理化。

　　2. 非經濟生活方面：導致政治上的合理組織化，即國家體制化和官僚化；法律制度的合理化；意識形態上的各種科學實證及哲學理性主義之孤立化、固定化、零碎化。

　　本章將探討三化的形成及其過程和三化的作用及其結果，以及受三化的意識之問題。

4.1 三化的形成與過程

4.1.1 字源分析

「物化」這個詞彙成為一套理論，最初是起源於西方社會的文化、思想、學術理論。在介紹它的特徵之前，必先瞭解這個詞彙的淵源，以便區別盧卡奇在運用這個概念時期之不同的意義，及他在思想上所企圖把握發展的核心。盧卡奇有關「物化」這個論題，是在於其使用德文的名著《歷史與階級意識》第四章及《存在主義或馬克思主義?》(*Existentialismus oder Marxismus?*) 第二章。在《歷史與階級意識》這本書與物化相關的字有八個德文字，有些翻譯本一律譯為「物化」或「異化」。這樣有可能造成無法正確把握盧卡奇的本意及其指涉的範圍之毛病。本章以德文版之盧卡奇著作為主，並對照日文、英文翻譯本，對這八個字的翻譯如下：

1. Ding 「物」：如「社會關係已完善做為一件物的貨幣自身的關係」❶ 這個字譯為英文是 Thing、日文是「物」，按照德文字典 *DUDEN* 第 10 卷解釋是：「一定的某物(bestimmtes Etwas)、對象(Gegenstand)或事(Sache)。」另依項退結教授編譯的《西洋哲學辭典》對 Ding 的解釋是「事物」的同義字，無論是英文 Thing、德文 Ding 及拉丁文 res，字義上都與思想(think, denken, reor)有關，意指被思想之物。實際上，事物所指的意義可分三個層面，首先指我人感覺

---

❶ G. Lukács, *Geschichte und Klassenbewußtsein* (Darmstadt und Neuwied: Hermann Luchterhand Verlag GmbH. & Co. KG., 1977), S. 269.

經驗所遇，在時空中的具體的個別物體。因此，我們往往稱這些物體為「事物世界」。誠然，人也可以稱之為事物。但通常我人心目中的事物世界是和人相對峙的，我們不把精神位格算作事物。以更廣泛意義而言，事物係我人所講述、所思想、所陳述、所判斷的對象，它包括抽象（數字、正義等等）及超感覺的事物❷。

　　這一引述正好充實 *DUDEN* 字典指涉的內容，尤其用在思想方面的範圍格外適切。因為，「物」大致使用的目的不外乎是一般日常生活、語言及思想指涉。故以譯做「物」為適宜。

　　2. Dinglich「物的」：如「看透物的外殼不是一件容易的事」❸這一個字由 Ding 後加形容詞字尾-lich 意義，按《德文大辭典》(*Das große Duden*)為「具體的、實際的、對象的」❹。因此，在解釋上如同日語的翻譯「物的」。

　　3. Dinghaft「物象的」：按 *DUDEN* 中註解字尾" -haft "是以……方式 in der Art eines/einer 如一個(wie ein...)❺。日語的翻譯是「物的」，因此，解為「物象的」是合宜的。如盧卡奇說，「在給的

---

❷　布魯格編著，項退結編譯，《西洋哲學辭典》(臺北：華香園出版社，民國 78 年)，頁 536。

❸　G. Lukács, ebenda, S. 260.

❹　*DUDEN* 是德國有名的字典，它有三套，一套是小 *DUDEN*，有十冊，專為高中以下學生所用。另一套稍大的也是十冊，內容較充實，其編輯方式是字源、字義、相關字、發音……分開整理而成。第三套是大 *DUDEN*，有六冊，它的全名是：*DUDEN —Das große Wörterbuch der deutschen Sprache* 有六冊為註解方便，將依序為大、中、小 *DUDEN*。此註是大 *DUDEN* 第 2 卷，S. 538.

❺　Ebenda, Band X, S. 318. -haft 它指：一定程度上如眼所看到特徵的標記(Merkmale)。例如：ammen-haft（有保母的外表＝像一個保母）。

物象的對象性」❻。

4. Dinghaftkeit「物象性」：這個字為前一字 Dinghaft 之引申。如盧卡奇所說：「資本的物象性就在生產與再生產的不間斷過程裡被取消。」❼日語的翻譯是「資本的物象性」。

5. Verdinglichung, verdinglichen「物化」：前字為名詞，後字為動詞，它們是由 Ver-字首加字幹 dinglich 再加名詞字尾-ung 和動詞字尾-en 而成的。Ver-「加在形容詞或名詞之首則使原來的字義成為動作。即使有……或成為……的意思」❽。因此，在時間上它具有一段過程，如華文或漢文常用的詞語「……化」來表示較適宜。「物化」在日語延續「物象性」之字義為「物象化」。在使用上各有優劣點，為求簡便明瞭故採用「物化」為其譯詞。

6. Sache, sachlich, Versachlichung「事化」：Sache 與法律有關的是指物、財產，和法文的 la chose 相同，一般也指事情、事物、事實。在哲學上 la chose en soi ＝ Ding an-sich 物自身。在日語把「強化一個廣泛的事實分工」譯為「廣泛的事實の分業を押しうける」❾。這一個字之譯詞與 Ding 區別較不明顯，所以把 Sache 譯為

---

❻ Lukács, ebenda, S. 380. (in der dinghaften Gegenständlichkeit der Gegebenen)

❼ Ebenda, S. 366. Ist aber die Dinghaftigkeit des Kapitals in einem ununterbrochenen Prozeß seiner Produktion und Reproduktion aufgelöst, 字尾-igkeit →構成抽象概念。

❽ 小 *DUDEN*, Band X, S. 693. Zu dem im Basiswort Genannter im Laufe der Zeit werden: verarm（貧窮的）-en ＝變為貧窮。*DUDEN*, Band VIII, S. 347.假定為現存的，或把思想成事物，或想為實際性(als Wirklichkeit denken)。

❾ Lukács, ebenda, S. 513.另參閱日文版《盧卡奇全集》，卷 9，城塚登譯，

事。Sache 加-lich 為形容詞，再加字首 Ver-，字尾-en或-ung 成為動詞或名詞。Versachlichung 這個字在日文來說，就有不同的譯詞，在《歷史與階級意識》中一律都譯成「事物化」在，《社會學事典》中則與 Verdinglichung 相同，都譯為「物象化」或「事象化」❿。僅就字義上來看似乎譯成「事化」為宜。

7. fremd、entfremden 「陌生」、「疏遠」、「疏離」：fremd 這個字解釋為陌生的，日文譯為「無緣的」、「疏遠的」。entfremden 是一個動詞，譯為「使……疏遠」。Entfremdung 是一個名詞，中譯為「異化」或「疏離」；日譯為「疏外」。這些字的字義是與自己(eigen)相反，有「他人的、非自己的、生疏的」❶。在中、日文而言都表示「疏遠」之意義。

8. veräußerlichen 或 Entäußerung 「外」：中譯為「使……表面化、外表化」。日譯為「外化」❷äußerlich 為形容詞「外表的」。以上雖然分八項討論，實可歸為四個主要的字：物化(Verdinglichung)，事化(Versachlichung)、異化(Entfremdung)及外化(veräußerlichen 或 Entäußerung)。

徹底區別其譯詞及意義方可得到清楚的瞭解，有了這樣的基礎一方面可以區別使用上所造成的模糊性，更可以批判前後思想是否清晰及一致性。當今吾人大部份資料都取自於英語世界之翻印版的

頁 54。德文本原文"eine weitgehende sachlich Arbeitsteilung aufzwin-gen."

❿ 城塚登譯，同前書，頁 178、187、315。見田宗介編，同前書，頁 276、359、481、762。

❶ *DUDEN*, Band VIII, S. 197. 與 Lukács, ebenda, S. 332. " die Entfrem-dung als ihre eigene Macht. "

❷ 城塚登譯，同前書，頁 179。

書，其中涉及到的字義也有一些現存模糊及困難區分的問題。

依據米利干(Martin Milligan)在翻譯馬克思《1844 年手稿》之英文版時，就特別提出一章〈編譯者對術語的註解〉來說明與澄清因文化不同而找不到「適切得體」的字詞去對應所要翻譯的著作。他說：

> 在翻譯黑格爾的用詞，常常碰到很多困難。當翻譯成為現代人所用的文章時亦遭遇到這些困難。理由是，馬克思在許多地方也有黑格爾的用詞。第一個難題則是在黑格爾的哲學主題上。因為，黑格爾常常發現在德文中找不到適當的字來完全表達他的觀念時，他就用現成的字詞而附上特別的意義或創造他自己的術語。⑬

據李文斯頓(Rodney Livingstone)譯《青年黑格爾》英文版時所提出的一份註解說：

> 盧卡奇的術語都是預設一些人早已熟悉德國觀念論的哲學及黑格爾與馬克思主義之傳統。對於那些用詞問題提供一些要訣將是一件大膽的事，也許在目前的本文裡必定有所裨益的，不論如何我較喜愛接受為早期翻譯家已發展的詞彙，期望盧卡奇自己的文章及少數附加的註解是以提供對問題的瞭解。不管怎樣我都使用現有康德、黑格爾、馬克思、恩格斯及列寧作品之翻譯，絕不要以自己的新用語來增加混淆。⑭

---

⑬ Karl Marx, *Economic and Philosophy Manuscripts of 1884* , translated by Martin Milligan (New York: International Publishers, 1977), p. 57.

　　另一位翻譯家包厚佛爾(William Q. Boelhower)在譯郭德曼
(Lucien Goldmann)著的《盧卡奇與海德格》為英譯本時也提出一些
常混淆不清的詞彙註解，並說明其原因：「我加上一些德、法對照詞
乃是當我認為那些對照詞會有助於解決因翻譯所造成的可能模糊之
地方。」❸從以上幾位的見解和提醒，足以證明翻譯工作有可能引起
一些概念被曲解或譯詞不妥之憾。這乃是研讀翻譯經典著作所共同
擔心的問題，也是撰述及引介不同文化和文學作品所應警覺的前提，
尤其是那些重要的核心概念用語。

　　上述所提的幾位翻譯家，都共同提出異化、外化、物化三個詞
的註解，以下分述之：

　　外化(Entäußerung)按李文斯頓比較喜愛翻譯成外化(external-
ization)。他的理由是「因黑格爾的用法比起目前的術語涵義有比較
廣泛的應用。雖然它是疏離(alienation)之一的相應字」❻。與李文
斯頓持不同意見的是米利干，他說：

---

❶　Georg Lukács, *The Young Hegel*, translated by Rodney Livingstone
　　(London: The Merlin Press, 1975), p. v.

❶　Lucien Goldmann, *Lukács and Heidegger*, translated by William Q.
　　Boelhower (London: Routledge & Kegen Paul Ltd., 1977), p. ix.

❶　R. Livingstone, ibid., p. v.關於 alienation 譯成「疏離」。在英漢世界中
　　此字對譯德文字有二個 Entfremdung（異化）及 Entäußerung（外化），
　　諸如此翻譯與引用，常常無法弄清究竟是指何字義，尤其不容易分辨原
　　作者較偏重疏遠（異化）或外化之意義。為了使本文行文方便較易區別，
　　故凡從英語著作引用的 alienation 一律譯成「疏離」。一般中譯本都把
　　它譯成「異化」，甚而連其它相關的字一律以「異化」譯詞為其對應。

一般字典對 entäußern 解為放棄、分開、丟棄、出售、疏離（自己權利及財產）。尤其後者表達的意思正好是馬克思常一再使用的詞。因為「疏離」是英語字彙中唯一可結合「外化」的字。其一是，失去事物的觀念。從自己的一隻手傳交給另一隻手，乃由於自己的行動。其二是，出售東西的觀念。也就是說 alienate 與 entäußern 兩個動詞有一個共同的意思——出售。轉換所有權的觀念，同時也是棄權。entäußern 比 alienate 有較強的意味，使外現於自己。故在英語世界中則以 externalize 表示「外化」。veräußern 與 entäußern 一樣都具有出售及疏離，但前者卻沒有棄權的寓意。❼

　　這些字的類似和混淆，可以看出字典的解釋並不能完全給予充足確實的內涵。當它們在某種情況下被撰述者用來指所要把握或指涉範圍及功能時，就會凸顯出相同屬性與彼此之間的差異性。veräußern 和 entäußer 這兩個字都有意指「疏遠」。吾人認為若因在用法上的不同而使其差異顯現的話，倒不如說是因為字本身的結構就已經區分兩者內容之不同範圍來得合理。因為，ent-與 ver-各加上形容詞，隨而表達出不同的意義。ent-加形容詞成為動詞的意義是，「便、致、令」。而 ver-加形容詞或動詞的意義是使其原字略加變化而形成動作。更加確切的說，由 ent-加形容詞組成的動作帶有主動的作用。而 ver-則表現已形成或變成的狀態與動作。在析述這些字詞之際，除了區別字首、字尾之代表不同功能與意義之外，仍要解剖字幹之本來意義。

　　上述的一些字的字幹不外是 Ding 或 dinglich， Sache 或 sach-

❼　M. Milligan, ibid.

lich, fremd, Äußer 或äußerlich 這些字由於加上字首或附上字尾表達出不同的內在或指涉意義。值得吾人注意與深思的問題是：不同文化和不同文字所產生的字詞可否相對應的類比？甚而嚴謹地對照使用？同一字詞在不同的使用者能否有相同的指涉內涵？假使有這等問題的正面理由發生的話,是否就影響正確把握及認識核心概念？

　　本節為了合理的導引深入探討盧卡奇之三化論等的基本論點,避免歪曲其本意,故使用較多篇幅空間來釐清一些似是而非的字詞及因相互翻譯可能造成的錯誤或模糊的事發生,乃在於以一個初學研究者立場期能準確掌握盧卡奇思路的發展過程,進而對它有所理解及批判。尤其不能忽視盧卡奇在 1967 年《歷史與階級意識》的〈序言〉一文中有四個地方提出這樣的問題：

　　1. 在誇張其基本概念上,黑格爾的謹慎有其思想基礎。因為,在黑格爾那裡首度提出異化(Entfremdung)問題作為人類所在與對應的世界。然而,在外化(Entäußerung)之術語下,它同時是每一種位置的對象性。

　　因此,徹底的想,異化就是與對象性同一的,也因而說同一主客體(Das identische Subjekt-Objekt)必要使異化在每一個對象性的位置棄而保存。同時,也把對象性棄而保存。倒是在黑格爾那裡,對象（即物）存在只作為自我意識的外化,而回歸到主體才會是對象實際性(Eine der gegenständlichen Wirklichkeit)的目的,同時也是實際性的目的。「《歷史與階級意識》在這方面只隨黑格爾把異化與對象化(Vergegenständlichung)……為使用馬克思的《巴黎手稿》的術語等相同看待。」 ⑱這是因按黑格爾的意見及為使用馬克思在

---

⑱　G. Lukács, *Geschichte und Klassenbewußtsein* (Neuwied: Luchterhand, 1983), S. 25. 按項退結編譯註解：Wirklichkeit 譯為實際性, 也可適用

《1844 年手稿》的術語之故，才把異化與對象化等同起來。

2. 由上述的理由，盧卡奇進而把等同的對象化與異化概念意指一種社會的範疇(Zwar als eine gesellschaftliche Kategorie)。這些將為社會主義所棄而保存。尤其把在階級社會裡的不可棄而保存的存在(ihre unaufhebare Existenz)與其哲學基礎視為相似，而不管人類的情況(condition humaine)。這是來自於那些一再被強調的錯誤，使其成為等同對立的基本概念。因為，對象化事實上在人類的生活上是一種不可棄而保存的表示方式，假如，吾人思考到在實踐中的客觀化，尤其勞動自身是一種對象化，而且人類的每一種表達方式都使語言、思想和感情對象化，甚而人類來往的普遍性方式仍和對象化彼此有關係[19]。這種情況的產生是盧卡奇把對象化視為價值中立(wertfrei)如「對」與「錯」的對象。

3. 在使用上所引起的問題是： 物化現象與幾近相同的異化現象，雖然在社會上或概念上有所不同，但在使用上則為同一意義[20]。

於實在性(Reality)，它指實有全體或「整體實有」。Aufheben 譯為棄而昇存按項退結教授見解，優於「揚棄」。見《西洋哲學辭典》，頁 133。Also refer to Martin Milligan, ibid.之編譯者註解的詞彙 pp. 57–58。Aufheben 有雙重對立的意義，一是取消、廢棄，另一是保留。Hegel 評此字有消極及積極的雙重意義，固用它來描述積極與消極的行動，精神或自然之形式或範疇， 也就是廢除它又結合其真理(both annuls it and incorporates its truth)。棄而昇存：把 Aufheben 的字義用在 Hegel 使用意義上，完全符合。雖然拋棄與保存有對立意義並存。但是，如果細辨，則其中有深刻意義。先把原來不好的部份拋棄，然後再提昇到好的地方加以保存。

[19] Ebenda, S. 26.

[20] Ebenda, S. 27.

4. 當盧卡奇在批判其色斯・黑斯(Moses Hess)之文章時，一度承認「無法避開黑格爾的影響以致把對象化與異化同等使用」❹。

綜觀以上析論，本節的宗旨是要澄清盧卡奇使用過重要詞彙本來的意義與這些德文字形成為新的複合字之意義。其次，為便於吾人瞭解這些因不同文化和文字所使用的字詞，如何在翻譯上有不同的字眼。經過了考究與相互比較後，我們乃發現了統一的譯詞。此外參考英語與日語世界翻譯家的經驗並加以吸收，目的在更清楚的明白盧卡奇常混淆使用的字詞。吾人應尤其注意的是：如未能事先知悉盧卡奇在其著作中等同使用關鍵性的概念字詞，這對於初研究者而言，就有可能面臨無法把握盧卡奇論證的重點或不易分辨其實際的問題所在。

4.1.2 前資本主義

盧卡奇三化理論體系的建構與資本主義的發展是息息相關，且平行漸進的。如果沒有資本主義的存在，就不會產生三化論的概念要素。盧卡奇與其它社會學家及馬克思主義者一樣，在觀察資本主義社會時，都提出了自己獨特的分析方法。從盧卡奇的生平及其受影響的層面來看，三化理論觀念的形成是有它的背景因素及歷程。盧卡奇在探討三化論時，常把原始時代的生產過程與資本主義的過程區別開來。也就是區分前資本主義社會與近代資本主義社會之判準。他對於前資本主義的特徵有許多不同的見解。

盧卡奇首先指出原始公社(die primitive Gesellschaft)的特徵——商品形式的偶然特徵(der episodische Charakter der Waren-form)❷。這也就是如馬克思在《政治經濟批判大綱》論商品特性所

❹ Ebenda, S. 40.

說的:

> 直接的物物交換。這個交換過程的原始形式,與其說,表示商品開始轉化為貨幣,不如說是,表示使用價值開始轉化為商品。交換價值還沒有取得獨立的形式,它這是直接和使用價值結合在一起。這表現在兩方面:1.生產本身。就它的整個結構來說,是為了使用價值,而不是為了交換價值。因此,在這裡只有當使用價值超過消費需要量時,它才不再是使用價值而變成交換手段、變成商品。2.使用價值儘管兩極分化了,但只是在直接使用價值的界線之內變成商品。因此,商品所有者交換的商品必須對雙方是使用價值,而每一商品必須對它的非所有者是使用價值。實際上,商品交換過程最初不是在原始公社內部出現的,而是在它的盡頭、它的邊界上,在它和其它公社接觸的少數地點出現的。這裡開始了物物交換,由此侵入公社內部對它起了瓦解作用。❷

可見前資本主義社會是建立在原始社會的基本結構──原始公社(das naturwuchsige Gemeinwesen)之上。盧卡奇贊成馬克思的看法,商品因素對原始公社的運作、結構與性質有直接的影響,尤其是商品的流通或商品的交易都將造成原始公社解體。因此,盧卡奇說:「在此可清楚證明,居於支配地位的商品流通或交換,對於公社的性質產生了瓦解作用。」❷

❷ Lukács, *Geschichte und Klassenbewußtsein*, S. 258.

❷ 《馬恩全集》,卷 13 (北京: 人民出版社,1965 年),頁 39。

❷ Lukács, *Geschichte und Klassenbewußtsein*, S. 258.

由此產生幾個重要的問題：原始公社存在的現象是什麼？原始公社的根基是什麼？原始公社的運作過程又是如何？而這些都繫於商品的交換。商品交換是否成為支配地位？商品是否成為整個社會的基本結構？甚至於成為普遍的現象？亦即是，整個商品未達到這些肯定的特徵時，則表示這個未達到商品絕對化的社會是一個原始社會。也就是，商品未成為控制整個社會的主要基礎，這樣的社會是前資本主義社會的現象。

商品流通在前資本主義社會裡所呈現的特性是偶然發生的。由於商品流通是偶然性質，以至於交換的過程尚不是屬於主導的角色。也就是，交換價值並不顯著，而使用價值就有決定性作用。此項原因是交換價值未取得獨立的形式。在公社裡的生產活動目的與要求只限於滿足使用價值的需求，而不是進行把商品交換作為目的的一種生產活動。所以說，原始公社的主要目的是在於使用價值的生產活動上，縱然有交換商品的過程也僅是偶然性的發生而已，這個偶然性質就是指偶然的交換。

由於只是偶然的交換行為，所以不致影響到公社的全面結構。就如馬克思所指出的：「在與其它公社有接觸的邊緣或盡頭。」[25] 這樣的公社就始終不會受到商品滲透或深入內部結構的威脅，或遭到改造及變革的命運。換言之，僅是一種微不足道的消極行為，是無法使商品交換達到支配或控制的地位。對於商品交換不能達到支配地位的原因，盧卡奇引用馬克思的意見說：

> 產品進行交換的數量比例，起初完全是偶然的。它們之所以取得商品形式，是因為它仍是可以交換的東西。也就是說，是同

---

[25]　《馬恩全集》，卷 13，頁 39。

一個第三者的表現，繼續不斷的交換和比較經常的為交換而進行再生產，日益消除這種偶然性。但是這不是為了生產者和消費者，而是為了兩者之間的中介人。就是把貨幣價格加以比較並把差額裝入自己腰包的商人。商人是通過他的運動本身來確立等價的，商業資本起初是不受支配的兩極之間，也並非由它創造的兩個前題之間的中介運動。㉖

因此看出，如果沒有商人的仲介過程，前資本主義社會的交換商品就始終侷限於片刻的、偶然的、邊緣的物物交換階層。吾人可以觀察到這種前資本主義的原始公社社會裡所交換的商品，其實就是自己所生產的產品。這種產品僅是因使用的需要才進行簡單的交換，但是這些交換並不經過商人的仲介，每個人仍可以知道某一種產品是由誰完成的，或是自己製造的，而且能很清楚的瞭解產品的特質。就如同盧卡奇所說：

> 商品形式發展到真正支配整個社會形式，是一直到現代資本主義(der moderne Kapitalismus)才發生的。在這一方面不再驚奇的是：在資本主義發展的初期以前，能相當清楚的看到經濟關係的個人特徵(der Personalcharakter)。㉗

在前資本主義的社會裡，個人的勞動力尚不至於變成商品拿到市場出售，個人始終把自己的勞動力運用在製造供給自己使用的成品上。如盧卡奇所指的：

㉖　《馬恩全集》，卷 25，頁 368–369。

㉗　Lukács, ebenda, S. 257–258ff.

前資本主義社會的個人都是獨立進行自己的活動。所以，無論我們怎樣判斷中世紀人們在相互關係中所扮演的角色，人們在勞動中的社會關係始終表現為他們本身的個人關係，而沒有披上物之間即勞動產品之間的社會關係的外衣。❷

由此可知，個人特徵沒有被物所掩飾，或物的外衣所蒙蔽。在這種情況下，個人是社會的主導力量，而不是社會的產物，個人之間的關係尚未為物與物關係所取代，非人格化的力量仍未達到影響物物關係為普遍現象的水準。換句話說，就是沒有物化的現象發生。因為，這種現象就如盧卡奇所說：

是經過歷史唯物主義，發現所有人類的社會關係的物化，它是資本主義的產物，而且又是一極短暫的歷史現象來把握，才發現一條未物化過之結構(mit nicht verdinglichtem Aufbau)的前資本主義社會的道路。　結合馬克思主義科學研究原始社會(die Urgesellschaft)今天才有可能在原始的或前資本主義的社會形式裡揭發人與人之間或人與自然之間的非物化過的關係之存在因素。……在前資本主義社會裡，就沒有如現在這些情形。因為，在前資本主義社會裡沒有那種經濟生活的1.獨立性。　2.立定自己自身為目標(jenes Sichselbst-als-Ziel-Setzen)。　3.在自己內完善性。　4.自己支配性。　5.內在性的存在。❷

❷　《馬恩全集》，卷23，頁94。

❷　Lukács, ebenda, S. 414.另參閱日文版：城塚登譯，同前書，頁392。把

在前資本主義社會裡，依盧卡奇的觀察尚未有資產階級和無產階級的現象出現。因此，就沒有受到資產階級思想主導的影響，當然就不會有如盧卡奇所指出的上述五種性質的現象發生。而在缺乏這些性質的情形下，整個社會的活動就不受人為的客觀規律化所左右。

如何區別兩種社會之判準？是為階級意識。盧卡奇說：

> 有關前資本主義時代及對資本主義裡的多層關係而言，資本主義的經濟生活正是以前資本主義的基礎。因此，顯現出他們的階級意識是無法以完全清楚的方式來掌握，也不能意識地影響歷史所發生的事件。[30]

盧卡奇提出這一種區別的判準之後，又再度的強調說：

> 特別是前資本主義社會都具有一種本質，即他們在經濟方面對階級利益從未完全瞭解。 建構社會都依照社會等級(die Kasten)、 身份地位(die Standen)等所形成的。在客觀的經濟社會裡，政治因素和宗教因素是與經濟緊密的結合在一起。……這種情況的區別是，根據前資本主義的經濟組織在基本上就不同於資本主義的一切。如果以我們現在的情形來說，最明顯的差

---

jenes Sichselbst-als-Ziel-Setzen 譯為「自己自身……」， jene In-sich-geschlossenheit und Selbstherrlichkeit 譯為「自己內完結性……自己支配性」，jene Immanenz 譯為「內在性」。

[30] Lukács, ebenda, S. 228.

異是,任何前資本主義社會在經濟方面就無法與資本主義社會
那種聯合緊密的統一制度相比較。也就是,在前資本主義社會
比資本主義社會所在的各部份之獨立性(die Selbständigkeit)
比較大。而在各部份經濟的相互依存或安排關係上(ihr
ökonomisches Aufeinanderangewiesen-sein)就顯得微不足道
或比較片面性的。**❸❶**

經濟是區別社會主導力量的唯一方式。但是,這種前資本主義
社會的經濟力量是呈現出孤立的,彼此間很少相互影響,各個生產
勞動者所生產的成品不是為他人,只是自給自足,不受別人的任何
影響,也不刻意去影響別人。由於經濟力量是居於主導地位,相對
地在政治上、宗教上等方面似乎都依附著它。故盧卡奇稱「社會其
它部份的人在經濟上都過著完全寄生方式的生活(volliger
Parasitar)」**❸❷**。這樣的生活就如盧卡奇同意馬克思對公社之經濟結
構的另一種特點之分析:

> 如果人口增長了,就在未開墾的土地上按照舊公社的方式再建
> 一個新的公社。公社的機構顯示出有計劃的區分,但不可能有
> 工廠手工業分工。因為,對鐵匠、木匠等來說市場是不被接受
> 的,至多根據村莊的大小,鐵匠、陶工等不是一個而是兩個或
> 三個。調節公社分工的規律在這裡以自然規律的不可抗拒的權
> 威起了作用,而每一個手工業者,例如:鐵匠等等,在他的工
> 廠內按照傳統方式,完成他職業範圍內的一切操作,但是他是

---

❸❶ Ebenda, S. 228.

❸❷ Ebenda, S. 229.

獨立的，不承認任何權威。這些自給自足的公社不斷地按照同一形式把自己再生產出來，當它們偶然遭到破壞時，還會在同一地點以同一名稱再建立起來。這種公社簡單的生產機構，為揭示下面這個秘密提供了一把鑰匙。亞洲各國不斷瓦解、不斷重建和經常的改朝換代，但亞洲的社會卻仍然沒有變化。所以，這種社會的基本經濟要素的結構，是不為政治領域中的風暴所觸動。㉝

這些分析更清楚的說明，前資本主義所處的經濟影響了各個階層之特性。只不過是這些因素不在意識上有任何決定性的力量產生。對此盧卡奇提出了三個理由：

1. 地位意識(das Standesbewußtsein)──作為一種真正歷史的因素。……歷史階級意識的關係在前資本主義時代是完全不同於資本主義的。

2. 前資本主義時代絕不單純地意識到歷史上行動的人類動機背後有一個真正的推動力(die wahren "treibenden Machte")。

3. 前資本主義與資本主義之間存在著難以跨越的區別(der unüberbruckbare Unterschied)，在資本主義社會之中，經濟的要素已不再隱蔽在意識的背後，而是存在其意識本身之中。……隨著人本主義的產生，地位結構(die Standestruktur)及以純經濟所組成的社會，階級意識已進入可以意識的階段(in das Stadium des Bewußtwerden-könnens getreten)。㉞

㉝　《馬恩全集》，卷23，頁396–397.

盧卡奇分析前資本主義社會之未有物化現象發生，是因為有幾個特徵。物化之所以形成是因有這些特徵存在的關係，如果沒有了這些因素，物化的現象也就不會發生。所以，這些特徵就成為劃分前資本主義與資本主義之界線。換句話說，物化的出現正是資本主義出現的起點，同時也是前資本主義被取代的開端，甚而走向解體的肇始。這些特徵歸結如下：

1. 商品交換價值取得獨立形式。使用價值慢慢向商品轉化，交換價值與使用價值結合在一起。這種情況的產生是為使用價值，而不是為交換價值。

2. 商品成為社會的基本結構。尤其是普遍性的結構，它包含內部各個層面，而改變了整個社會形式。換言之，商品促使原有的社會解體，同時建立新的社會形式成為控制整個社會的主要因素。

3. 商品流通是偶然性的。因為是偶然性的，所以商品交換才無法居於支配地位。如果能促使商品交換的進行和再生產的活動增加，才能日益消除這個偶然性。

4. 商品交換需打破過去的直接性，必需要有仲介。擔任生產者與消費者之間的工作稱為仲介，商人就是仲介者。有了這個仲介者才能提昇交換活動的過程。

5. 物物交換過程並無毀損產品所包含人的本質。可是，成為商品化的產品，由於分工的緣故，個人在產品上的影子似乎越來越小，使得兩者之間的差異愈明顯。縱然在生產線上有貢獻少部份勞力與智力，也不容易凸顯，這種產品與勞動者之間成為相互陌生或對立。亦就是「一個主體未達到符合於固有本質的自我實現，而對此缺陷

---

34 Lukács, ebenda, S. 232ff.

感到痛苦，這時就有了異化或自我疏離，它也可能由失去已有的（不完美的）統一而產生」❸。

6. 經濟生活的特性具有五種：獨立性、立定自己自身為目標、在自己內的完善性、自我支配性以及內在性。

7. 階級與階級意識。盧卡奇一直沒有針對前資本主義社會中提到資產階級與無產階級，當然階級意識也就不可能存在。沒有階級意識就無法形成普遍的物化意識，也就不需要討論如何處理或消滅物化現象的反物化之過程。

8. 由於無產階級的意識未明朗化，所以無法瞭解有關自己階級在資產階級社會裡的利害關係。資產階級的意識一直控制著整個當代資本主義社會的運作，且阻撓無產階級的意識發展，使它無法形成一股力量與之對抗。

9. 經濟生活的自給自足影響商品化的進行。因為是自給自足的方式，宗教、政治等不能改變經濟生活。縱然經濟遭到人為的或天然的破壞，仍然以舊的模式在原地重建。

10. 在整個歷史過程中，意識具有推動力的功能。經濟不是躲在意識的背後，而是與它並行。

綜合以上所述，包含盧卡奇的見解及他引述馬克思的相關意見，吾人可以瞭解前資本主義社會的一些特徵。這些特徵是盧卡奇先前評述資本主義社會之相反意見，有了這些評論之後，再進一步釐清資本主義社會的主要現象，然後再以他的物化論來描述資本主義的發展與衰亡之過程，以便替他的救世主義觀下的無產階級找尋出路。簡言之，由無物化跡象的前資本主義社會推演出，經物化彌漫的資

---

❸ 布魯格編著，項退結編譯，《西洋哲學辭典》（臺北：華香園出版社，民國 77 年），頁 51。

本主義社會，進而到克服物化的社會主義社會之建構。同時也瞭解盧卡奇對資本主義社會與物化關係的研究意見。

　　盧卡奇在 1922 年對《歷史與階級意識》之批判的〈序言〉中說：「對一些讀者而言，大量的引述馬、恩著作中的引文是有它的目的。因為，每一篇引文同樣就是一種解釋。」❸❻

4.1.3　近代資本主義

　　盧卡奇想建構他的資本主義分析理論和為無產階級找出路，所以探討資本主義的特性與運作就成了他研究的重點，他對這方面關心的程度遠超過對前資本主義社會的分析。如欲研究盧卡奇的物化論，除了要先瞭解他對前資本主義社會的評論之外，還必須探討他對資本主義社會的批判。

　　盧卡奇在討論〈物化與無產階級意識〉這篇文章時，開宗明義的引述馬克思兩大著作：《經濟學批判》與《資本論》❸❼。他說：「這兩部大作是從分析商品著手， 對資本主義社會作總體描述的必然性。」❸❽商品的問題就成為認識資本主義社會的起點，也是核心。尤其應該瞭解「商品的問題不能只看成單純經濟學的主要問題，也不能孤立地處理它，而是要視為資本主義社會各個層面的主要結構問題」❸❾。

　　在有了這樣的認識之後，盧卡奇提出一個重要的指標以認識資

❸❻　Ebenda, S. 165.

❸❼　城塚登譯，同前書，日文版，頁 161。這兩本書只有在日文版譯稿有註明，其它英文版皆無，就連德文版原著也沒有說明。

❸❽　Lukács, ebenda, S. 257.

❸❾　Ebenda.

產階級社會之特徵。由於這些特徵而主導出資本主義社會，同時也
是「替自己掘墓的人」 **⑩** 。這是盧卡奇明示資本主義社會與資產階
級兩者關係的來源。他說：

> 如此一來，在這樣的情況下，商品關係的結構裡似有資產階級
> 社會的對象性形式(alle Gegenständlichkeitsformen)和與其相
> 對應的所有主體性形式(alle ihnen entsprechenden Formen
> der Subjektivität)的原型才能被發現到。 **⑪**

這裡勾畫出兩個重點：其一是以客體的對象形式為主。其二是
商品結構裡有兩大支柱：主體性與對象性。這有如馬克思在〈共產
黨宣言〉裡分析世界成為兩大階級對立。

盧卡奇在觀察資本主義社會發展時， 提出另一個關鍵性問題
──商品拜物教。他說：

> 吾人應該做的事是，先把馬克思的經濟學分析作為前提，一方
> 面可以指出由對象性形式之商品的拜物性質產生。另方面對應
> 這種對象性形式的主體態度產生出基本問題。對這些基本問題
> 理解之後，吾人才能清楚看到資本主義社會和各種意識形態沒
> 落的問題。 **⑫**

---

⑩ Lukács, ebenda, S. 241.當〈共產黨宣言〉提出了這一論點不僅適用於經
　　濟，也適用於意識形態。這一論點是──資產階級產生了自己掘墓人。
⑪ Ebenda, S. 257.
⑫ Ebenda, S. 258.

盧卡奇接著又說:

> 然而，為了要解決這些問題，吾人事先對商品的拜物性(der
> Warenfetischismus)問題認識,應把它們視為當代特殊的問題。
> 也就是,在資本主義社會發展初期就已經存在的商品關係。商
> 品關係是指與商品流通(Warenverkehr)對應的主體與客體之
> 間的關係。❸

盧卡奇提到一個重要的問題: 商品流通。在前資本主義時代,
商品流通都是偶然性的。到了現代資本主義時代,商品流通已經慢
慢脫離偶然性,也因商品的流通而使得商品關係呈現出有相對應的
主、客體關係。這個就是不同於前資本主義社會之處。

商品的流通是如何對社會進行滲透而造成影響? 盧卡奇的意見
如同馬克思一樣,在分析資本主義社會時,採取對商品進行探討。
因為,商品是資本主義普遍的現象,所以盧卡奇以商品的拜物教性
質、商品流通、商品關係的構造及商品形式等途徑對資本主義社會
做先期的認識。這些基準可以作為分割資本主義社會與前資本主義
社會之依據。

當然這些核心的主要概念仍在商品本身推演。也就是說,要瞭
解這些概念,就必先要認識商品的角色。盧卡奇的意見是:

> 商品流通及其構成的結果,對社會內、外生活達到何種程度的
> 影響? 這個問題是很重要的。商品流通對社會的新陳代謝的支
> 配形式達到什麼程度的問題,已經受到支配的商品形式之影響

---

❸　Ebenda, S. 258.

而又受物化的近代思考習慣。這個問題是不能單以量的方式來
處理。❹

　　商品要達到無誤的本質方式，只有在整個社會存有普遍性的範
疇時才可以把握住❺。很明顯地，商品如果沒有達到普遍現象的特
徵時，吾人根本就不能深入瞭解或認識它。當然其存在的條件是整
個社會內、外生活無不受其支配或控制。

　　盧卡奇在分析商品形式時，他先處理促成商品出現的活動
(Tätigkeit)與勞動概念(Arbeit)。活動，根據《朗根衰次字典》(*Lan-
genscheidts Wörterbuch Deutsch-Englisch*)譯成英文的活動(activi-
ty)、功能、作用(function)、職業(profession)❻活動這個字，依照項
退結教授所編譯的《西洋哲學辭典》的解釋是：

> 一切存有物上，我們都可以發現它們具有各種形式的活動。仔
> 細考察以後，就會發現它們具有兩種樣式。第一種是外在的或
> 物的活動 (transient activity 拉丁文 actio ＝動作)，動作者在
> 別的存有物上連作 (如：雕刻家把一塊大理石塑成石像)。第
> 二種是內部的或內在的活動 (immanent activity 拉丁文 oper-
> tio ＝作用)，這時活動者僅發展自身 (如植物的生長)。這兩
> 種活動往往糾纏難分，尤其當及物的活動根源於內在的活動

---

❹　Ebenda, S. 258.

❺　Ebenda, S. 260.

❻　*Langenscheidts Wörterbuch*, 1967, S. 549.另見同一家出版社的拉丁文
　　一德文字典。*S. Langenscheidts Großes Schulwörterbuch* , S. 38. Actio:
　　Handlung, äußere Tätigkeit [vitae (vita) praktisches Leben].

時。由於活動的起點是存有物，所以活動的完美等級相應於存有物的存有等級。這個事實可用兩個原則來表達，一是活動視存有而定，另一是存有物越完美，它的特殊活動也越內在。某物由潛能到實現或相反過程，只適用於受造的活動，並為構成活動本身的真正本質。更精確的說，活動的意義是使存有物本身完全擁有自己的存在。因此，絕對存有的活動只能與其實體為一事，至於有限的存有物，則其活動必是附屬的限定，它們藉著活動而設法完全實現自己。[47]

盧卡奇對活動做了以下的描述：

在構造的基本事實上，特別要確認的是：人自己活動、人自己勞動作為客觀的遠離他自己而獨立的東西，依人類異化的固有法則性來支配人的東西，然後與人類形式對立的狀態，而產生了主觀與客觀。從客觀方面看，天生固有物及和物的關係世界表現出來（商品及其在市場上運動的世界）。控制這些客觀的規律的確漸漸地被人們所認識，但即使這樣，他們仍然把它作為能產生自己力量的一種隱蔽力量與之相對抗。這個人可以利用他所掌握對自己有利的規律知識，但是卻不能通過自己的活動來改變這個過程。從主觀方面看，在市場經濟充分發展的地方，一個人的活動成了與他自己相互疏遠的一個東西，一個人的活動變成附屬於社會自然規律下除了人類之外的客觀商品，人的活動肯定是如消費品那樣獨立於人的方式。[48]

---

[47]　項退結編譯，同前書，頁 45–46。

[48]　Ebenda, S. 261.

　　勞動，在恩格斯為馬克思的《僱傭勞動和資本》一書所寫的引言和馬克思都相同的指出：工人所出賣的不是勞動而是勞動力。而盧卡奇對勞動的解說是：

> 商品形式的普遍性就是它完全把人的勞動加以抽象，作用在客觀和主觀兩方面體現到商品之中（因為這種抽象化過程的完成，商品的普遍性才有可能成為歷史）。……吾人所要確立的是一種抽象的、平等的、可比較的勞動，依照社會勞動所需要的時間完成，通過愈來愈精確的方法對這種勞動加以衡量，被分化為資本主義生產前提及產物的勞動只是產生於資本主義制度的發展過程中。如果依勞動發展過程（從手工、合作生產、工業到機械生產）來看，吾人就會發現一種不斷向著高度合理化發展(eine ständige zunehmende Rational- isierung)，並逐漸去除工人在特性、人性和性格上的傾向。一方面，勞動的過程逐漸分化為抽象的、合理的、專門的操作過程，以致於使工人失去與完成的產品接觸，工人的工作被劃歸為專門的、固定的、機械的反覆動作。另一方面，生產過程的機械化與合理化被加強，工人在限定的時間內完成工作，這是合理化的計算。從一個傳統經驗的數字轉變為一種客觀的、可計算的工作定額，這種轉變使勞動成為固定的、既定的現實與工人相互對立。[49]

　　盧卡奇對活動與勞動等同使用，並認為是與自己對立的客體，把它附屬在人之外的社會的客觀商品上，這種活動只能屬於有限的

---

[49]　Ebenda, S. 261ff.

存有物。因為自己不能通過自己的活動來改變這個過程，並成為與自己疏遠而附屬於社會的東西。

資本主義社會的商品形式達到普遍性時，就是把人的勞動抽象，勞動力使勞動者獲得這個為它所有的商品形式，這種商品形式是由勞動產品轉變過來的，這是在資本主義時期才逐漸發展起來。因此，商品形式的功能也跟著顯著。因為，商品形式的功能是使不同性質之物進行相互流通與交換，其中有一個共同因素：就是等價關係。有了等價關係才可以達到控制商品實際的生產，同時也成為一種原則。

對於原子化，馬克思認為：

> 原子運動有自動自發的本性，　人的活動走出於自由意志的驅使。人類精神絕對自主自決，有助於破除人類受制於神的迷信。自由個體的自我意識，可以超越無所不包的「全體哲學」，包括黑格爾的哲學。[50]

在資本主義社會的生活中，個人成為原子化，盧卡奇指出：

> 個人的原子化(die Atomisierung)是由資本主義生產的自然規律擴展到包括社會生活的所有現象。 這是在意識上的一種反映，原子化的發生是個人在整個社會生活中的表現。當整個商品結構在依循規律時，個人就在商品交換的形式下發現了他的地位。因為，他就是一個商品，他的命運好比是整個社會的縮影，他身上的唯一財產就是勞動力。這種自我體現，使人的作

---

[50]　洪鎌德著，《傳統與反叛》，頁47。

用淪為一種商品行為，正好完全揭開商品關係的野蠻與喪失倫
理。**⑤**

由以上看出資本主義社會把在前資本主義社會裡的個人特質完
全抹殺。它已不是主導社會力量的角色，而是合理化制度下的原子。
這是沒有辦法以任何力量（即意志力）去改變整個過程。如同商品
在市場流通一樣，也好比「工人必須以他是勞動力的所有者身份，
把自己呈現在勞動的所有者面前，好像自己就是一種商品」**⑤**。

其次，資本主義社會取代前資本主義社會的生產方式有兩種：

1. 不滿足自給自足的生產方式。

2. 把分離的、孤立的生產方式併入一個統一體系。

過去那種只為自己需要而生產的方式，它唯一目的只求自給自
足，但是資本主義社會則對這種簡單的生產方式並不滿足。因為，
資本主義社會是要求商品流通的再生產，不斷的再生產。而在這種
商品交換的過程中，人與人之間的關係已退到滿足所需求的物與物
之間關係的背後，且是人無法感覺的。也就是「物化的結構逐漸的
愈來愈深入到人的意識之中，這是因為資本主義社會的體系本身不
斷朝向更高的經濟水準方式的生產再生產」**⑤**。

為了把分離的、孤立的生產狀態納入一個總的體系，使原來分
散的成為統一的，這種轉變更徹底的加速前資本主義社會崩潰。唯
有體系的改變才使商品結構改變了原來人與人之間社會生活的基本
結構，甚而達到改造的目的。這是盧卡奇對前資本主義社會進入資

---

⑤ Ebenda, S. 266ff.

⑤ Ebenda, S. 267.

⑤ Ebenda, S. 269.

本主義社會過程的分析，且替他鋪下一條左右物化的大道。但是，在進入這條大道之前，有幾個觀念有待澄清。例如：資本主義生產的全部結構，在其社會中的人之創造與社會的自然法則以及再生產的考察。

整個資本主義社會的商品是來自產品商品化。尤其在取代了前資本主義社會之後所形成的生產結構已經完全接替原有的運作過程與規律。盧卡奇為了析論其基本結構之功能，所以他說：

> 資本主義生產的全部結構依賴於在所有孤立的現象中，服從於嚴格規律的必然性和總過程中相對應的非理性之間的相互作用。❺❹

在資本主義社會的人與規律系統的總和之自然概念，當人類進入資本主義社會時，人受制於這種新形成的結構之主導功能影響，這功能就是推動結構之動力，也就是規律。個體在資本主義社會中生活已不能自己抗拒，或憑自己之力去改變它，反而受制於這個規律擺佈。所以盧卡奇提出他的看法：

> 在資本主義社會中的人面臨看他自己塑造的實際性(gemachte Wirklichkeit)，這種實際性對他來說是一種對自己本質上自然

---

❺❹ Ebenda, S. 277.另參閱《馬恩全集》，卷23，頁394。「工廠手工業分工以資本家對人的絕對權威為前提， 人只是資本家所佔有的總機構的部份；社會分工則使獨立的商品生產者互相對立，他們不承認任何別的權威，只承認競爭的權威，只承認他們互相利益的壓力，加在他們身上的強制」。

> 的異化(als einer ihm wesens-fremden “Natur” gegenüber)，他聽任它的規律(ihren Gesetzen)擺佈，他的活動侷限於為了自己（利己主義 egoistisches）的利益，利用個別規律展開過程，「把自然界定為合乎規律性的事象性之總括概念」(Definition der Natur als "Inbegriff der Gesetzmäßigkeiten des Geschehens)以及作為價值概念(der Wertbegriff)的自然概念，都是從資本主義的經濟結構中產生的。(55)

盧卡奇在這裡所提到「自然」的概念是不同於其它人的見解。歸結如下：

1. 合乎規律或法則的總括之自然概念。
2. 作為價值概念的自然概念。
3. 第三種自然概念(ein dritter Naturbegriff)。

「自然」這個字詞包含了多層意義，前兩種自然概念從自然法的歷史來看是不易分辨的。盧卡奇說：

> 在這裡吾人所看到的「自然」已是資產階級革命鬥爭的重點，是日益成熟的資產階級社會的「合規律」、「能預計的」形式和抽象的特徵。它在詭計多端、反覆無常和毫無秩序的封建主義和專制主義很自然的出現在旁，且積極地在物化社會的制度下剝奪了人的本質。擁有愈多的文化與文明(即資本主義和物化)的人就愈不可能是一個人。因此，「自然」就成了所有傾向反對不斷增長的機械化、非人化與物化的內在容器。同時也是人

(55) Ebenda, S. 316. “Definition der Natur als Inbegriff der Gesetzmäßigkeiten des Geschehens”日文譯為「現象……自然」，同前書，頁 248。

類為保留原來的內在本質或渴望再次成為自然的一種傾向。❺⑥

　　盧卡奇也在〈歷史唯物主義之功能變化〉一文中提出了相同的
見解，他說：

　　　　在資本主義的生產中，我們發現了社會自然法則對社會的統
　　　　治，是資本主義的生產唯一最純粹的形式。然而，世界歷史的
　　　　使命在資本主義時期以文明過程為頂點，就是達到了對自然的
　　　　統治。這些控制著人的社會生活的自然規律，像是一種無形的
　　　　力量使自然的範疇具有服從於社會化過程的任務，在歷史過程
　　　　中發揮作用。但這即是一個漫長、充滿挫折的過程。當它最初
　　　　形成時，也就是當這些社會的自然力量還未成為統治力量時，
　　　　人和自然之間的「新陳代謝」、人和人之間的關係都仍是自然
　　　　關係佔上風，並統治著人的社會存在和表達在思想上、感情上
　　　　的存在形式。❺⑦

　　這兩段話是補充第一種自然概念的特性。然而，盧卡奇真正關
切的是他所提出的「第二種自然概念」。所以他說：

　　　　我們發現了第三種自然概念，在這中間我們可以清楚看到克服
　　　　這種物化存在的觀念和傾向。在這裡自然表示真正的人性，表
　　　　示從虛假的、機械的社會形式中解救出來的人的真正本質：人
　　　　為盡善盡美的總體。❺⑧

---

❺⑥　Ebenda, S. 316.

❺⑦　Ebenda, S. 407.

這種自然就是能克服物化的一種傾向。這是盧卡奇企圖模仿資本主義的社會自然法則，也即第一種自然概念影響封建制度及其整個社會。如今他也希望能替自己指出一種經社會化的社會主義之社會而建構的概念。

盧卡奇對再生產的考察，他的見解是：

> 把資本主義生產過程聯繫起來考察，或作為再生產過程的考察，它不僅生產商品，生產剩餘價值，而且還生產和再生產資本主義關係本身。一方面是資本家，另一方面是雇傭。因此，只有在社會發展過程中的變革，阻止了資本主義生產關係的自我再生產，並且給另一種社會的生產關係的自我再生產指出了新的方向，這種是可能的。[59]

綜合以上的論述，吾人可得出對盧卡奇解釋資本主義之基本認識。盧卡奇每當引述馬克思之言論時，向來不再加以批判，並且視為自己欲表達或解釋的內容。似乎馬克思的意見在盧卡奇來說宛如是金玉良言，照單全收。

吾人可以瞭解盧卡奇在論述資本主義時，是直接以商品為核心。這一分析角度是相同於馬克思。而吾人對整個資本主義的評述可歸為下列數項：

1. 當前資本主義社會明顯的特性消失或破壞，就表示進入資本主義社會之癥候與起點。兩種社會呈現「你消我長」的對應現象。

---

[58] Ebenda, S. 317.

[59] Ebenda, S. 426ff.

其中較為重要的特徵是：商品的崇拜性。由它發展出商品結構、商品流通、商品關係的構造都深入對象性的問題。也即主、客對應的問題。其次，由商品表現出的形式對社會生活現象有決定性的影響，尤其對社會生活有支配的地位。這些課題都關係到產生商品的勞動生產問題。

　　2. 商品形式的普遍性。即表示人的勞動必先抽象化，使主、客觀都受到商品的作用。

　　3. 資本主義社會裡的個人原子化。

　　4. 資本主義社會形成統一的體系。

　　5. 資本主義社會有其獨特的生產結構。

　　6. 盧卡奇第三自然概念之建立乃企圖克服物化。

　　7. 資本主義社會的物化未被克服是在於它再生產的特性，只要有這一個因素存在即表示仍有力量維持及保存這種社會。

4.1.4　由事到事化

　　經過字詞的原意之分析，瞭解盧卡奇對前資本主義社會及資本主義社會特性的描述，進而論述盧卡奇對事、物、物象性及事化與物化之相關概念。要先瞭解這些概念才能觀察盧卡奇論述物化結構、關係、運作後的影響以及如何克服物化等問題。在此將分兩方面討論盧卡奇的事與物之特徵及其轉變過程，即事化與物化。

　　事與事化在盧卡奇之建構中，有其範圍。在《歷史與階級意識》中有談論事化、物化或異化或外化之概念。盧卡奇對事化的描述有：

4.1.4.1　所有社會形式的事化

　　盧卡奇認為：

就在所有社會形式的客體化(Objektivierung)、 合理化(Ra-
tionalisierung)與事化(Versachlichung)的過程之中，可以清楚
的看到社會是如何從人與人的相互關係間建立起來。⑩

這表示在社會形式受到事化之後，讓吾人可以觀察到社會建立
過程的全貌。這種社會形式盧卡奇分析為：

> 無產階級在社會化過程時面臨兩種情形，一方面是勞動力轉變
> 成商品，使無產階級的直接存有從做人的本質中異化的因素。
> 另一方面是在商品化展開時，一切自然成長的及自然的直接關
> 係漸漸根絕， 其結果就在非人客觀性之中發現被社會化的
> 人。⑪

關於人與人關係的問題，並不是一般人所謂的單純個人與個人
的關係。按盧卡奇的分析，它是「由資本主義的特性，揚棄了一切
自然的障礙， 以及把人與人之間所有關係都變成了純粹的社會關
係」⑫。

因此，這樣社會人的關係，盧卡奇批判它是僵化的關係，構成
了對人類社會第一次整體社會化的客體直接反映。換句話說，在一
種未經事化、合理化、客觀化的社會形式，吾人是無法發覺社會的
建立會跟人與人之間的關係有所關聯，並且也不能認清：經社會化
過的社會，就是由人與人之間所有的關係轉變而成的社會關係。這

⑩ Lukács, ebenda, S. 361.

⑪ Ebenda.

⑫ Ebenda.

種人與人之間的關係並不是個人對個人的直接關係，而是受到仲介因素居間發生作用。這種仲介的關係乃是由生產過程的客觀「規律」演變而成的。也即，這些規律變成人與人之間的表現形式。所以由這些現象才有以下三點的認識：

1. 人是所有具體關係的基礎和核心，只有取消了這些直接性的關係之後，人才能被發現。故有必要從這些直接性和具體化的規律開始。

2. 這些現象不只是思想方式，它也是資產階級社會對象化的形式。如果要取消這些形式的直接性，就表示取消思想的結果和社會生活中的現實形式。

3. 實踐不能和認識相分離。只有把眼前的形式轉變為實踐，才能找到這些形式中的內在過程，以便認識它和使它被認識⓺。

4.1.4.2　生產關係的事化

即指在生產的種種關係裡處於再生產的過程時產生再生價值。這種生息的形式就是資本簡單的形式。盧卡奇舉一個例子說明這種情形。他說：

> 就生息資本說，這個自動拜物教就純粹地表現出來。它形成了一種會自行再生價值的現象，會孵生貨幣之貨幣。並且在形式上它的起源已經沒有任何痕跡遺留下來。社會關係以貨幣當作物來完成對自己的關係，貨幣的持有者也將貨幣用來做生利息的買賣。在貨幣再生貨幣方面，吾人有資本非概念的形式，又是一種諸關係裡最高度的事化而生利息的姿態，也是在人本身的再生產過程為前提的單純資本形式。貨幣或商品從再生產過

⓺　Ebenda, S. 362.

程中獨立起來，同時能夠增加自身的價值。❽

因此，於再生產過程中所獲得的價值可稱為生產關係的事化過
程。從另一角度觀察，這種事化是一種資本家從工人身上榨取剩餘
價值的方式。由此瞭解，貨幣為一種資本，而資本的拜物教形式或
觀念就在此產生。

4.1.4.3　社會生活條件的事化

從功能看，事化促使社會做一種基礎上的改變。如果資本主義
社會要建立一個獨立且有效的體系，必須要在社會生活條件經過事
化以後，也就是社會生活條件經過事化的結果，使資本主義社會才
能形成一個獨立、自我為體系的形態。在經濟生活中支配這個過程
的規律，只能被理解卻無法控制。盧卡奇描述社會生活條件事化的
情形是：

> 人在經濟體系中，只是作為一個抽象數目或有數量間之關係的
> 東西。如恩格斯指出的：規律只能為人所理解，卻無法掌握。
> 生產者在這過程中必然喪失對自己社會的生活條件的支配力
> 量。也就是，在社會生活條件受到事化、物化後，經濟生活上
> 種種的關係變成完全獨立，推動生活也是自主自立、自我完成，
> 簡直變成自立的體系。❺

這三種發生事化的情形都是在社會產生的，凡事化後的要求都
得接受其運作規律。當所有社會的形式受到事化，即表示社會正受

---

❽　Ebenda, S. 269.

❺　Ebenda, S. 407.

某種規律所支配，是由人與人之間逐漸形成。當生產關係有了事化，在再生產過程之際則出現一套生息的規律。當社會生活條件屈服事化，其相關的關係亦逐漸趨向獨立體系。

分析盧卡奇對「人」的事化做以下的見解：

1. 先有意識的物化，才引起人類機械式的事化。也就是人類在意識上先有物化的結果進而發生事化。盧卡奇說：

> 資本主義的意識物化後，就表現為超個體化(Über-individual-isierung)和把人事化為機械性。人的勞動分工並不是基於人的本性，所以人的活動變成呆滯、千篇一律無主動積極。 **66**

人會變成呆滯、無主動積極的精神，是因為人類意識的物化，表現在外的事化結果或超個體化所造成。

2. 事化後的客體精神能力。主體變為自動發揮作用為一種抽象的機器。這是指人的非物活動，受到環境改變，和資本主義經濟制度形成的關係，而普遍影響到所有其它非經濟的結構，所有社會意識也因而統一。如同盧卡奇所說：

> 這些統一表現出雇用勞動生產的意識問題，在統治階級內部不斷以高尚、神聖的態度顯現出這種形式。一些專業的顯達之士，都因精神能力的事化，而對社會所發生的事不只是旁觀者，就連自己能力受事化也採取冷漠態度。現代的行政與法律表現出不同於手工業、小工廠的特徵已是極為明顯。 **67**

---

66 Ebenda, S. 513.

67 Ebenda, S. 275.

基於以上所述,可知盧卡奇對事化的描述是在人和社會兩方面。在人而言: 主體本身具有的知識、氣質、表達能力等精神能力都只是一種抽象的機器,這些都與人格疏離。也就是,人原本具有的聰明才智不再是有機部份,它跟人的外部世界所有的各種物體一樣,是可以佔有或買賣。在社會而言: 它的形式、它的生活條件及生產關係都因事化而受制於這種功能的規律所支配。因為,這種規律的支配使整個社會各個結構趨於統一。也可以說,規律是社會重建的原動力。生活在社會中的人如大海裡的沙粒。主體不是這種力量的主控者,而是這個力量的奴役者。

盧卡奇所談的事(Sache),其指涉的是:「對有目的的活動,要求勢必做到事物的廣泛分工(eine weitgehende sachliche Arbeitsteilung),這將面臨思想僵化,官僚主義和行為腐敗的危險。」❻❽因為有活動的目的做為前提,才有「事」的產生。「按照事的本質(dem Wesen der Sache nach)來看,人在這個活動裡,他不是現象的主體,而是客體」❻❾。盧卡奇認為: 人也因由物化所產生的各種活動逐漸使人陷入事化的意識世界之中,而無自主地接受這種規律支配,就是連自己的精神能力、創造力等都失去積極性,並隨波逐流、麻木不仁的僵化。

綜合上述盧卡奇對事與事化的析論及便於瞭解盧卡奇對於物、物象性、物化的特性與功能及超克等指涉涵義,將列表於下說明,此稱為——盧卡奇對「物」與「事」的釋義表。

---

❻❽ Ebenda, S. 513.

❻❾ Ebenda, S. 315.

表4-1　盧卡奇對「物」與「事」的釋義

物的屬性	物象性	物化的對象
僵化的、固定的、可量化的、可佔有的、外部世界有形式外衣、有決定論的規律、具有商品的結構。	有如物化的面紗(外表)、在再生產過程中資本表現物象性。 當資本主義趨於物象性則有僵化的實際性。 對個體而言，物的決定論尤其是它的規律是絕對受影響的。	受物化影響的對象 1.人的方面： 　人本身、意識、性格、悟性、表現、面紗、財產、思想、思考習慣、合理思想、意識結構、意識立場、資產階級思想。 2.社會方面： 　關係、形式、僵化性、分裂性、外部世界此有困難性、事實抽象系統。資產階級直接性、各種組織系統結構。 物化的相關功能與反物化 功能： 　物化關係、形式的量增、它的基本結構、人際關係的物化、意識物化及其現象、通過商品產生的物化、它的現象與原始現象、資本主義意識的物化。 反物化： 　加強物化、超越物化、批判物化、洞察物化、克服物化、解決物化、透視物化形成、棄而昇存物化形式、視察打破物化限界之過程。

表4-2　盧卡奇對「物」與「事」的釋義

事	事象性	事　化	
不合人性的分工		受事化影響的對象	
		人的方面： 　　意識、精神能力。 社會方面： 　　生產關係；所有社會的生活條件； 所有社會的形式。	
		事化的功能	
		僵化；引起人類之間關係機械化。	

　　盧卡奇對資本主義的前後階段之觀察與分析，把人設定為與物一樣深具自然性質，經過這一人為的制度影響遠離自然性，即任何一個人在資本主義社會成長的人都受兩種東西影響。一是商品，引起物化。另一是人為制度，包含人的服務、創造、智慧能力等精神力量所形成的一切典章制度所引起的事化。簡言之，人類的作為就是指事，自然界所指的是物。兩者合一的普遍影響力瀰漫整個資本主義社會的每一個角落，也可以說，事化與物化都是資本主義社會的普遍現象。人在這種社會裡接受自己變更自然後的一切影響，不論內在生活或外在生活無一不受其支配或控制。這種支配力量是人類無法抵抗的，唯有順從它的規律。

　　盧卡奇的物化思想發展可以從此看出，早期他的重點是勞動的疏離問題，後來發展到商品的物化論。人的定位也隨著改變，由於商品關係建立整個社會的運作，人受到制度規律影響，即蒙受事化

的支配。換言之，人的事化是在資本主義社會裡，人的意識受到物化侵蝕後才發生的。由此引發種種支配規律去控制各個層面的制度。對人而言，引起人的超個體化及機械式的事化，人類在當中的活動都有規律可依循。人的活動看起來就像商品的表面形式一樣，自身的人格、精神或靈魂都完全消失。也就是盧卡奇所認為：

> 勞動者勞動就如他所體驗到的，　直接具有一種抽象的商品形
> 式。而在其它形式的勞動中，這些是被掩蓋在腦力勞動或精神
> 上責任等表面之下。物化對那些把自己的成就拿來當作商品出
> 售的人來說，他的靈魂影響越深，則表面形式就越具欺騙性（如
> 新聞界與出版界）。當工人被物化成商品時，必使其喪失人格
> 及削弱其靈魂。❼⓿

這也就是說，人在經濟體系中只作為一種抽象的數字或數量關係的某一個東西。如盧卡奇援引恩格斯，「它們關心的是那種只能被理解而不能被控制的規律，以及生產者喪失控制自己生活條件的那種東西」❼❶。

盧卡奇的三化理論體系產生與發展表如下：

表4-3　盧卡奇的三化理論體系產生與發展

自然　→	人　→	轉　化	
1.商品交換是直接性，無仲介，因無商人。	1.人與自然呈現非物化關係。 2.人的勞動未披上社會關係	1.未有物化現象發生。	

---

❼⓿　Ebenda, S. 356.

❼❶　Ebenda, S. 407.

2.商品流通是偶然的物物交換。	的外衣，個人未將勞動力，拿到市場出售。物物交換未毀損產品的個人本質。		前資本主義時期
社會　↓　→	非人　↓　→	物與物關係　↓	
勞動	1.人的成就與人格分裂。	異化	
1.勞動是人與社會之仲介。 2.勞動產品變成商品。 3.勞動變為商品，使無產階級的直接存有，遠離做人的因素。	2.工人失去與由自己勞動所完成物品的接觸。 3.逐漸去除工人之特性、人性、性格。	在異化之中，自己感覺自我破滅。	
商品　↓　→	↓　→	物化　↓	資本主義時期
1.通過商品關係產生物化現象。	1.個人成為原子化，這是意識的一種反映。 2.個人在商品交換的形式，發現他自己的地位，因為他變成一個商品。	1.造成第二種自然。 2.物化出現才有近代資本主義社會。	
制度　↓　→	→　↓	事化　↓	
1.制度是人為的且處理人的事務。 2.制度目的是要求事務分工。	1.人與人之相互關係是僵化的。 2.先有意識性的物化，才引起機械式的事化。	1.社會形式受到事化之後，吾人方可觀察到人與人相互關係的建立。 2.再生產過程有自動再生價值。 3.社會形式的事化，表示受一種規律支配，自成一個體系。	
圖示說明：↓表示產生；→表示發展。			

由這一圖表顯示盧卡奇之三化論相關特點：

1. 人是具有社會與自然兩種屬性。個人和社會的關係被破壞，乃是在生產過程因機械地分解為它的組成部份，個人隨著原子化而分裂。

2. 勞動是自然與社會之間的仲介。勞動直接具有一種抽象的商品形式。勞動已不再與個人結合在一起，反而與其自身對立。

3. 自然是一個社會的範疇。在任何特定的社會發展階段上，無論什麼只要被認為是自然的，那麼這種自然就與人相關。人所涉及到的自然，無論以什麼方式，即指自然的形式、自然的內容、自然的範疇和客觀性，總是被社會所決定。在前資本主義社會具有非物化的結構，即指人和自然間的非物化關係。這種階級為盧卡奇指望在資本主義之後所要恢復的現象：

1. 異化是因勞動的關係所引起的。

2. 勞動初期是盧卡奇所注意的問題。

3. 勞動產品形成商品。

4. 勞動轉變成商品才引起物化。

5. 物化是由商品關係產生。

6. 先有意識物化，才造成相關制度的建立及事化的原因。

7. 由於制度的產生而引起事化。

由上述的說明，瞭解盧卡奇對物的觀察及物象性的發現，進而推論物化的種種特性與現象，本節只論及這一過程，並說明其普遍的意義，至於物化的作用結果及克服的功能則以下分述。

4.2　物化事化作用及其結果

依盧卡奇觀點，吾人可以瞭解，商品達到普遍化之後，就表示它已居於支配社會各個層面的主導地位，而且已變成整個社會的基本結構。人與人之間的關係受到商品形式的影響，已轉換成物與物之間的一種物化關係。這種關係涉及的層面都不是人類所主控與阻

擋得了的。因為它已成為人類生活的規律與依據，不論個人的生活、思想、性格……等等沒有一項可避免。另一方面是社會上所建立的制度，都有其結構功能。人類因這些制度服務與替吾人處理事情，加上這一切都按照制度的合理化及機械化過程，人也受到它的支配。這等事項在盧卡奇的觀察都是物化與事化的作用及結果。

以下主要將分三大部份來分析，即物化表現出來的特性、人與社會制度，在人的方面是以意識、思想為生，其次是人際關係及其它方面。主要的論點是：

    1. 人際關係孤立化。

    2. 思想的固定化。

    3. 生產過程的抽象化。

關於制度方面的論點有兩個：

    1. 國家行政的官僚化。

    2. 法律制度的合理化。

4.2.1　物化的特徵

物化的特徵含有過程、存有、結構與基本現象。以下將按此順序分述之：

4.2.1.1　過程

盧卡奇在物化的過程上，他主要在說明兩個對象：人與社會。在這個資本主義社會的人，是指資產階級與無產階級而言。由於工業化的產生需要有自由工人，這是因為，從過去中世紀的社會，經過工廠到工業化，工人初期並未拿它的勞動力到市場去買賣，主要是因為商品未普及化。

按盧卡奇的意見是，工業化產生是有一段過程。首先，商品一

定要居於支配的地位，使得社會的結構作一個性質上的改變，這種質變是動態的，它表示徹底的轉變。在社會發生了質的大轉變之後，工人命運就是成為整個社會的命運，即與社會結合在一起。當工人命運變成如此普遍化時，工人拿他自己所擁有的勞動力，自由進出市場來出售。這些自由出售自己勞動力的工人出現，才能使工業化前進。如果要使工業化有所發展，先期的條件就是，要有自由工人在市場出現，出售他的勞動力。如此，因工人的自由出售勞動力，而產生了工人本身與勞動力分離。這也就產生兩個結果，破壞所有自然生產方式和人的關係之自然關係變成物與物關係的人的社會關係，進而形成合理性的物化關係。

由此看，商品達到支配地位，就製造出自由工人及工業化，且緊跟著發展起來。在工業化初期，亦即自由工人拿他自己擁有的束西（即商品）到市場出售之際，所面臨的一種情況，即受到資本家的搾取剩餘勞動，要比以後發展下去的階段來得更殘暴、凶狠。這時的物化被盧卡奇指稱為「勞動物化過程，甚而勞動者意識物化過程都不能再前進」[72]。

在這裡顯示出一個問題，資本家之搾取剩餘勞動在工業化初期較嚴重，使得物化過程暫時停止不能前進。也就是，搾取剩餘價值與物化過程成反比發展。因此，盧卡奇認為：「要使物化進行的話，就得在滿足社會的所有需要時，都必須以商品交換的方式來著手。」[73]

商品交換形式未發達之前，資本家較有機會搾取工人的剩餘價值。理由是：自由工人初期自由出售勞動力未普及，社會未達到合

---

[72] Lukács, ebenda, S. 265.

[73] Ebenda.

理物化關係，一切物品都未經過計算等。不過，盧卡奇並未強調搾取剩餘而產生的結果，他反而提出另一種看法：勞動者要激起革命的原因，不在於搾取，反而在於物化原因。他是這樣說：

> 一件理所當然的事是：這種與整個人格分離，而又成為商品的成就，只有在無產階級之中形成一種革命的階級意識。物化對那些把自己的成就，作為商品出售的人之靈魂，更加影響。外表上是欺騙性的，例如：新聞出版界。商品形式的隱藏性屬於主觀因素是：當工人被物化成商品的過程，只要他在意識上不表反抗，物化就會使他喪失人格及靈魂。但是，不至於把他的心靈本質(sein menschliches Wesen)轉化為商品。❼

盧卡奇也指出，官僚制度下那些已物化的人與新聞出版界的人都是不能對抗物化的。因為，他們所唯一能夠對抗物化的器官——心窮，都已物化、機械化而成為商品。就連他們的感情與思想，在質的存有上都是物化。

人的物化是在商品交換的方式，出售勞動力或成就之下，使這些勞動力或成就變成商品。接著就與自己的人格分離，而產生革命階級意識。

總結物化過程所表現的對象有：人與社會。社會所涵蓋的仍然離不開這一個主體——人。物化的起點是由勞動者的貢獻勞動力於市場開始。雖然盧卡奇把重點擺在無產階級的意識，但是因指同一對象，那就是指整個人類。又按盧卡奇的物化過程來看，凡拿勞動力或成就自由地到市場出售都會受到物化。資本家也提供其成就到

❼ Ebenda, S. 356.

市場投資與交換。因此，實際上不同的是物化程度的關係。就如盧卡奇所指，自己的心靈原本可以對抗物化的侵入，但它隨著出售成就與勞動力的增加，也將無一倖免遭到物化。這裡顯出兩個特點：

1. 凡自由出售勞力或智力於市場愈多，則物化意識過程就愈深，而表現在外的假象就愈欺騙。這可稱為「無心的機器人」。

2. 壓榨剩餘的勞動(die Auspressung der Mehrarbeit)將隨物化普遍而消失，這兩者成正比。這不同於馬克思的看法，愈壓榨剩餘勞動，才越會激怒勞動階級。盧卡奇的主張則是：因物化的關係，才使人格異化，而激怒起革命的意識。

4.2.1.2　物化的存有

盧卡奇也指出與物化有關的存有(das Dasein)問題。例如：存有形式、與物化的存有及存有的物化結構。盧卡奇在說明存有的物化問題時，都指涉到資產階級與無產階級的兩個階級範圍。這個範圍涵蓋可分為存有形式、克服物化存有、瓦解存有的物化形式等三個方面來分析：

1. 存有的形式

依據盧卡奇的描述是：

> 理所當然的事，資產階級社會的危機徵候就是：搖擺不定及模糊不清。作為資本主義產物的無產階級，必然遵循它們自己製造的種種存有形式。這種存有形式(diese Daseinsform)乃是非人性(die Unmenschlichkeit)及物化的。⑦

這個存有形式的特徵，就是非人性及物化。無產階級者存有形

---

⑦ Ebenda, S. 252.

式自然延續資產階級既有的種種存有形式特徵。因此,「當無產階級的存有形式,深受物化滲透之後,也必然體現出最深的非人類化(die tiefste Entmenschlichung)」 ❼。比較這兩種存有形式,其共同點都是屬於無產階級。不同點在於無產階級者承襲資產階級的物化存有形式。一種是:如果再一次受更深的物化,則更加非人類化。這種程度不同在於,由非人性到非人類化。

　2. 克服物化存有

　　盧卡奇描述自然概念,主張應有第三種的自然概念,而認為,「當吾人發現第三種自然概念時,就有一種傾向要克服已物化的存有。唯有如此,才能使這種自然表示出真正的人性,及解放人真正本質:人作為盡善盡美的總體」 ❼。

　3. 瓦解存有的物化結構

　　當人們生活在資本主義社會裡,他無可避免的要面臨這種現實性。盧卡奇認為透過三種途徑來加以克服:

　⑴ 不斷的瓦解存有的物化結構。

　⑵ 通過實際涉及總體發展中的具體表現的矛盾。

　⑶ 通過對總體發展中之矛盾的內在意義認識❼。

　　盧卡奇所描述的存有種種問題,主要包含它的特徵、克服、瓦解的結果。存有的物化就等同於人類失去人性、人的自尊,它成為克服物化之不可忽視的根本問題。也就是,恢復人性首要工作是:保存原來未受物化的存有。

---

❼　Ebenda, S. 332.

❼　Ebenda, S. 317.

❼　Ebenda, S. 385.

4.2.1.3　物化的結構與基本現象物化的結構

　　按照盧卡奇的觀察，只在所有現代資本主義社會形式中才能找到。但是，多元的認識它，只有在無產階級地位中才有可能。這些社會形式包含有官僚政治。物化結構漸漸深入到意識當中，其先決條件是：當資本主義體系不斷地上昇到高經濟水準的生產和再生產的程度。這樣，結構的功能才由此發展出來。最明顯的特徵就是自動增值。例如：貨幣的生息。

　　在此說明結構存有的地方及功能之理由。依盧卡奇之見解，從一般結構所呈現出的現象會有助於把握物化。先瞭解物化結構功能，對物化現象就更容易明白。

　　物化結構有兩種：一種是社會上具體的現象。另一種是人的意識物化結構。（有關物化實際結構特徵將在下兩項析論，這一節僅就「物化意識」之內容詳論。）

　　物化的基本現象，盧卡奇以馬克思所描述的為主要依據，除此之外，盧卡奇也提出物化的最典型現象，甚而引用希臘時代的物化角色，以及物化與其它分離的原因。吾人在把握現象時，都要從相關的對應現象加以觀察。盧卡奇在描述這個過程所提出的物化現象都是由其它現象促成。馬克思的描述則是一種物化變成的過程，可以歸結為：商品形式在吾人面前經多次不同的反映結果。

1. 使人本身勞動具有社會性質。
2. 反映成勞動產品本身的物的性質。
3. 反映成這些物的天然的社會屬性。
4. 把生產者視同為總勞動的社會關係。
5. 反映或存在於生產者之外的物與物之間的社會關係。

由於這種轉換，勞動成了商品，成了可感覺而又超感覺的物或

社會的物。這只是人們自己的一定社會關係，但它在人們面前採取了物與物的關係的虛幻形式**⑦**。

馬克思的這個描述成為盧卡奇在說明現象的依據，是由其它的反映過程而來的。關於盧卡奇的最典型現象，他認為是表現在：

> 勞動的存有中的絕對消極，在客觀上就是物化最典型的現象(die objektive typischste Erscheinungsform)。主要是因工人體會到在生產過程中他的地位是頂重要的。同時，地位是具有商品的所有特徵（這種地位與市場上的運動一樣不確定性）。因此，地位意識(Standbewußtsein)就此產生，可能有效地阻礙階級意識的增長。**⑧**

由地位意識的勞動者的消極性呈現出典型現象，這種意識包含任職、工資及晉升方面。這些因素所表示的意義，可能誤導無產階級的意識方向，使形成階級意識上受到阻礙。盧卡奇認為要以勞動來克服這個困難。也就是讓勞動者接受他的推理，由勞動的因素去除這種直接性。因為，勞動在盧卡奇的見解上是人與社會之間的仲介。只要有這個仲介勞動的存在，自然就會拋棄那些非仲介的虛偽假象。其實是在勞動實踐中，才可以使無產階級真正出現與存在。

關於物化與資本主義社會的把握問題，盧卡奇在觀察這種社會時，就以物化作為把握整個資產階級社會的全面結構的基本現象。這與前述的最典型現象都在說明已物化的社會現象。無論在觀察上或把握上，物化成為這種現象的必要特徵。

---

⑦ Ebenda, S. 260.

⑧ Ebenda, S. 357.

盧卡奇也舉出希臘時代的生活作為物化的說明例子。他的理由是：

1. 近代的批判哲學都產生於意識的結構中。
2. 在成熟時期的希臘物化現象也發揮顯著的角色**⑧**。

這表示物化現象的出現並不只是在現代資本主義的時代，這也說明了盧卡奇對前資本主義與現代資本主義之範圍及判準，並不是只預設在時間上，而是界定在實行資本主義的特性之上。這就指出凡任何地區是表現出成熟的資本主義的特性，無論在那一個國家或那一個時代都可以稱之為有物化作用的國家與時代。即使是同一個希臘的時代，不同地區也一樣有如同希臘地區的成熟現象。

盧卡奇一再認為物化現象在資本主義時代裡有兩個特性：

1. 它是一種自我創造的直接性。
2. 它是一種永恆不變的現象。

這兩種特性是他始終要克服的地方，只要去除它們就可以使資產階級社會的表現完全消失，喪失存在的依據，這也是他一直關切的事。如果無產階級不能脫離這些特性，則受物化的情形將持續下去。

關於物化現象的轉變功能，依盧卡奇的意見是：

> 物化現象與其存在的經濟基礎，也即原有概念把握的基礎分離，以下的事情將顯得容易。也就是，資本主義生產不斷自我活動的種種前提，得到充足的時間，物化轉變過程將必定包括社會生活的現象形式。因此，資本主義的發展，把對應各種要求及適合其結構，創造出相對的法律制度及國家形式來。**⑧**

---

⑧ Ebenda, S. 287.

物化隨商品交換的形勢發展而成長。物化現象的基礎就是商品。商品的動力在於人類接受商品的拜物教。商品的空間就是資本主義的發展過程。商品流通或交換及其結構都對社會內外生活的整體有其廣大影響。

馬克思觀察:「商品的形式是資產階級的一般生產和最不發達的形式,它的拜物教性質顯得比較容易看穿。」❽而商品形式即指商品交換形式。盧卡奇則認為:「商品交換形式處於支配地位及滲透到整個生活的表現,是不同於偶然出現商品交換形式的社會表現。」❽

盧卡奇與馬克思對商品的相同點都是著重於交換價值的意義。盧卡奇就由商品價值的特性去發揮整個商品體系及其各種概念。因為要描述盧卡奇的物化,就要先說明他的商品體系。它所包含的內容有:

1. 商品問題不能孤立看作是經濟問題,應該為資本主義社會各個方面的主要結構。

2. 商品關係的結構產生資產階級社會的所有客觀形式以及相對應的所有主觀形式。

3. 商品結構的本質。即其基礎是人際關係應先具有一種物的特徵,才獲得一種幻想的客觀性,也掩蓋住人際關係的這個根本性質之痕跡。

4. 商品交換相應產生主、客關係,並且滲入社會的各個層面,甚而注入意識而完成,最後達到支配地位。

---

❽ Ebenda, S. 270.

❽ 《馬恩全集》,卷23,頁88–89。

❽ Lukács, ebenda, S. 258.

5. 商品形式引起物化結果，侵蝕了現代思維方式。

6. 前資本主義的商品形式只是偶然性的、不完整性的。

7. 商品由勞動產品轉換過來的。

8. 商品當作為一個整體，成為社會的普遍性範疇時，它才能在其正確的本質上被瞭解。這也是盧卡奇所強調的：

> 只有在這種關係中，商品所產生的物化，才能對於社會的客觀發展，以及人們對它們採取的態度，產生決定性的重大意義。只有在這時，商品才對人們從那種意識所屈服的物化表現在形式中，或從物化所造成的第二自然的奴役中解放出來。❽

吾人由此可以深知資本主義的特徵。即勞動力對於勞動者自己，在取得它作為他所有的商品形式。另一方面，勞動產品的商品形式，也是從這時起才普遍起來。因此，商品形式的普遍性就完全把人的勞動以抽象作用在客觀、主觀兩方面，都體現到了商品之中。

9. 商品的經濟關係中，個人性質由清晰到模糊，個人特質遠離勞動者自己，交換過程使人際關係的物化愈來愈濃。

10. 商品是否佔有支配地位，直接涉及到物化的程度，也是影響原來社會基本結構性質的轉變因素。

11. 商品特質的目的是要在人的所有意識上打上商品的烙印。人類處於這種社會中，也就逐漸沉默下來。

綜合以上所述，商品體系的特點，吾人可以發現，商品進入物化盛行階段所帶來的結果，就是商品提供交換不斷在進行生產。當它延伸到其它層面所表現出來的，就是一切標準化、形式化、規格

---

❽　Ebenda, S. 260.

化、合理化、機械化、僵化……進而引到更上一層的服務層面、超個體化、瑣碎化。整個人類按照盧卡奇的假設、分析、預測未來歷史方向及規範。個人又似乎回到了自然。但是，這個自然已是盧卡奇所指的第二自然甚至是第三自然。時間是侷限性的，空間就是它的動作。

商品進入制度化所產生的各種形式，替人處理事物也都如同商品的要求，趨於規格固定化及合理機械化，進而使人的思想、意識、生活習慣都僵化、孤立化。這些將在以下分述。

4.2.2 意識的固定化

物化作用與人有直接關係的就是思想與意識兩方面。商品影響人的思想與意識並不是直接的，最直接的是商品的背後所帶來的服務事項。這些事務才是影響人類思維方式最深刻的核心。盧卡奇不但從勞動看出人之間的關係有了變化，並且也觀察到不再像以前那樣，未有頻繁的商品活動內容。反而都轉變成另一種實在性，似乎遠離了單純的生活事實。整個人的內外生活隨著商品活動也熱絡起來，一切事務複雜化和瑣碎化已經侵入了人的生活方式當中。似乎人人的生活也隨著齊一化，不能再有機會去過著魯濱遜式的獨立自主的生活方式。商品化產生標準化、瑣碎化之後，成為商品的勞動產品也因愈分殊，愈複雜化。因此，商品背後的事務，也跟商品的模式一樣了。

盧卡奇的三化論是由異化經物化直通事化的領域。尤其，更激起物化與事化相互作用的一起深化。因此，人類在認識環境上就愈感吃力，已無法去勝任「萬事通」的美名。物化與事化隨即帶給人類另一種專業化或專精化。這也就是由三十六行變成三百六十行或

更多種類的行業。這些現象是逐漸在深化當中。人已無法完全認識普遍的知識，都被侷限在片段分工之下的知識，人的成就也顯得愈來愈微不足道，這種感覺就更加使自己勞動產品的成就與功績異化了。

盧卡奇對受到物化的思想加以論述區分為，已物化思維方式和物化悟性的干擾。

1. 物化的思維方式

對於這個問題，盧卡奇提出的見解是，有一件事是不能用簡單的數量方式來處理，它含有兩個問題是：

⑴商品交換方式就是指一個社會的物質交換的支配方式。

⑵在受到商品支配影響之下，　產生一種已物化的現代思考習慣❽。

盧卡奇在此明顯指出，連現代思考習慣都無法避免不受到物化波及，理由就是一般的思考都受到商品的影響。然而，這種商品不是初期偶然出現的商品交換，而是屬於支配地位的情況。換言之，商品支配地位的影響下，除了社會物質交換的涵義之外，它也同樣對人的思考習慣都加以支配。商品帶來物化是表面的現象，商品所引來的後果是廣泛的，是真正具有影響力的。在盧卡奇的觀察，當代人的思考是無法用數量的方式。因此，受物化的現代思考方式，也是物化所支配的對象。

2. 物化的合理思考及悟性經不起危機的干擾

盧卡奇認為一向以物化的思考及已物化的悟性，當突然有危機發生時，即受到干擾。他的分析是：

---

❽　Ebenda, S. 258.

物的質之存有(das qualitive Sein der Dinge)，視為不能把握又要被排除的物自體或使用價值，都是在經濟生活的表面上。但是，人人可能把這種質的存有，就在經濟法則正常運作時，輕鬆地給予疏忽掉。然而，當危機（指經濟恐慌）一到時，則就顯得太突然了（就拿已物化的合理思想而言，就是一件突然的事），這種質的存有之狀態才成為決定性的因素。或比較好的說法是：危機的作用顯現在經濟法則不能運作之際，已物化的悟性(der verdinglichte Verstand)就不能夠在混亂之中發現到有什麼意義。[87]

從這一段分析吾人可以看出，已物化的思想及悟性，是與經濟法則正常運作時並存在一起的。當這些法則不正常運作時，正好是危機作用表現在這些物化的思想與悟性的時候。盧卡奇並不是注重這些危機因素，而是這些經濟規則。確切地說，質的存有在經濟法則正常時，很容易地被疏忽而不受重視。一旦面臨危機卻形成重要的決定因素。由此得知，已物化的悟性或思想，要在經濟法則正常運作時，才能相安無事存在，同時也是疏忽物的質之存有。因為，這個存有只在經濟生活的外表之上。

上述兩種已物化的思想與悟性，都受到經濟因素影響。也就是，它們的形成是基於經濟上的商品因素，而它們的存在也受到危機的影響。

盧卡奇談論物化意識的問題超過思想物化問題。在意識當中，他從物化意識的結構與物化意識兩個方面觀察。

---

[87] Ebenda, S. 281.

4.2.2.1　關於物化意識的結構

1. 物化意識沒有減弱反而增強

盧卡奇認為在官僚體系中，個別官僚遵守體系的要求，必須接受諸如：公正、榮譽等等。這些因素常常深入每位官僚的心靈。心靈與道德的領域，都是屬於意識物化的結構。官僚接受體系要求是被視為一種應絕對服從的責任感之觀念。爭取上司的讚賞是一種榮譽，上司也以耿直與公正為標準來處理事務，這些體系內的倫理道德，不但不被成員排斥反而爭先恐後，習以為常的遵守。因此，這種情況在盧卡奇的觀察，它並不是減弱物化，反而是增強物化。這種情形，盧卡奇稱之為「泰勒化的分工」。尤其到了資本主義制度產生以後，總括整個社會為統一的結構。此時，社會的統一意識結構接著產生，這表示分工制度更激起物化意識成長。

2. 透視物化意識的結構及其思維形式

盧卡奇認為想要透視物化意識的結構及其思維方式的物自體之最後痕跡，必須先有一種見解，那就是：

> 一種充份的、正確的意識是指：如要對它自己對象的改變，首先是在它自身中有變化。事實上，在無產階級看來，經驗規定的客體現實已分解為各種過程和傾向。這種過程，再不能重複地揭示蒙在這些過程上面的面紗，而是在矛盾和運動之間不斷地進行交替變化。這樣的無產階級就取代了那種真正的現實，也就是代表正在覺醒的歷史傾向。[88]

盧卡奇主張無產階級要能看透物化意識結構及其思維形式。最

---

[88]　Ebenda, S. 387.

主要是，無產階級如果要成為歷史的主體和客體之統一體，而期望
由這種統一體在實踐中，能夠達到改變現實的目的。為了實現這個
目的，就得懂得看透資本主義社會裡所呈現物化意識的結構。所以，
他指出這種意識結構面臨瓦解的其中問題：

> 只有在變化過程中的內在矛盾有被意識到的時候，這個物化結
> 構方可以被毀滅。只有當無產階級的意識能夠為歷史的辯證法
> 指出它客觀上所要走的路，且又不孤立無援地走這條路時，無
> 產階級的意識才會喚醒，成為一種過程中的意識。無產階級才
> 會成為歷史的主體和客體的統一體，就是這個統一體在實踐中
> 改變現實。[89]

改變現實之前，自己首先要有對意識結構有所認識，然後加以
毀滅而重建，如此才能掌握這個現實的傾向。

3. 共產黨的能動性

盧卡奇在自傳中一再表示，革命運動需要有黨的核心幹部領導，
才能夠成功地消滅資產階級。盧卡奇最大的長處在於，不斷地調適
他的理論體系與所觀察到的現實之雙重性。他不斷獲得各種充實理
論的成長之機會，也同時敢於參加活動，從中汲取實際經驗，再次
克服他的理論鴻溝。

這種相互作用的模式，就是智慧啟蒙加上親身體驗的綜合體。
為了指引無產階級走向資產階級社會的現實出路，他始終格外強調
不願離開共產黨的活動。尤其閱讀列寧的著作之後，更充實他這一
方面的理論。他強調無產階級的成功，必須靠共產黨的領導。他認

---

[89] Ebenda, S. 384.

為共產黨的特徵與功能是：

(1)它處於自發的行為與自覺的理論及遠見之間的新關係。

(2)它在於打擊和逐漸消除資產階級那種僅僅是思辨的物化意識之結構，以及事後的結構(post festum)。

(3)這種變化的關係在於：認清自己的階級地位的客觀可能性。這種階級地位中不再有事後的性質，其中已包含了相當正確的行動路線，這一切無產階級的階級意識，在其發展階段中都可以做到。

(4)由於無產階級本身的意識被物化，所以想要在客觀上獲得可行的階級意識和吸收階級意識的那種內在態度，那他就必須理解自己在經歷過後的直接經驗。就是每個個體中都保留著意識的事後特徵❿。

這些都表示共產黨組織具有能動性的雙重意義。即指代表無產階級意識的個人以及對歷史過程的影響，也就是人和歷史之間的具體仲介。

關於物化意識的結構，盧卡奇在談物化論之初，就先指出物化意識是資本主義的核心問題，從這個問題可以看出資本主義社會走向滅亡。他揭示物化意識結構的所在，進而分析由無產階級及共產黨扮演克服物化意識的角色。

4.2.2.2　關於物化意識

盧卡奇在分析物化意識時，整個關心的對象只限定在無產階級。他完全關切無產階級的意識，受到物化的結果及影響，卻沒有提到資產階級的感受。他分析的唯一結果是：資產階級的社會帶給無產階級一種束縛現象——物化意識。這種意識附著在無產階級的身上，打從開始就有了。因為無產階級是資本主義的產物，其次是與資產

---

❿　Ebenda, S. 494.

階級一樣無法避免物化意識的影響，而物化意識來自於資本主義體系。因為這一種體系具備有商品的特徵，所有社會生活與活動都與它有直接或間接的關係。

盧卡奇從不同角度，描述物化意識：

1. 資本主義具有不可抗拒的力量

盧卡奇認為資本主義的生活方式，具有三種不可抗拒的力量，即：經濟上的非人性、政治上的非人性以及文化上的非人性。他的理由是：

⑴在資本主義的客觀危機已成熟以前，資本主義仍有抗拒的力量。

⑵無產階級要真正獲得自己階級的意識，並且完全能夠認識這個危機。

⑶如果無產階級不能對總體批判，它們就不能成為一個優勢的否定者❹。

歸結盧卡奇的說明，就是只要有非人性的活動存在，它們的階級意識仍舊會被物化所束縛。盧卡奇這種物化意識，將會墜入「粗俗的經驗主義和抽象的烏托邦主義的兩種極端之中」❷。主要的原因是：

第一種情況：意識變成了完全被動的觀察者，它的活動完全地順從於它未曾能夠控制的規律。

第二種情況：他認為能憑藉著自己的主觀和意志，在本質上掌握客體無意義的運動❸。

---

❹　Ebenda, S. 252.

❷　Ebenda.

❸　Ebenda, S. 253.

盧卡奇指出這些資產階級的活動意義，是物化意識的出現與存在的主要因素。無產階級的物化意識，只要在資本主義社會裡面，就不可能有跳出的機會，也不可能批判它及意識到整體的階級意識的意義。

2. 商品的特徵作為物化意識

盧卡奇在說明商品的特徵時指出它有直接性，這種特性是商品把它自己完全顯示出來。每一件商品都具有一種商品性格，這種商品的商品性格(der Warencharakter der Ware)，「就是抽象數量形式的可計算性，它以最單純的形式出現」**❹**。這些現象使物化意識不能超越它的直接性。而且商品的特徵是資本本來直接性的表現形式。因此，在意識上就把這種直接性作為物化意識顯示出來。

3. 技術專門化與物化意識

盧卡奇認為：「技術專門化與直接性科學，撕碎了這個現實世界」**❺**。他在此提出一個科學問題：科學活動愈是發達與複雜，它就愈有系統。當然，在形式上成為許多不完整的規律、封閉的體系。事實上，科學發達所帶來的現象是分殊愈複雜。從整體看，它是撕碎整個形象。從部份看，它也是一個獨立的體系。技術專門化是科學所要努力的目標之一，它引來商品更加複雜化。這些技術專門化雖然直接影響商品的表面複雜與分殊。但是，它引導出商品背後的抗拒與順服現象，逐漸在激烈中。技術專門化具有廣化與深化之意義。

盧卡奇只提出形式上的封閉體系，並未注意到這種體系與其它體系的聯結關係。科技專門對人的心靈、意識影響，應該遠超過任

---

❹ Ebenda, S. 268.

❺ Ebenda, S. 280.

何形式上的現象，物化意識將隨著科技專門化而更為加深。盧卡奇認為它撕碎了整體的現實世界，這個現實世界就是他的觀察方法之基礎。因為，科技專門化是把世界現實拓展和加深，但不是原有整體的技術體系加以整合再拓廣。

綜觀上述盧卡奇對物化的思想、意識結構及意識，吾人發現到幾項特點：

1. 商品的交換變成支配地位，商品所涵蓋的是勞動產品後的物性。

這個物性迫使人類在思想上或思考方式，走向超人類所能控制物的普遍性，最主要是整個生活與商品交換結合在一起。思想被物化的人，已不能抵抗任何由商品交換所產生的各種方式。例如：無法抵抗經濟規則混亂的危機。這些人的悟性已僵化而不能思考，社會的現象與思想方式就會有彼此不相關聯或基礎動搖的情形發生，但卻成為他慣性思考的基礎。

2. 已物化的資產階級思想，從事實中建構其拜物的理論與實踐。

拜物需要教育與適應過程。無產階級是資本主義的產物，就是指漫長的教育過程的產物。這種產物是永遠不能脫離其生活的教育過程，只要這種社會存在，就無法避免它的影響。除非它已有一套取代教育的過程與環境，否則無產階級無法脫離這種教育過程。這些也證明盧卡奇所指出：無產階級在這個環境之中，有其不可克服及束縛的力量存在。

3. 物化意識結構在深刻的現實條件下繼續存在。

物化結構存在各種程度之中，這些經商品化所附帶形成的環境，都有種商品背後的基礎。按盧卡奇之見解：經濟、政治、文化的束

縛力量使無產階級無法抗拒它的非人性。

4. 科技專門化，使商品加速擴散與深化，意識物化程度因科學發達而定。

盧卡奇指出：因為在資本主義社會具有直接性，此特性是社會的組成部份，這些是近代科學造成的，無產階級所面臨的危機性就是這個直接性。結果在資產階級的各種科學的規律影響下，無產階級形成一種苟安的態度。一方面認同國家是一種理想，另一方面肯定它的文化作為判準。盧卡奇認定造成這種結果最根本是不能把握辯證法。

5. 思想與意識受物化之後，所受影響的來源，不同的是：思想就是指思考的方式(Denkform)、思考的習慣(Denkgewohnheit)。

造成思想物化就是商品在基於交換的地位。但是，它受到經濟危機干擾時，就連悟性都無法再認識原有的思考模式。盧卡奇也承認危機的衝擊是短暫性的、偶然性的，並不能根本動搖原有的思考習慣，故稱危機是突然的。意識是受商品的特徵，也就是它的可計算性影響，由於具有這種既抽象又是數量形式的可計算性，促使它以最簡單的形式表示出來。所以，物化意識是要把商品特徵看作是一種形式。思想與意識最大的區別是，在受到經濟法則變動之後，作立即反應首推思想方式，其次才是意識。

上述這些都是在人的身上有關的物化現象，除此之外就是表現在社會上的制度。盧卡奇觀察表現在資本主義社會制度有兩方面：國家權力，如行政官僚，以及法律制度的運作。這兩方面所表現出的形式，來自韋伯所說的合理化。就如盧卡奇所言：

　　資本主義創造了符合它的需求並與它自己結構相吻合的法律

制度及國家形式。這種結構的相似性之多，以致連近代資本主義真正有眼光的歷史學家都不能不注意到它。例如：韋伯這對發展的基本輪廓作了描述。韋伯描述合理化的結構，在其《政治著作全集》裡提出一句名言：「近代資本主義經營企業，在內部首先以計算為基礎。」⑨

　　盧卡奇對物化的社會現象描述，以韋伯的合理化及計算性為基礎，進而觀察國家權力制度的特徵，這些特徵將在下一節闡述之。

4.2.3　國家行政官僚與法律制度

　　韋伯的合理化是以計算為基礎。盧卡奇用這種計算基礎來描述近代國家的政治、經濟制度所顯示的現象。盧卡奇在觀察資本主義的現象，除了採用韋伯的合理化之計算性之外，他又一些獨到的見解。在未論及國家行政官僚及法律制度主題，有必要先瞭解盧卡奇對合理化之涵義，做一個詳述。因此，將分三方面來敘述：

4.2.3.1　盧卡奇對合理化的見解

　　對於合理化的發展基礎，盧卡奇在分析近代社會時，發現它已逐漸驅離於合理化之外，所以他追尋合理化之起源，即是勞動。這一觀點如同他在觀察物化現象前的商品基礎，是生產勞動產品的勞動一樣。由此，吾人可以說，對勞動的分析或為盧卡奇的物化論架構之總根基。

　　盧卡奇對勞動的分析不是著重在一般的勞動，或孤立的勞動或勞動的分配，而是「一種抽象的、平等的、可比較的勞動」⑨。具

⑨　Ebenda, S. 270.
⑨　Ebenda, S. 262.

有這些特性的勞動，盧卡奇認為它擁有另二種特徵，即「根據完成它的社會必要勞動時間，通過越來越精確的方法對勞動加以度量」[98]。

除此之外，另有一個特徵，盧卡奇說：

> 如果吾人遵循著勞動，在它的發展過程中所採取的，從手工業經過合作生產，和工廠手工業到機器生產的道路加以考察，我們就會發現存在著一種不斷地向著持續增加的合理化(eine ständig zunehmende Rationalisierung)發展。[99]

從這些描述，盧卡奇明顯地勾畫出合理化具備有兩項因素：即勞動加以度量和勞動朝向持續增加的合理化。盧卡奇的這些觀點與韋伯的合理化是相同的。

合理化變成機械化的問題，是在於工人的心理或心靈中的感受，這是起因於勞動過程。由於勞動發展，在不斷向一種持續增加的合理化之方向時，就有一種現象發生，就是：

> 工人的特性、人性和個人性格上的傾向，逐漸被清除掉。一方面，勞動的過程逐漸地分化為抽象的、合理的、專門的操作過程，以致工人失去了與最終產品的接觸，工人的工作被歸為一個專門的、固定動作的機械重複。另一方面，由於生產過程的機械化和合理化被加強，工人完成一件工作必要時間期限（這是合理化計算的基礎發生了轉變），開始只是一種經驗上的數

---

[98] Ebenda.

[99] Ebenda, S. 262.

字，後來變為一種客觀的、能計算的工作定額，使它作為一種
固定的和既定的現實與工人相對立。隨著對工人工作過程的近
代心理學的分析，這種合理的機械化被一直擴展到工人的心靈
之中。為了促使工人們的心理特性，結合到專門的合理化的系
統中，把他們的心理特性歸結為統計學上可行的概念當中。工
人的心理特性被這種合理的機械化過程以他的總體人格中分
離出去，並使這種心理特性與其人格相對立。⑩

盧卡奇在上面的說明中指出兩個特點：

1. 合理化原則乃建立在被計算和能被計算的基礎之上。

2. 合理化能具有最大精確性的含意。

把綜合體無誤地分解成它的要素，而達到控制生產的專業規律。
因此，盧卡奇總結一句話：「要是沒有專業化，合理化是不可想像
的。」⑩

吾人細想盧卡奇的描述，可以清楚瞭解合理化的意義：

(1)要是沒有勞動，就沒有合理化。這是很簡要的說明，勞動先
有可度量性，才有持續增加的合理化出現。這種度量方面被拿來計
算，另一方面更能被計算。也就是兩者都有共同基礎——可計算性。

(2)可計算性是從計算時間開始，這一點正如韋伯所指出的，為
提高生產工作效率，必須精打細算工作時間。另一種可計算性的特
點是精確度要高，進而能控制預算。

(3)工人的勞動產品被量化所掩蓋，它的成就已變為次要的，他
原有的人格、個性都會從他的勞動分開。

---

⑩　Ebenda.

⑩　Ebenda, S. 263. Rationalisierung ist undenkbar ohne Spezialisierung.

(4) 在心理上，合理化深入心靈之中，人格已不存在勞動中，工人活動如同事物，變成固定如機器之機械化。這些都表現在他們心靈的僵化之上。

(5) 專業化是合理化的先決條件。當社會變為資本主義化時，在生產過程中，專業操作技術的自主性，日益表現出來。其自主經濟的商品特徵也相對增長。

(6) 合理化在人身上表現出機械化，勞動者被結合到機械體系中的一個機械部份之上。人已不是工作關係上的真正主人。

(7) 當勞動如果逐漸合理化和機械化時，人在這個過程中活動力也就減少了。當人逐漸離開產品之時，也就是人開始疏離他們的勞動產品之際。

按盧卡奇的見解，資本家掌握計算性的原則去支配勞動者時，勞動者就會產生一些現象出來：

(a) 勞動者不能用自己的意志轉變合理化的機械體系；

(b) 勞動者必須順從這個體系的規律；

(c) 人的活動力減少，他的熱情喪失也越多；

(d) 人採取被動的方式對待他的對象；

(e) 人的意志淪喪日益加重；

(f) 人的沈默性格顯現出來⓿。

這些正表示出數量化的結果，時間表現出它代表一切。時間帶給我們是數量而不是質量的問題。這種問題正是使時間變成抽象的、精確計算的因素。由時間的特性，使得勞動在機械化及專業化生產之中，把主體與客體分開了。

因此，吾人歸結盧卡奇的合理化之特徵為：

⓿ Ebenda, S. 263ff.

1. 合理計算原則籠罩整個生活各方面

主要的依據以合理的計算來決定佔有或不佔有客體。盧卡奇強調：「當整個社會生活被分裂成為商品交換的孤立行為時，自由工人的本能出現。他們的命運成為整個社會中具有代表性的命運」❿。盧卡奇的說明正好表示，在社會上先有商品交換的孤立行為，才會出現自由工人，然後再有工業化之一系列勞動生產過程背景。

2. 精確計算的需要性

它主要是拋棄過去的經驗主義，認為傳統物只對經驗材料的依賴。也就是，在傳統和經驗辦事的手工工廠和科學的合理化工廠相對抗。

3. 合理計算的本質

依據盧卡奇的分析：它是最終建立在承認，並包括了某些不可少的一連串事情中的因果關係之計算基礎上。因此，人的活動不會超過經正確計算的先後順序之可能範圍❿。

4. 盧卡奇分析合理計算的實際架構

(1) 要服從嚴格規律；

(2) 要能預測所有發生的嚴格秩序❿。

這個規律的意義及來源，盧卡奇很有見解地認為：

> 各個孤立方面的生活合理化，導致產生各種形式上的規律。而且社會的真正結構更應該表現在這些獨立的、合理的和形式特殊的規律上。這些規律之間的相互聯繫必然是單純形式，而在

---

❿ Ebenda, S. 266.

❿ Ebenda, S. 273.

❿ Ebenda, S. 118.

這些具體關係被涉及到範圍內時， 它們只能建立起偶然的聯繫。⑩

盧卡奇的說明是：資產階級的自然規律，會迫使孤立的體系之間，作出偶然的聯繫並擠進個人的意識之中。這一點是相同於恩格斯，把資本主義的自然規律確定為偶然的規律一般。他們兩人都一致主張，在最正常的情況下所聯繫的各個因素和特殊系統之間的紐帶也是偶然。他們的目的是反對這種永久的、持續不斷的、鐵的規律。各個孤立的現象是因為產生在整個社會所呈現出來的合理化。這就是盧卡奇認為：

社會真正結構應表現在那些獨立的、合理的，與形式的特殊規律之上。這個規律的特性是由永恆的規律所分化的。⑩

由於合理化產生各種形式的規律，以及整個社會生活趨向於一個統一的經濟過程，受統一規律所決定。也就是說在這種社會生活，雖受統一規律支配，但各個是孤立的。勞動者勞動與其人格分裂，是由於勞動過程的機械化與標準化所產生。這種過程是由人先變為物，就是指變成市場上被一再反覆出售的物體。它的勞動就與其它商品對立，使其變成一個物或一件商品。

至此，吾人可以瞭解到，盧卡奇說明合理化的背景，是在資本主義制度建立以後，全部的社會生活變成統一的經濟結構，由這個結構產生統一意識結構。換句話說， 這些社會的結構就表現在獨立

⑩ Ebenda, S. 130ff.

⑩ Ebenda, S. 131.

的、合理的、形式的特殊規律之上，再由合理化產生統一體系。此時，自然規律就決定統一的經濟過程之每一位社會成員。

盧卡奇說明合理化的同時，提出一些相關的概念：在社會生活上有機械化、標準化、專業化、規律化與數量化，在個人上有原子化、孤立化。由這些特徵，吾人進而分析盧卡奇的官僚與法律的合理化。

4.2.3.2　國家行政官僚之合理化

盧卡奇的行政官僚合理化之分析是相同於韋伯的意見。因為，只有在現代的國家才有一種以商業為導向的特性。這種商業導向，既適用於現代國家，也適用於一個工廠[108]。這兩種範圍都有掌握經營的對象，一是掌管政治的主人，另一是企業家。他們的内部經營都以計算為基礎，他們的目的都是為了生存，建立一個司法和行政系統。這些系統的作用，除了有合理的計算之外，至少在整個原則上都有固定的規律可依循。相對地，凡是在合理的基礎上，一切不合理所構成的政治制度，也就不可能存在。

這兩種範圍基於精確計算的要求下，都拋棄那些憑經驗辦事和許多不合理的管理方法與那種在主觀上迎合大權在握的人之要求，在客觀上拘泥於手頭具體的傳統材料。就是要超越這種經驗主義的、具體的傳統模式。又基於可計算性及能被預測之基礎，產生出各種分門別類的範疇。這些是意指一切基於專業化的計算及技術性的分工管理與預測，所進行的科學工作。

在國家官僚體系運作的其中成員，盧卡奇稱之為「就像一部運轉的機器一樣」。他們呈現出來的現象是：「工作枯燥無味、千篇一律，這不只是一個完全機械、毫無主動精神，而且受到形式化和標

---

[108]　Ebenda, S. 123.

準化之牽制。他們在本質上，與官僚活動的事務愈來愈分離。這種非人道片面性的專業化愈來愈明顯。」[109]

　　盧卡奇也引用馬克思的看法：「勞動的分工朝向愈來愈精細和愈理智發展。但是，這種片面性就愈清楚。」盧卡奇在這方面就與韋伯強調的「提高生產效率目的」是不同的。

　　影響官僚體系內的官僚主義是指，在上層人員的耿直和公正，在下層人員的榮譽和責任道德的領域。這些意識形態的內容都深入到所有人的心靈與意識之中，也是他們所樂意追求的。盧卡奇把在官僚體系內已物化的人員也稱之為商品，這些人因而被機械化成孤立的人員，與工廠內的工人是一樣的情形，他們因勞動過程的合理化而孤立化。在官僚體系的上下成員都按照支配的規律，發揚其角色功能。

　　盧卡奇在描述官僚體系的合理化，完全著重在他的成員表現的現象。因此，歸結下列數項：

　　1. 機械化的過程，每一位官僚在運作過程中，出售他的勞力。這些勞動力在整個體系上是有規律的支配。每一位官僚像一部機器處理自己千篇一律的分工內容。這種合乎規律化的過程，使各個成員完全表現機械化的形式。

　　2. 個人孤立化的心靈表現出無主動的精神，只有按照標準化的要求執行自己的工作。

　　3. 在官僚體系內的成員，因制度的運作，要面對「自己業已事化的能力，而顯得無動於衷的人」[110]。

　　除了這些官僚成員表現合理化的現象之外，還有法律制度下的

---

[109]　Ebenda, S. 274ff.

[110]　Ebenda, S. 275.

法官之合理化。敘述如後。

4.2.3.3　法律制度的合理化

　　現代的商業國家除了需要合理化的行政官僚，也更要有法律的管理。就如盧卡奇指出：

> 現代商業由於他們的固定資本和精確計算，對法律和管理上之混亂問題特別敏感。它們只有在具有合理法律的官僚主義國家中方能出現。在這種國家中，法官或多或少是一部自動執行法律的機器。只要從這架機器的頂部把一份案卷連同必要的費用一齊塞進裡面，於是就可以從這部機器的下端取得所要的裁判書。這就是說，法律的所作所為，大體上是可以預先知道的。無論如何，　法律的體系在形式上都可以從中引出一般性的結論，以便適應在生活中涉及到各種可能的情況，並可以被預測及計算。⑪

　　就整個法律制度之運作，盧卡奇認為，「法律被看作是一種形式上的計算，　借助它特殊行動的法律結果，　能得到盡可能精確的確定」⑫。

　　從盧卡奇的描述，吾人可以瞭解其特徵是：

　　1. 法官如同機器，他仍要受到一套規律支配，進行固定式、標準化的作業程序。顯然盧卡奇並未提到過生產自動化與非人管理之下所完成的機器人控制機器的過程。但是，法官在整個法律體系之中，如一部大機器之小部份。也好比工廠的生產線上的作業員，承

---

⑪　Ebenda, S. 271.

⑫　Ebenda, S. 284.

接管理員的零件，按照技術專業化的要求，放在機器臺上處理，然後由另一邊取出階段性的成品。法官的作為，如同工人無主動的精神，如機械式的過程，完成被規律化的動作。

2. 法官的處理案件，可以像因果關係推衍出相對應的裁判標準。這些在衡量實情之後，選擇對應的法條過程，就是一種計算精確的標準化及可預測性的過程。

綜合以上所述，吾人對由商品及拜物教形成的物化特性之認識，一直到人的思想與意識的孤立化與固定化及國家行政官僚與法律制度的合理機械化，可歸結出下列數項：

1. 分析資本主義的社會之起點是勞動，盧卡奇之物化論是綜合許多人的重要概念加以整合而提出來的。

儘管採用別人的名稱，例如：席默爾的物化概念，在內容上借用黑格爾、馬克思和恩格斯分析英國社會之勞動概念，韋伯分析資本主義社會的合理化概念，恩格斯的辯證法之批判。但是，他並不是完全照單全收，他仍然有自己的見解與批判的地方。綜合這些別人的概念與自己的創見，才形成了他的物化論。

盧卡奇創見應是從他的事化觀開始。雖然有時等同使用馬克思的不同概念用字，但由物化推衍到事化的制度，其它人是未曾作過這樣的嘗試。勞動成為物化論的根源，不論表現在人的物化意識或在社會生活方式上，甚而是在各種制度的合理化，都先從勞動開始分析。也就是由勞動到物化、事化，以及勞動到合理化過程。

2. 由合理化衍生出來的相關概念

思想孤立化、勞動個人的原子化、制度成員的規律化以及制度運作的形式化、標準化與專業化。而整個社會的生活方式則是機械化、數量化。這些現象的共同性質就是：可計算性和可預測性。

3. 物化影響人的定位與其環境

盧卡奇的見解是:

(1) 人愈感到剝奪人作為人的本質這種已物化的社會制度愈深,那麼他所擁有的文化與文明也就愈多,同時愈不可能成為一個人。「自然」形成對抗機械化與非人化的容器。因為,自然與人為的結構對立,人類應瞭解自己仍保留自然的內在本質,或至少渴望再一次成為自然❶❸。

(2) 在社會生活事化與物化之後,資本主義的經濟關係已完全獨立,並成為一種獨立生活封閉的自我有效的體系。人在其中只是一個抽象數字❶❹。

(3) 現存人的自由,就是一種被財產物化與其本身物化所孤立的個人自由。這是一種相對於另外一個人來說的自由。這種自由在實際中,就意味著當今社會不自由的結構。只要它依賴於個人,就將永存下去❶❺。

4. 物化的倍增性與加強

盧卡奇提出三種情況的條件:

(1) 因自動拜物教與自行增值的貨幣存在,物化就倍增❶❻。

(2) 在主體本身的知識、氣質和表達能力變為自動發達作用的抽象機器時,這些特性與他們的人格疏離,人的聰明才智不再是他個人的有機部份,如同外部世界的那些可以佔有或可以拋棄、讓渡之物❶❼。

---

❶❸　Ebenda, S. 316.

❶❹　Ebenda, S. 290.

❶❺　Ebenda, S. 492.

❶❻　Ebenda, S. 268.

(3) 在危機時期，就有可能加強物化⑱。

凡涉及物化形式增加的情形，就一定增加物化的內涵。反之，減少了就是指其如堅果的內部空虛、外殼裂開。盧卡奇面臨這些物化現象，充滿社會整體生活的問題，他提出克服物化的意見，他的方向仍然不忘記歷史的趨向應以無產階級的角色為主，達到取代這種製造物化的資產階級地位。有關超越及克服物化的問題將在下一節細論。

4.2.4　物化的克服

在分析資本主義社會的物化問題之後，盧卡奇提出克服物化理論。資本主義帶給人類的結果，好或壞可謂參半。盧卡奇一向對它無好感，唯一的期盼是欲以無產階級取代這個社會的主人 —— 資產階級。資產階級與無產階級兩者都是承受這個社會所造成的物化難題。但是，這兩者抵抗物化的分析，盧卡奇是著重於無產階級的優勝條件，似乎對資產階級喪失任何信心。

無產階級並不因盧卡奇的評析，就顯示出它有強的抵抗能力。反而，這個理想所面臨的一些困境更讓盧卡奇倍加擔心與絞盡腦汁。因對他極力辯護與一再鼓舞無產階級發揮取代功能的角色。因此，盧卡奇克服物化的重心，就完全在無產階級身上。至於無產階級所指的是那些人呢？盧卡奇也沒有作一個明確的界定，他只是作了部份的描述。這一個描述是受到馬克思未曾對階級做過界說的影響。因此，就如盧卡奇所說：

---

⑰　Ebenda, S. 275.

⑱　Ebenda, S. 397.

正當馬克思將要給階級下定義的時候，他的這項主要工作被中斷了。結果，這個忽略對於無產階級的理論和實踐來說，造成了一系列嚴重的後果。因為，正好在這個極其重要的論點上，以後的無產階級運動對它的理解，不得不建立在自己解釋的基礎上，建立在整個馬克思、恩格斯偶然場合的講話基礎上，建立在對他們方法的獨立推斷和運用上。在馬克思主義而言，社會分裂成為階級，是由他們在生產過程中的地位所決定。⑲

盧卡奇在這段話中正好提出他如何處理這個問題的依據與方法。甚而顯示出他所應該肩負的任務與扮演的角色，同時也指出一個方向、一個生產過程。

盧卡奇解決物化的問題，實際上就是要解決無產階級所面臨的物化問題。他依序探討無產階級及它們的階級意識問題，進而再分解這個受物化的意識問題，也連同未來無產階級在歷史上所擔任的角色功能尤其是歷史的主導功能，也都一併處理。在盧卡奇的認為，無產階級的特徵如下：

歷史的發展是無產階級在時間上的根源。因此，盧卡奇先從歷史推論，替無產階級找合理的根源。他首先批判德國古典理論與英國經濟理論，而贊同馬克思的批判哲學，這個哲學正好表示歷史的批判。盧卡奇的歷史觀是：

1. 歷史批判在於廢除社會制度。

2. 它揭示了社會制度之歷史起源。

3. 它證明社會制度的每一方面都服從歷史⑳。

---

⑲　Ebenda, S. 218.

⑳　Ebenda, S. 219.

由歷史批判為起點，到劃出歷史的特徵：

1. 歷史不把自身分解為內容的、人類的、與社會的進化。

2. 歷史的目標不追求這種社會制度。

3. 歷史恰好是這些制度的歷史。

4. 歷史把人們集合在社會中的制度經歷過變化而成歷史。

5. 如馬克思所言，以前是有歷史，現在再也沒有歷史了[121]。

盧卡奇認為這些主張是不同於資產階級的歷史解說，它們是：

1. 歷史作為永不變更的客體對象，自然規律的客體永恆的表現出來。

2. 歷史成了殭屍。從一種形式主義的角度出發，無法理解社會歷史制度的真正性質，是由人們之間構成的。人們背離了理解的真正起源，又割斷了同歷史起源的聯繫。

3. 歷史變成盲目的力量、非理性的統治。這種統治方式，只是體現在人的精神或偉人之中。這種歷史只能被描述，而不能被合理認識。似乎歷史是一件藝術品，它唯一的合理部份是帶有美的色彩[122]。

盧卡奇除了歷史的比較分析之外，接著析論階級與階級意識的概念，以便為無產階級在資產階級社會與歷史中，能夠凸顯出它們的功能。對階級的描述，就是基於他自己在前面所述「對無產階級運動之理解，必須建立在自己解釋的基礎上」。因此，他的階級與階級意識的說明是這樣：

1. 階級

「按照歷史唯物主義的方法，階級只能從最接近的、特定的歷

---

[121] Ebenda, S. 220.

[122] Ebenda, S. 62ff.

史現實中推理出來」**[123]**，因此「一個階級的命運取決於它的解釋和解決歷史所面臨問題的能力」**[124]**。

2. 階級意識

它的存在是因為，它對於生產過程中，所處的特殊典型的地位，作出恰當和合理的反應。因此，階級意識既不是組成階級中每個人的思想和情感的總和，也不是它的平均數。但是，整體所起的階級作為具有歷史意義的作用，終究依此種意識確定下來，而不是根據個人的思想來確定**[125]**。

按照盧卡奇的說明，他把階級、階級意識與歷史以整體方式來觀察，並形成直接的關係。他在論無產階級克服或超越物化的難題時，是從它所在的資本主義社會與資產階級並存之中，進行各種互動的過程為起點，最後順利的脫離它的規律束縛，同時建立無產階級自己的價值體系。

去除物化特性的束縛，是盧卡奇分析這個問題的首要工作。簡言之，克服工作就是指消除無產階級所面臨客觀因素的來源及其相關的條件。也就是說，盧卡奇強調的是，只要克服物化問題，無產階級未來所要走的歷史之種種困難都可迎刃而解。他為預設無產階級社會的天堂而運作。

以下吾人將探討克服物化的過程：

1. 批判物化的客觀條件

盧卡奇認為，如果無產階級要批判與否定資本主義，就得要符合兩個條件：

[123] Ebenda, S. 232.

[124] Ebenda, S. 226.

[125] Ebenda, S. 224.

⑴資產階級的危機存在才帶給無產階級對資產階級的批判時機與依據。

⑵在客觀危機成熟時，無產階級才能完全認識階級意識。

2. 無產階級的批判目標及成功的條件

⑴不是針對資本主義某些部份的否定，而是對它整體的批判。如此，才可達到徹底的優勝批判者。

⑵在無產階級的意識形態尚未建立之前。

⑶真正理解無產階級的階級地位。

⑷要獲得真正的階級意識❿。

依照盧卡奇的主張，如果缺乏這些條件，無產階級將失去批判的起點與環境，所以吾人要探討的問題是，無產階級如何取得這些條件？是否有能力去獲得？假如按照盧卡奇的說明，就只有等待。等待資產階級的內在矛盾造成的危機因素格外明顯，而無產階級要有自覺，並認識自己的地位。

3. 盧卡奇依據馬克思所指

意識在歷史的作用，就設想意識是歷史本身所固有的，而不是在歷史的真實過程以外。它一定是由哲學家介紹到這個世界來。馬克思把費爾巴哈所說的世界，僅看作是發展的一個階段，就是資本主義社會的階段，它與意識的概念相對立。馬克思提出，真正推動歷史前進的就是歷史本身❿。

4. 理論與實踐統一的階級意識之階段

盧卡奇認為這種統一階段就是在每次鬥爭中，階級意識對歷史過程進行直接干預和對物化的實際認識。這種情形不是在片刻中發

---

❿　Ebenda, S. 252.

❿　Ebenda, S. 254ff.

生的[128]。

前三、四項的說明是分析無產階級剛開始成為資本主義的產物時，未深具有任何的發展性質。歷史發展是在於人類的意識方面，而意識又是歷史本身所固有的。因此，歷史就是：在人類本身所具有的意識。只要掌握意識，就是推動歷史的主角。任何階級欲使歷史有所發展，就要發揮階級意識。但是，無產階級所處的狀況，是尚未充份發展的階段，這表示它未具有深入的階級意識，以至於未能發揮推動歷史的功能。

盧卡奇認為要推動歷史所具備的先決條件是：無產階級的階級意識之轉變可能性。如果，原來未發展的階級意識不能轉變，則表示無產階級永遠處在受物化束縛的狀態。反之，則能脫離這種困境。所以，無產階級需要克服它的內部轉換。這種轉變現實的可能性才是發揮階級意識的基礎。

轉變現實之可能性乃在於尋找解決現實問題與意識形態危機的辦法。由於資產階級的經濟危機帶來意識形態上的危機，所以，解決現實經濟危機，就表示同時克服意識形態的危機問題。

盧卡奇一再指出，在未克服問題之前，如抱有任何幻想的話，則將有苦於無產階級的意識形態。因為，它有一段相當長的道路要走。就是指，待解決與克服的問題仍舊很多。其實也就是資產階級現實經濟的危機問題及其意識形態危機的問題，甚至是無產階級意識形態的問題。因為，意識形態是資本主義社會的特殊問題，也是根本問題。無產階級要觀看其滅亡的過程，就是指要以無產階級自己的意識形態戰勝資產階級的意識形態。盧卡奇提出加速無產階級的意識提昇，是要有一個組織——工人委員會和共產黨。

---

[128] Ebenda, S. 254.

5. 工人委員會是克服物化的組織

盧卡奇提出其五點特性說明：

(1)如果忽視在無產階級內部所具有的力量，將是一件不智之舉。因為，這些力量正趨向於意識形態戰勝資本主義的道路。每一次無產階級革命都在一種愈來愈激進和自覺的方式產生了工人委員會。當這種武器的力量增加到能使它達到成為國家組織的時候，這就表示無產階級將拋棄它的領導人之見解。

(2)工人委員會是無產階級的意識，是從開始就一直力爭的形式之一。它的存在和不斷發展，就表明了無產階級已經站在它自己意識的門檻上。

(3)工人委員會意指無產階級在社會上和經濟上可以戰勝物化。接著下來是無產階級專政時期，它將消除資產階級所實行的立法、行政、司法三者分離的狀態。

(4)在爭取領導權的鬥爭中，它更有雙重的使命。一方面它必須克服無產階級在時間上和空間上的分裂。另一方面，它必須把經濟和政治引至實踐無產階級的實際綜合之中。

(5)工人委員會有助調和無產階級的直接利益，與最終目標之間的辯證關係❷。

由上述五點說明了工人委員會與無產階級的關係，以及協助無產階級戰勝物化的過程。它的目的有兩點：

(a)克服資產階級這個競爭的對手。因為，資本主義社會有兩個產物：資產階級與無產階級。這兩個階級各自形成不同的階級意識。

(b)克服內部敵人。這個敵人就是指：無產階級在資本主義社會裡受到物化的階級意識。

❷　Ebenda, S. 254ff.

6. 無產階級要充份的認識物化形式，並打開這條道路，才能將它們納入辯證的總體性之中。

盧卡奇認為：

> 資產階級社會固有活動的優越性表現在：它能把社會的總體性看作是具體的、社會的總體性。它能把物化的形式看作是人與人之間的過程來加以把握。甚至在抽象存有形式的矛盾中，僅以否定的方式所發展的內在涵意來積極抬高意識而轉化到實踐當中。**⑬**

其次，盧卡奇又指出：

> 只有當無產階級的意識能夠為歷史的辯證法指出它在客觀上所必須走的路時（不是孤立無援的走這條路），無產階級的意識才會喚醒成為一種過程中的意識，無產階級才會成為歷史的主體和客體的統一體，這個統一體在實踐中將改變現實。如果無產階級沒有做到這一點，那麼，矛盾將得不到解決，而且，因辯證法的機械歷史及這些矛盾，都在更高的層次上以一種未變的形式或不斷強化的方式重新產生。**⑬**

在這裡所提出的總體性，盧卡奇認為它是一個範疇的問題，也是一個革命行動的問題。這種解釋就是引導無產階級走向革命的道路。所以，他主張，「隨著社會不斷的進行資本主義社會化，越來越

---

⑬ Ebenda, S. 385.

⑬ Ebenda.

有可能把每個具體事件內容結合到內容整體性中。其關鍵是應該有一種對總體性的渴望」⑬。由總體性導引出另一個關鍵問題，就是主、客的統一體。它的實現就是指社會歷史的同一主、客體真正完成。

7. 揚棄所有物化的形式

盧卡奇針對於達到這個目的，而提出的意見是：

⑴ 無產階級的階級意識和它的社會歷史地位之間，是處於相互作用之內在的辯證過程。

⑵ 無產階級是社會歷史的同一主、客體。

⑶ 無產階級面向實踐才能克服物化。

⑷ 沒有一個孤立行為可以一舉消滅所有物化形式。

⑸ 只有通過歷史的辯證法和歷史過程的實質才能粉碎物化。

⑹ 辯證過程中的客體，只有經過艱苦的歷程以後，才能擺脫其物化的形式⑬。

8. 保證整體人性脫離物化的共產黨

盧卡奇認為從人的整體性出發是朝向消滅人類意識物化的方向邁進。因為，唯有這樣才能確保整個人性遠離資產階級不自由的虛假意識。在實踐的運動中，唯一走向真正自由的路是，無條件的吸收每一個成員的所有個性，共產黨的紀律才是唯一有可能達到真正自由的途徑。紀律是黨的徹底實踐問題，也是革命歷史中最重要的思想問題之一。

綜合以上盧卡奇所述的內容，吾人可以瞭解他分析克服物化的方式。但是，吾人在此發現他討論的要點：

第一、歷史問題：即指歷史的真正性質和真正起源，是在其過

⑬　Ebenda, S. 386. 並參閱其註解。

⑬　Ebenda, S. 394ff.

程中，意識所起的決定性作用。因為，他認為在不同的經濟發展階段，意識反映乃是一種重要的歷史問題。歷史的本質主要在於改變結構形式，當人與其環境產生互動關係，當人的內、外生活受到侵蝕時就發生了結構的變動。

歷史的變遷是質的，它只表現歷史事件質的單一性或時代的個體性。單一歷史過程變成具體的，主要是因為資本主義標示所有真正個體間質的差異，再把每一件事都物化，化約成為已計算的時代本質——商品。如吾人已知的資產階級社會的結構形式就是商品形式。這種資本主義的特殊性，作為一個時代決定或區別另一個不同質的時代。商品在這種社會裡，成為一種普遍的範圍，等同對應工人命運變成整個社會的普遍命運。商品關係引起彼此疏離的異化現象隨而凸顯出來。在資本主義之下，人性是被拋棄的，物化已不再是單獨成為勞動階級的專利品。

第二、意識的問題：實踐必須看作是總體性的一部份。因為，總體性就是指革命行動。無產階級意識是由體系的數量之合理化走入個別自我意識的質的個體性。這個個別的自我意識是實踐的，它涉及到自由主體的實踐。這種勞動者變成商品，也就是勞動者的自我意識是商品的自我意識。

自由工人的實踐再次走入物的世界，這些過程是一種改變與創造的過程。自由工人出現在工業化社會，所帶來的是改變與改造這個社會的歷史。

吾人從物化的特性論述它的作用及具體的現象，無論在行政或法律制度上的合理化，一直到盧卡奇的克服物化分析，將獲得概括性的瞭解。吾人勢必要對物化論進行批判性的探討，以求認識物化論產生及建構的基礎。這些批判將在下一章討論。

第五章　盧卡奇三化論之批判

　　吾人欲深入瞭解三化論理論之體系，必須採取批判性的認識途徑。盧卡奇的三化論體系誠然可稱為宏觀的體系，而且，他因建構基礎之穩固及其理論之深遠堪稱為當代西方馬克思主義之父，甚而引起學者們的崇仰與研究。但是，這個三化論的分析的確有加以批判及認識的必要。

　　對於資本主義社會的觀察與研究，雖然有許多學者盡其畢生研究而得出輝煌的成就，但是，能像盧卡奇這樣經歷各種的政治活動後的體驗，以及取得學位後再向當代知名學者求益的過程，最後以其救世主義的心態，完成這一部曾經讓共黨國際憤怒，又讓青年學者模仿，甚至讓無產階級可奉為圭臬，尤其當做口號的偉大著作，實屬難得。

　　為了批判與討論三化論的核心，　吾人針對上一章的主要論點——資本主義與三化論的理論關係以及受物化後的意識結構提出批判。因此，本章將分三部份來討論與分析。一是分析盧卡奇的批判觀；二是批判盧卡奇的資本主義觀；三是批判盧卡奇的三化論之意識觀。

5.1 批判與盧卡奇的批判方法

為認識盧卡奇的批判方法，首先必須探討批判的意義。因此，吾人將進行釐清「批判」的概念和盧卡奇之批判原則與精神兩部份來說明。

5.1.1 批判的意含

批判原則的建構與運用是隨時代的演變，而賦予不同的意義，甚至也因人而異形成獨特的詮釋意含。因此，本文將分兩點來敘述如下：

5.1.1.1 批判的根源

「批判」一詞在西方各種語文都有相對應的字❶。它的起源相當早，始自古希臘時代一直到康德的這段時期，批判概念的指涉意含都有顯現出一些演變。

「批判」淵源於希臘自 Κριτικη (sc. τεχνη)，有兩方面的意義，一是指抽象的：熟練、技能、本領、訣竅、妙法、技巧等。另一是指具體的「藝術品」❷。它在術語的運用上，尚未與其字根如κρισιζ

---

❶ 德文→ Kritik，希臘文→ Κριτικη，拉丁文→ iudicium 或 critica 作形容詞，義大利文→ critica，法文→ critique，西班牙文→ Critica，英文→ criticism；Critical analysis or critique.參考*Historisches Wörterbuch der Philosophie*, Hrsg. von Joachim Ritter u. Karlfried Gründer, Band IV (Basel: Schwabe & Co. Verlag, 1976), S. 1249ff., und sogar *Kritisches Wörterbuch des Marxismus* , Band IV (West Berlin: Argument-Verlag, 1986), S. 734.

❷ *Griechisch-Deutsches Wörterbuch*. Hrsg. von Wilhelm Gemoll

一起共用。在政治論理方面所表示的意義是判斷(beurteilen)、區別
(entscheiden)。 可是在一般不同感覺判斷或思考行為上都超過這兩
個意義。在希臘時代有一個相關字κριτικός，表示有能力判斷與裁
決。它的特殊意義尤其在哲學上的運用更加確定。在古代的拉丁時
代，criticus 都超過哲學上與醫學上的使用範圍。到了 16 世紀一般
語言的使用上更加擴大這些範圍❸。

　　自古以來,「批判」這個詞也用來描述這些在各方面普遍接受教
育的人（但不是指科學家），在一定範圍內的判斷。這些都是屬於他
們所專指的或所侷限的範圍。亞里斯多德曾經就此判準區別那些普
受教育的通才和科學家，而柏爾曼對「批判」詞的描述，他指出：

> 面面俱到的通才，依吾人的判斷可以說是，對各種問題都能批
> 判的人。這些差異一直擴大到文藝專欄的方向及當代報紙的政
> 治評論，這些評論在今天以特殊的尺度而言，都成為批判的表
> 演地方。早從 17 世紀之初以來，所顯示的，都把已受教育者
> 加以批判。尤其從啟蒙運動與法國革命運動以來，新聞自由性
> 更顯示出報紙普遍成為批判的突出機關。它們敘述與形成公眾
> 意見及檢視政治與一般文化的事件。❹

　　從上述的內容看,最早的批判只用在哲學、醫學和一般用語上。
它們的涵義範圍只侷限於判斷。因此，早期指涉的方面是比較具體

　　　　(München/Wien: G. Freytag Verlag, 1988), S. 737.

❸　Joachim Ritter, ebenda.

❹　*Handbuch Philosophischer Grundbegriffe*. Hrsg. von Hermann Krings,
　　Band II (München: Kösel-Verlag GmbH & Co., 1973), S. 807.

的，逐漸由具體的運用、技術領域的使用而進入抽象方面的通用之批判。簡言之，由專業走入普遍化的應用，其字義也提昇到大眾化的使用。因此，批判除了是一種工具意含之外，同時也是社會詮釋的判準。在要求與產生真理方面，它是一種思想的運動，甚至以一種規範來判斷某些相關的東西。在哲學上，它是新時代的概念。而且，從開始以來它就作為推動的激因(treibendes Motiv)❺。所以，從康德的著作《純粹理性批判》以後，人類社會便開始重視批判的呼聲。

5.1.1.2　批判的種類

1. 實踐的批判(praktische Kritik)：這是指凡有批判，就有產生應該或當為的價值問題。吾人首先在倫理實踐上發現批判的應用。例如，亞里斯多德描述倫理關係的結構。這種描述的目的，無論在決定或選擇方面，是要具體的把批判當作為領悟性(Verständlichkeit)、區別(Unterscheidung)以及從道德上的審視與機靈導引出正確合理的判斷。也就是相當於另一個德文字：周密慎思(Diskretion)❻。因此，在實踐上，凡是判斷就是批判。它涉及到規範以及由外判斷整個實踐的問題。

2. 技術的批判(technische Kritik)：批判始終都是一種走向真理的方法，批判是要在具體的推動下開始的。一個有作用的批判應該是一種科學，能被理解為一種方法，是由反映表現出其確切性開始的❼。

3. 科學的批判：大部份是作為方法的批判，是一種確保科學進

---

❺　Ebenda, S. 810.

❻　Ebenda, S. 812ff.

❼　Ebenda, S. 815ff.

步的作法。

4. 社會的批判：諸如：意識形態的批判，完全針對那些公正的社會關係或不合理的制度及其運作而加以評估、衡量。

5. 文化批判： 這種批判所提出的問題是從異化(Entfremdung)的形式開始。這個異化的形式，是處在技術較差的文明之中。而文明是按照人類的解放的或傳統文化與社會的理想所產生的❽。

上述五種批判的分類，是基於批判的功能及範圍加以區分。吾人只著重批判之根本意義及使用之目的。也就是，作為一種方法來加以使用，並把握其原來意義。

馬克思與馬克思主義者對「批判」也有他們的界說，這些界說有其淵源，分述如下。「批判」這個詞在技術上可追溯到人道主義，它表示對希臘羅馬古典哲學著作的研究。就這一點而言，馬克思的博士論文就承接了這個意義，成為他建構體系的要素。有關馬克思之批判觀念的探討，吾人必須追溯到黑格爾的批判意義及馬克思對黑格爾批判的意見，再由他們兩人的見解來探討盧卡奇的批判概念。

5.1.2　黑格爾的批判

黑格爾的批判概念有許多用法：

1. 要求批判作為一種判斷的尺(Kritik fordert einen Maß-stab)。

2. 作為哲學批判(als Philosophie)。

3. 作為客觀的判斷(objektive Beurteilung)之批判。

---

❽ *Lexikon zur Soziologie*, Hrsg. von W. Fuchs, R. Klima, R. Lautmann, O. Rammstelt, H. Wienold (Opladen: Westdeutscher Verlag GmbH., 1988), S. 436.

4. 悟性形式的批判(die Kritik der Formen des Verstandes)。

5. 客觀邏輯作為形而上學的批判(die objektive Logik als Kritik der Metaphysik)。

6. 內在生活當作批判的原則(das innere Leben als Prinzip der Kritik)之批判。

7. 歷史的描述(kritische Geschichtsschreibung)之批判。

8. 較高的批判(höhere Kritik)。

9. 康德哲學就是批判哲學(die kantische Philosophie ist die kritische Philosophie)。

10. 批判認識能力(Kritik des Erkenntnisvermögens)❾。

黑格爾在《歷史哲學》一書中，觀察歷史，分為三種：

⑴ 原來的歷史(die ursprüngliche Geschichte)。

⑵ 反映的歷史(die reflektierende Geschichte)。

⑶ 哲學(die Philosophie)❿。

黑格爾在這三種歷史之中，對於第二種歷史的分析，他認為：「反映的歷史之中的第三種方式就是批判。它是一種歷史的歷史，是一種判斷歷史闡述與研究它的真理與可信度。」⓫至於前面所述，較高的批判之問題，黑格爾指出：

---

❾ G. W. F. Hegel, *Werke* Band XX (Frankfurt am Main: Suhrkamp Verlag, 1986), S. 359.

❿ G. W. F. Hegel, *Vorlesungen über die Philosophie der Geschichte*, Werke 12 (Frankfurt am Main: Suhrkamp Verlag, 1986), S. 11.

⓫ Ebenda, S. 14ff. 在第二種反映歷史，包含有四類：第一類是一般的；第二類是根據事實的(pragmatisch)；第三類是批判的；第四類是當今的。

就吾人而言，所謂的哲學之批判，是如同歷史書籍所克服的情形相似。這一個較高的批判顯示其合法性為所有可能非法歷史的想像力之惡果尋找出路。⑫

綜合以上所述，黑格爾的批判分析都指涉到「判斷」的意義。

5.1.3 馬克思的批判

對馬克思來說，黑格爾的辯證法，就是所有辯證法的基本形式。但是，只採取已拋棄神秘形式之外的部份。就如馬克思寫給在漢諾威的庫格曼的信說：

> 我的發展方法並不是黑格爾式的，我是唯物主義，黑格爾則是唯心主義。黑格爾的辯證法是所有辯證法的基本形式。不過，他只採取已經去除神秘形式之外的部份。這正好與我的方法有所區別。⑬

對馬克思來說，黑格爾的完整體系之偉大在於，黑格爾是站在現代國民經濟的立場。黑格爾把勞動當作本質來看。因此，馬克思的批判就從黑格爾的現象學中，找到批判的因素。馬克思在〈對黑格爾辯證法和一般哲學的批判〉一文中，提出了以下的見解：

1. 吾人要弄清楚，這個在黑格爾那裡還是無批判運動的批判形式，我們如果想瞭解黑格爾的體系，就必須先研究黑格爾的《現象

---

⑫ Ebenda, S. 18.

⑬ *Karl Marx, in seinen Briefen*, Ausgewählt von Saul K. Padover (München: Verlag C. H. Beck, 1981), S. 275.

學》。這是黑格爾哲學的真正開端⓮。

2.《現象學》是一種暗含有自身仍模糊不清的，並帶有神秘色彩的批判。但是，既然《現象學》緊緊抓住人的異化──如果人是以精神的形式出現的話，那麼，在精神的形式裡就潛藏著批判的一切要素。而這些要素往往已經具備有完善的和成熟的形式，遠超過黑格爾的觀點⓯。

3. 黑格爾站在現代國民經濟學家的立場，他把勞動看作本質，看作人的自我成就的本質。他只看到勞動的積極面，而沒有看到勞動的消極面⓰。

這是馬克思在《1844 年手稿》中所發表有關批判的見解，並證明它來自於黑格爾的批判觀點。

其次，就是在《黑格爾法哲學批判》的導言中，馬克思指出：「就德國來說，對宗教的批判，實際上已經結束。而對宗教的批判是其它一切批判的前題。」⓱

由前述看，吾人就可以探討馬克思的批判意見。他認為：

> 批判並不是理性的激情，而是激情的理性。它不是解剖刀，而是武器。它的對象就是它的敵人。它不是要擊倒敵人，而是要消滅它的敵人。批判沒有必要表明自己對這個對象的態度。因

⓮ Karl Marx, *Pariser Manuskripte ― ökonomisch–philosophische Manuskripte aus dem Jahre 1844* (Westberlin: Dietz Verlag, 1985), S. 117.

⓯ Ebenda, S. 119.

⓰ Ebenda, S. 120.

⓱ 《馬恩全集》，卷 1 （北京：人民出版社，1965 年），頁 452。

為，它已經清算了這個對象。批判已經不是目的的本身，而是一種手段。它的主要感情是憤怒，主要的工作是揭露。 ⓲

從這一段話就可以清楚的瞭解馬克思的批判概念。簡言之，就是從根本上徹底廢除它們要反對的對象。在這裡馬克思所說的徹底(radical sein)概念就是：

> 理論只要說服人，就能掌握群眾，而理論只要徹底，就能說服人。所謂徹底，就是抓住事物的根本。而人的根本就是人的本身。德國理論的徹底性與其實踐能力的證明就是：德國理論是從堅決徹底廢除宗教出發的。對宗教的批判最後歸結為，人是人的最高本質。這樣一個學說。 ⓳

這一個「徹底」概念，就是在 1923 年被盧卡奇引用，作為物化文章的開端引句 ⓴。

由此看，馬克思與盧卡奇兩人在處理資本主義社會的問題之態度，無不共同採取否定既存的事實與價值，尤其要徹底從根本廢除一切建設。這種情況在於他們兩人都採取同樣的批判方法。他們的批判常常是不先直接論證對象的內容，而是先對處理爭論的問題所使用的方法加以批判。換句話說，方法上的問題先於爭論的內涵。

他們兩人所使用的方法都可以追溯到黑格爾的方法 —— 辯證法與批判。從上述的批判概念來看，馬克思的意見足以引起吾人注意

⓲　同前書，頁 455。

⓳　同前書，頁 460–461。

⓴　Lukács, ebenda, S. 257.

的有兩方面：

1. 對任何所要批判的對象先作徹底否定的方法，看是否正確與適宜。當然，批判一個問題的方法是有很多種，但根本的考慮在於應該選擇那一種方法，才能真正把握到問題的核心。如果，在論證某一個問題之前，不先澄清或比較方法的適宜性，其結果就有可能出現誤導與偏離的現象。馬克思的批判能避免這種現象的發生嗎？

2. 因批判而取代之物，能否接受同樣的反批判？這些例子可由馬克思與盧卡奇的著作得到說明。馬克思以批判為名義的著作有十種之多❷。但是，盧卡奇的所有著作中雖然僅少數有批判的書名，但卻有三次被迫發表自我批判與書評，也顯示其富批判的精神。

5.1.4　盧卡奇的批判

「自我批判」是在布爾什維克黨與共黨國際成立以後，才開始存在。盧卡奇曾經面臨三次的自我批判：

1. 1929 年，發表〈言明〉因 1928 年的〈布魯姆提綱〉(Blum Thesen)，不滿史達林的高壓政策。

2. 1933～1934 年，發表〈走向馬克思之路〉。以及 1923 年的《歷史與階級意識》，以黑格爾的方法，批評當時基於恩格斯的自然

---

❷ 馬克思與恩格斯兩人著作有關「批判」如下：馬克思著，《黑格爾法哲學批判》；《黑格爾法哲學批判導言》；《對奧地利在克里木戰爭中的立場的批判》；《政治經濟學批判》；《歌達綱領批判》；《資本論》(政治經濟學批判)，卷 1、2、3。馬克思、恩格斯合著，《神聖家庭，或對批判的批判所的批判》；《德意志意識型態》(費爾巴哈、布·包威爾和施蒂納所代表的現代德國哲學以及各式各樣先知所代表的德國社會主義的批判)，卷 1、2；《法國作戰方法的批判》。恩格斯著，〈政治經濟學批判大綱〉；〈1891 年社會民主黨綱領草案批判〉。

辯證法的共黨國際之哲學問題。

3. 1949～1950 年，發表〈批判與自我批判〉，該項文件是由於盧卡奇被匈牙利的文化部長李文(J. Revin)批判他自 1939～1949 年的著作所引起的❷。

當 1951 年在第一次匈牙利作家會議上， 盧卡奇遭到嚴厲的批判，盧卡奇才不得不退出政治生涯，轉入撰寫有關非理性、理性的破壞等著作。這些自我批判的事件， 一直到 1952 年史達林逝世之後， 盧卡奇才在 1956 年撤回過去的自我批判並獲得復權與平反。

所謂的自我批判是無明確的範圍，它的現象是，當有新的當權者出現時，就進行審判失勢的人。受到批判的對象包含了人與集團。它批判的原則有四項：

1. 嚴重偏離黨的路線。

2. 在領導上或工作上有錯誤與缺陷。

3. 對團體的行動或制度有錯誤的態度，或個人的錯誤聲明。

4. 不包含任何政治意義和性格上和道德上的缺陷❷。

盧卡奇自從參加匈共黨的活動以後，就與批判結了緣。因為，黨的活動常會面臨許多推行的困難，甚而失敗的命運，這些都會引起檢討與批判的結果。 盧卡奇在著作上最早的批判是 1923 年出版的《歷史與階級意識》。他在這本書中，提出許多批判，尤其是當時思想上的問題。例如在〈1922 年的序言〉中就明白表示：

1.作者寫了一些由黨的實際工作而產生嘗試性的文章， 其目

❷　國松孝二等編譯，《盧卡奇之研究》，頁 IV–XI。

❷　*Sowjetsystem und demokratische Gesellschaft*, Band III (Freiburg Verlag Herder KG., 1966), S. 1124ff.

的是為了澄清作者和他的讀者頭腦中的那些革命運動的理論
問題。

2.只有通過批判，才能對盧森堡(R. Luxemburg)一生的理論
事業獲得一個真正革命的共產主義和馬克思主義立場之認識。

3.這本書的真正目的是在使辯證法的問題作為現存的緊急問
題，而成為討論的焦點。如果，這些論文提供了這種討論的開
始或者只提供了真正有益的討論辯證法的一種社會方法。如果
他們的成功，使辯證法被人們再次認識，則將完全發揮了它們
的作用。❷

　　這些說明即表示盧卡奇批判的原因和依據的基礎，也表明了他
的立場。至於批判的對象與方法則歸結如下：

　　盧卡奇在〈1922 年的序言〉之核心，就是在強調馬克思主義的
方法之重要性，這個方法被第二國際及其它庸俗的馬克思主義者所
忽視。在當時的革命思潮瀰漫之下，匈牙利的革命無法與俄國的十
月革命相提並論。因為，兩種革命的結果是相異的。俄國革命是激
引他加入匈共組織的原因之一，他對十月革命的嚮往，遠超過韋伯
對他的幫助與勸說。因此，他在比較兩種革命經驗之後，再加上閱
讀列寧的著作，就格外強調革命的方法及其意義。

　　他對於爭論正統馬克思主義的中心與立場，著重在方法的認識
與運用上。也就是，從方法上來解決這場紛爭，作為他的馬克思主
義體系之起點。因而他指出：

　　正統的馬克思主義並不是意味著，不加批判的接受馬克思的一

---

❷　Lukács, ebenda, S.163ff.

些研究成果。它不是對任何命題的信奉,也不是對聖書的解釋。
與此相反, 正統馬克思主義是指方法而言。他科學地堅信, 辯
證唯物主義是通往真理的道路, 只要沿著其奠基人所開創的路
線前進, 馬克思主義的方法, 就能得到偉大和深化的發展㉕。

　　這個唯物論的辯證觀,正是盧卡奇的馬克思主義的方法之基礎。
所以, 他才說,「唯物主義的辯證法是一種革命的辯證法」㉖。實際
上, 盧卡奇所論的辯證法就是以黑格爾式的總體性原則, 處理歷史
的方法。也就是, 主體與客體的互動作用, 理論與實踐的統一, 把
運動與最後目標合而為一㉗。這些方法的重點是革命性的, 它不是
改革的、緩和的、漸進的、和平的方式, 它是工人運動與有機的發
展, 而突然產生的變化, 這是從量變到質變。最後進行質變才完成
改造的過程。

　　盧卡奇在青年時期的反叛意識高昂, 批判的精神演變成他的指
標, 他如同馬克思的青年時期一樣, 喜好批判。就我們所知, 自 1839
年初至 1843 年止, 批判一詞成為青年馬克思的口頭禪。因為, 他一
直認為,「批判是黑格爾哲學的精髓, 也是歷史辯證的模式。凡自稱
黑格爾傳統者, 必須善用批判、活用批判」㉘。

　　盧卡奇的批判方法是延續黑格爾的精髓, 和經馬克思改頭換面
後的辯證法, 然後再加以利用。因此, 盧卡奇就合用這些方法, 批

㉕　Ebenda, S. 171.

㉖　Ebenda, S. 172.

㉗　洪鎌德,《盧卡奇論正統馬克思主義》, 頁 109。並參閱傅偉勳,《哲學
　　與宗教》, 第 3 集, 頁 297–298。

㉘　洪鎌德,《傳統與反叛》, 頁 46。

判恩格斯的錯誤以及馬赫主義，甚至是伯恩斯坦的修正主義。

因而，盧卡奇建構其批判性的辯證法的意義是：

1. 它不顧所有孤立的，與會導致孤立的事實以及片面的體系，都堅持整體的具體統一。吾人要用辯證法去揭露機會主義社會的假象之現實。

2. 只有辯證法，才能注重歷史過程中的主、客體之間的辯證關係，也就是指互動關係。但是它並不是主張一個接一個而不斷的過程。

3. 辯證法的中心問題是要改變現實，也就是指客體。否則，思想將停留在思辨上。

4. 辯證的方法是理論作用的基礎。

5. 唯物主義的辯證法是一種革命的方法。因此，才能把理論轉變成一種革命手段。

6. 總體性的辯證法，才能把社會生活孤立的事實看作歷史過程。也就是，把對事實認識變成現實認識，再進入到具體的總體認識。

7. 總體性的辯證法，才能使社會生產形成一個統一的整體。反之，總體性消失，則使孤立部份的拜物教關係凸顯出來。

8. 拋棄辯證法，採用庸俗馬克思主義的批判方法，將無法對歷史認識。

9. 總體性的辯證法關係是有能動性質。在這總體之內的各個部份，只能說是體內部的差異。例如：生產、消費、分配等，它們彼此相互作用。

10. 辯證法和它的總體性概念，提供給我們達到對社會事物的真正認識。就是指，藉著整體與部份之辯證，才不致離開社會現實的

範疇。辯證法不是單純的方法論。

　　吾人至此可以瞭解盧卡奇的整個辯證法之內容，及其批判的對象與方法基礎。他把辯證法具體的總體和歷史的觀點，形成分析資本主義社會的基本架構之要件。吾人對於盧卡奇的資本主義之批判將在下一節討論。

5.2　盧卡奇對資本主義社會的批判

　　在分析三化論的背景及作用結果之後，吾人必須對盧卡奇在建構三化論的根源──資本主義社會──有深入的認識與批判。盧卡奇認為三化論是資本主義社會的產物。換句話說，沒有對資本主義性質及其社會結構的分析，他就不會有這個理論的提出。

　　盧卡奇在分析資本主義社會的發展時，為了凸顯出無產階級的功能及其未來的角色，似乎忽略了資產階級的角色功能。無論盧卡奇預設資本主義興衰的條件是什麼，資產階級畢竟都居於主導地位。也就是說，不管資本主義已造成的既定局面──三化現象，而它的繼續發展才是大多數學者所關心的重點。

　　盧卡奇則持悲觀的命定論，誤以為資本主義社會發展的過程就如同馬克思所分析的途徑，由其造成的文化特徵進而影響自己的發展。基於這種辯證的分析，他試圖誤導資本主義社會走向如同封建主義的結果。因此，盧卡奇的資本主義批判之核心，將著重於它的未來發展性及主導角色來探討。

　　按柏托莫爾的分析：資本主義理論與韋伯、熊彼得(Joseph A. Schumpeter)、馬克思的替代理論較接近，所不同的是，他們所處的環境條件和所強調的重點。在資本主義社會內的結構，相互影響、

作用，而有新的規律出現。這些新的規律，已非盧卡奇所堅信的或預設的規律。因為，盧卡奇所觀察的資本主義發展是有僵化的規律及社會條件。他所觀察的結果及預設是不同於馬克思的安排，馬克思認為資本主義發展是資本累積在少數人手中，財富越集中，則貧窮的人也就越多。資本家越少，勞動者增加，最後由勞動的無產階級取代資本家。但是，盧卡奇的分析則是勞動的階級意識要達到成熟階段，即自覺的程度，自己能夠意識到自己在歷史發展中的角色。等到這種現象擴展到所有的無產階級之後，組成工人委員會或願意接受嚴格紀律的共產黨組織，這樣才能夠克服物化等現象的社會甚至取而代之。盧卡奇的說明，是受到列寧的職業革命家黨的影響。單靠無產階級的自覺意識，仍舊不能確保他們能夠取代資產階級的地位。

　　吾人在分析盧卡奇的資產階級社會的屬性，必須對他的預設先進行探討，找出它存在的條件。假如，依循馬克思的分析方式，來處理盧卡奇的說明，將造成一種誤解與混淆的認識。

　　盧卡奇借用韋伯的合理化，分析資本主義，以及與韋伯相接近的另一位分析資本主義的經濟學家熊彼得之見解，作為相互比較的對象。因為，按照柏托其爾的分析說：

> 熊彼得的資本主義理論，一方面接近馬克思的概念，另一方面又契合韋伯的概念，這是有目共睹的。但是，熊彼得的獨到之處在於強調企業家是資本主義發展的主要代理人。㉙

　　熊彼得在其《資本主義、社會主義與民主》一書中，在開始的

㉙　Tom Bottomore, ibid., p. 35.

第一章就先敘述馬克思的各種角色，這足以證明他對馬克思的瞭解遠超過韋伯。就如柏托其爾所指，韋伯批判馬克思的意見僅止於〈共產黨宣言〉。因此，雖然盧卡奇引用韋伯的合理化概念，描述資本主義的特徵，而且兩人有不同的著眼點。但是，為了批判與適切的比較，故選擇熊彼得之背景條件，作為批判盧卡奇的引用對象。

就兩人對同一目標的分析，將分以下兩方面來作比較：

5.2.1　資本主義社會的角色

熊彼得主張，初期發展階段，仍要以企業家作為主體。這一個觀點是等同於韋伯，在討論到企業家對於理性資本主義發展的重要性一樣。因為，韋伯以企業的方式來界定資本主義發展的特性，無論從合理化的資本計算角度或是資本主義經濟的基本條件，都必須仰賴推動的角色。那就是能推動企業化或商業化的企業家。他們除了具備能力之外，更懷有天職觀的責任與精神。這種既有錢又有高尚道德的風範是韋伯理想類型的人物。

熊彼得仍舊看重企業家的角色。因為，資本主義在生產過程中，各種物質與動力都經過重新組合而成。這些新組合而成的新公司，不同於傳統的生產方式，即完成新的組合必然掌握生產工具。這些掌握工具的角色，自然就是經濟發展的重要人物，也就是企業家或工業首腦。

熊彼得在《經濟發展理論》一書中，提出企業家的特性與民眾不同的是：他們的舉止是一種特別的行為，是許多重要事物的推動力量。這一點與韋伯的企業家角色功能是雷同的。然而盧卡奇對資本主義的企業家之角色並未刻意的強調它的角色與貢獻。盧卡奇只引用韋伯描述企業家掌握生產工具、生活用品和金融來源等。如同

政治上的主人一樣，盧卡奇只是將整個資產階級視同為資本家的集
合。他沒有像韋伯把資本主義分類及對應其中的資本家之類型。因
此，具有天職的企業家之角色，被盧卡奇所忽略，而且並未重視這
些在經濟上的精英之貢獻。如寇約(Richard D. Coe)所稱：

> 熊彼得一向興趣於預測有關資本主義的未來，他企圖提供給讀
> 者有關他對於資本主義的真正性質之見解，有兩個體系在哲學
> 上是難以相容的。就是：「資本主義的經濟體系與民主的政治
> 體系。」❸

這兩種體系各自追求的目的是不同的。由於貨幣之故，在經濟
方面的分配是不平等的。但在政治上，一人一票卻是平等的。這種
政治上要求平等與經濟上不能企求平等的目標是不能相容的。

熊彼得在資本主義初期，強調它的推動力之角色。但它的角色
卻逐漸消失，這並不是指它們的推動力銳減，而是這些推動力的企
業家，具有推動力的創新已逐漸退化。吾人不可忽視熊彼得的創新
意義之淵源。他在《景氣循環》一書中，在界定企業家與資本主義
時，就提出這樣創新的概念，他說：

> 資本主義是私有財產經濟的那種形式，在這種經濟制度裡，革
> 新是藉著貸款的方式來完成。雖然在邏輯上不一定是這樣，但
> 一般而言，貸款意含著創造信用的意思。而完成這種革新的人，

---

❸ *Capitalism and Democracy*, Schumpeter revisited ed. by Richard D. Coe and Charles K. Wilber (Notre Dame, Indiana: University of Notre Dame Press, 1985), pp. 1–2.

我們稱之為企業家。 **㉛**

　　熊彼得的企業家具備兩項能力，重要事務的推動力與創新。但是，像熊彼得對資本主義的界說中所指：「資本主義當在進化的過程時，就會逐漸消失。」**㉜**這就是說，創新是一個企業家的責任，這種責任將受到外界的影響。因為，當資本主義在發展過程中所表現出來的特色，都是由有創新的企業家的活動所衍生出來的。但是，又當巨型公司或托拉斯型態之公司出現時，熊彼得就不把創新責任置於企業家身上，而放在大企業。這時的角色就由企業家轉變到大企業之中，讓那些在工作受過訓練的專家小組來完成創新的任務。柏托其爾對熊彼得的這種轉變觀念，提出三點理由來說明熊彼得的資本主義式微理論：

　　1. 企業家的退化，部份是因為大公司的增長，部份是因為資本主義造成一種環境，視經濟變動為理所當然的事，同時，有賴企業精神與意志力量來克服的阻礙也比較少。經濟成長愈趨向非人格化與自動化，官署以小委員會的工作，取代了個人行動。全面科層化的巨大企業，驅逐了中、小型公司及資本家。

　　2. 護衛階層(the protecting strata)的毀滅以及制度架構的逐漸崩潰。這些資產階級不是做韋伯的魅力(Charisma)領袖階級。

　　3. 資本主義產生一種理性的、批判的心智結構，能夠把箭頭轉向自己，並轉向攻擊私有制與資產階級的整個架構。而資本主義也就產生了一個社會團體一知識份子**㉝**。

㉛ 　Tom Bottomore, op. cit., p. 36.

㉜ 　Joseph A. Schumpeter, *Capitalism, Socialism and Democracy* (London: George Allen & Unwin Ltd., 1981), p. 131.

在熊彼得論述資本主義的主導角色時，初期看重它的企業家之重責大任，即創新。但是，社會變動時，這些企業家也遭到淘汰的命運。因為，原來的企業之中、小型公司被巨型公司所驅逐。這種轉變，使資產階級的優勢隨而被取代。接替這個角色並不是無產階級，而是巨型公司的專業人員。這一點的描述，不同於盧卡奇描述資產階級的危機來臨，而帶來被取代的可能機會。

5.2.2 資本主義社會發展特徵——合理化

依照柏托莫爾比較韋伯與熊彼得之合理化概念，區分他們兩人的見解。韋伯認為現代資本主義因應自己需要，創造出適合自己的制度，這是在現代國家出現的。一切以能計算或被計算為基礎的合理化現象，成為它們的特徵。可是，熊彼得不只把它當作是現代社會的產物，還認為它應該是當代所有人類社會裡的普遍特徵。熊彼得把合理化的範圍由資本主義擴充到非資本主義的經濟體系裡。也就是，兩種社會的計算態度都很普遍。

熊彼得之合理化不同於韋伯的概念之指涉範圍，也相異於盧卡奇之合理化。因為，盧卡奇接受韋伯的合理化意義。但是，按盧卡奇的前資本主義社會，是物物交換的時代。如果彼此交換不依數量計算的話，他們的交換依據又為何物？如果，只為解釋商品價值的意義或顯著程度，而忽略交換之判準，則這表示合理化在現代國家的表現，僅是不同於偶爾交換行為的使用價值。這是證明盧卡奇對前資本主義社會與資本主義社會的分類，不具排斥性，仍有重疊的部份。是否指物化在前資本主義社會就發生，而為盧卡奇有意忽略。

---

[33] Tom Bottomore, op. cit., pp. 37–38. And refer to J. A. Schumpeter, ibid., pp. 131–141.

吾人勢必要質疑盧卡奇物化論之觀察仍有不周延的地方。

熊彼得把合理化擴大運用，可以補充盧卡奇描述前資本主義社會的偶然交換現象中交換基礎的模糊性。

其次，合理化的結果，所帶來的現象，熊彼得認為不是機械化現象，而是表示資本主義的式微。這個理由按柏托其爾的分析是：

1. 創新與企業精神的作用，逐漸被合理化、科層化的管理形式所取代。

2. 理性、批判的態度，轉變為直接對抗資本主義本身的社會秩序❸。

熊彼得在解釋資本主義的式微時，並指出社會主義的來臨是同時發生的。這個說法與盧卡奇有部份相同。合理化帶來資產階級之社會逐漸產生危機。但是，盧卡奇認為使它變成社會主義的社會是需要相當長的時間。這是他們不同的地方。

吾人必須注視的是，合理化帶來科層化的管理，這個與創新的精神有直接的關係。科層化成為民主政府所要擔心的文化特性。這就表示，熊彼得的社會主義是比資本主義更高一層的理想，它與民主相對應。也就是，民主應與社會主義社會成直接關係。資本主義社會過渡到社會主義社會。這種轉換是不同於盧卡奇的由工人委員會進行革命而達到的方式。熊彼得的分析，也可以證明，盧卡奇之革命與改進不是絕對一條唯一可走的路。

熊彼得的科層官僚有其歷史文化之特性。它們所具有的特徵是：

1. 官僚階層具有高尚的地位和優良的傳統。

2. 有強烈的責任感與團隊精神。

3. 官僚階層也必須要有足夠能力的人來領導。

❸　Tom Bottomore, ibid. pp. 39–40.

4. 為了克盡職責，它必須發展自己的行事原則，而且，足以獨立貫徹這些原則❸。

熊彼得與盧卡奇的分析有不同之處，如：官僚人員受到物化顯現出無主動精神。這方面的說明，就更加證明兩人的見解之差異。盧卡奇的意見可歸結為：

1. 官僚制度下的人員，工作枯燥無味、千篇一律完全是機械的，毫無主動精神。

2. 個別官僚的責任感，是一種侵蝕人心、加強物化的現象。

在觀察同樣的對象中，盧卡奇就把科層文化，曲解為加強物化。尤其是，他把良好的團隊精神，分析為缺乏主動的精神。這一點差異正好說明，熊彼得認為資本主義是靠著這種精神，使它不斷生生不息的發展下來，而不是加強物化後非人性的物與物的關係，甚至於使資本主義衰微以及出現資產階級反遭到取代。

5.2.3 階級與階級鬥爭

熊彼得與馬克思不同的地方之一，就是階級之界定與階級鬥爭功能。階級鬥爭的終極目標，是戰勝對方，取得主導歷史的地位。在馬克思而言，〈共產黨宣言〉中，出現無產階級替代資產階級。在盧卡奇《歷史與階級意識》無產階級克服物化之後，取得領導地位。在熊彼得而言，則是在資本主義發展初期階段，有創新的企業家，必然要擔任推動力量的重責大任。但是到後期，這些企業家的作用逐漸降低。這是不同於韋伯的具有天職的企業家，成為未來社會的主導力量。從他們特性之中的比較，吾人可以知道，只要企業家的時代任務圓滿達成或被大企業公司所吞併，則熊彼得企業家就自然

❸ Schumpeter, ibid., pp. 293–294.

被淘汰。並不像馬克思所說的，資產階級之資本家們被無產階級消滅。

　　這是證明熊彼得不同於馬克思和盧卡奇的階級鬥爭之結果。另一種原因是，利潤問題。熊彼得與韋伯都認為，利潤作為創新與冒險之獎賞。這是不同於馬克思的剝削利潤之意義。這一點是區別盧卡奇、馬克思、韋伯、熊彼得之不同的分析。上述證明熊彼得是不贊成階級鬥爭。這也是不同於盧卡奇主張使用革命手段來進行鬥爭。

　　至於階級問題，吾人必須釐清在封建主義社會與資本主義社會所形成的階級意識。因封建的政治因素引起的階級，因生產關係的經濟因素所引起的階級，或因商品流通後所產生的各種階級。這些基於不同背景所產生的階級，它們不可能視為等同的。

　　熊彼得的階級定義，就是先分辨階級的形成再說明其合義。他很明顯指出「階級鬥爭的原則所打開的道路，全賴吾人所創的階級特殊理論的有效性」❸❻。就是說，如果有階級理論的話，才有運用於分析歷史階級鬥爭論。熊彼得提出這個見解之前，他對階級來源與特徵作了以下的說明：

　　　　歷史的經濟解釋與馬克思的社會階級理論是一對殘廢的姊妹。現在已經銘刻在吾人的內心裡，經濟學家一向都不承認這些社會階級的現象。他們都把行為者加以分類，這是因為，這些行為者的互相作用與影響，產生他們所處理事情的過程。因此，這些階級只是表現一些共同特性的個體之組合，以至於，把一些人分為地主或工人。這都是因為他們擁有土地或出售他們勞動的服務。但是，社會階級不是觀察家們分類的產物，而是活

----

❸❻　Ibid., p.14.

生生存在的實體。社會階級之所以重要，是因為那些純粹經濟理論，實際應用到許多一般社會較廣泛的過程。㊲

熊彼得的說明正表示，人為的階級之下，表現相同特性的個體組合。但是，現在存在的社會階級並不是人為的，它是實體存在。他也指稱：

> 吾人對歷史描繪，解釋文化的模型及社會變遷的機械之不同，乃是吾人選擇階級理論之故。例如：涂爾幹的《勞動階級的分工理論》。他們有不同的解釋，因為，他們對階級利益，以及階級活動自我表現出不同的意見。但是，時至今日，這個階級主體仍然不能用科學的方式表達。㊳

歸結熊彼得對階級的解釋，按照一般研究者都是基於階級利益與階級活動所表現的意見。現有階級是既存的，不是人為的產物。馬克思把階級劃分為兩大對立的階段，是為了解釋歷史的問題。至於對階級鬥爭，熊彼得是沒有考慮到。因為，他從積極層面去思考資本主義社會。其中，先由企業家的創新與利潤之獎助，所帶動出來的成果，隨著客觀的變化，集中了中、小型公司，變成大型公司，而企業家們就自動消失，根本不必靠階級鬥爭。因此，他否認階級鬥爭的理念。這一點也是柏托莫爾研究的心得：「熊彼得否認，階級鬥爭是資本主義發展到最終的主要因素。」㊴

㊲ Ibid., pp. 13–14.

㊳ Ibid.

㊴ Tom Bottomore, op. cit., p. 44.

　　由此證明，資本主義社會的資本家，由於其努力成就而帶動了各項發展的成果。這些合理化的制度是資本家所努力，尤其是資本家的天職觀。如果盧卡奇同意韋伯對資本主義社會的分析，那麼，盧卡奇應該是重視這個企業家的精神特性。熊彼得對資本家的分析比起韋伯的分析較為徹底。因為，韋伯以基督教精神觀察企業家，認為他們具備這種積極精神，足以確定未來社會的局面。所以，他並沒有繼續分析企業家的式微問題。而這些持續的問題，熊彼得是他的繼承者。只是，熊彼得的分析不同於馬克思與盧卡奇的決定論，預設企業家將在階級鬥爭中被消滅。

　　因此，吾人以熊彼得對資本主義社會發展與企業家之分析，來批判盧卡奇之資本主義發展論勞動階級。因為，在利潤的獎助之下，企業家並沒有失去他們，反而更加獲得他們的加入，這一點正是盧卡奇所擔心的問題。因為，如此一來，物化的問題不但沒有克服，反而更加強了。

　　熊彼得所建構的資本主義社會最後是朝向社會主義社會。這種社會實際上與社會階級的存在與否是毫無關係的。也就是，企圖用社會階級與歷史發展之關係來解釋，並不是熊彼得的社會主義社會。他們的積極努力、創新精神、追求利潤，都是韋伯所指出的特性。因此，柏托其爾說：

　　　　在熊彼得的理論中，就這個重要部份而言，他接近韋伯的程度遠超過馬克思。而在解釋資本主義社會發展的時候，對於階級相對的無關緊要的性質，他的看法比韋伯更極端。❹

---

❹　Ibid., p. 44.

因此，吾人更加瞭解，盧卡奇的資本主義社會的發展，只吸取韋伯的合理化特性，而忽略其中的企業家之積極天職的精神，尤其是它的創造性。同時，盧卡奇雖然具有熊彼得的企業家式微之相似見解，但卻缺乏熊彼得的企業家式微後的安排，及其使用的方式。他不是以革命手段消滅企業家，而是創新的任務達成之後由更大型的公司所接替，這是功成身退的角色。這就不同於盧卡奇所指的，要經過革命工人委員會或具有嚴格紀律要求的共產黨領導，打敗資產階級之過程，盧卡奇之物化論所指涉的背景，就是在他解釋資本主義社會發展過程。

這個背景固然帶來盧卡奇之合理化概念，可是，發展的延續性及變遷的方向，並沒有為盧卡奇所掌握，致使他仍舊走入馬克思之舊傳統，一再提出革命理論來詮釋。這些除了表示盧卡奇是具有青年馬克思之正統精神之外，就是完全繼承列寧的職業革命家黨，解決舊政權的手段方式。

由此來看，盧卡奇的物化論的背景分析，內藏著一些缺點，這就足可推理出他的物化論內容的發展，也同樣含有其它的缺點。這些討論將在下一節分析與批判。

5.3　對盧卡奇物化意識的批判

5.3.1　韋伯與熊彼得的批判意見

從韋伯與熊彼得對資本主義的析論看，他們都強調主導社會地位的對象是企業家。基督教的精神所演變出勞動的必需性及遵守上帝之節慾要求下，反而形成了財富的累積。不論人的財富累積或多

或少，都在基督教禮俗的促成下，為感恩上帝，人人都得勞動。也就是說，教義原本為了要求達到節慾與禁慾之目標，反而促成了不斷的勞動。而這個勞動一方面滿足基督教教義之規定，另一方面，也在經濟上形成財富的集中。人人拼命勞動，除了感恩之外，又可追求財富。這種怪異的並行發展，演變成教義為迎合財富集中，而有新的解釋。教會不斷擁有更多財產，接受累積財富者的獻金，也替他們找尋一條追求財富的合理之道──合法擁有更多財富。在此且不論他對宗教方面的影響，而只談論對經濟方面的功能。

韋伯由此述而論及帶動財富累積最多的資本家。也就是，在以資本為主的資本主義社會裡，資本家們在這種社會所表現的功能及角色。韋伯認為：資本主義社會將來要完全依賴企業經營的方式來主導。而這些負責經營的企業家，應該具備有優良傳統的道德良知。那就是企業家的天職觀。它們不同於封建主義遺留下來的貪求享受的暴發戶。換言之，整個社會的發展責任，應該落實在企業家的肩膀上。

企業家不斷求新求變及良好道德規範所促成的世界，是所要追求的目標。也就是說，勞動的義務在遵從上帝的旨意下，就連資本家也不例外，勞動者追求財富與資本家的心態都一樣。就如韋伯所說：

> 富人也不可不勞而食，因為，即使他們不需要靠勞動掙得生活必需品，他們也應該同窮人一樣服從上帝的聖訓。上帝的神意已毫無例外地替每個人安排了一個職業勞動的工作，人必須各事其業，辛勤勞作。[41]

---

[41] 韋伯，《新教倫理與資本主義精神》，頁131。

在基督教的社會裡，感恩與致富是生活的規範內容。凡不勞動的人，就被視為是叛逆上帝，這種風俗約定人人必須勞動。所以，勞動者的勞動不含對剝削所累積剩餘勞動的資本家不滿或對抗。勞動者之勞動是針對上帝的感恩，允許他存在世上。

因此，勞動之必需性並不造成勞動者與資本家之對立。他們所得的財富除了致富之外，大都拿來作為感恩之象徵。因此，將累積的財富奉獻給教會成為他們的表現方式。韋伯的見解是在證明主體的勞動。世界的一切事物或人為所造成的勞動產品不是主體。他不強調這些事物影響主體，只強調人類主體在社會之功能表現。熊彼得更加凸顯出以資本家的初期角色，以及後來管理性的資本主義之下的大公司。因為大公司下的個人智慧是組合起來的，而不是單靠企業家那種如韋伯所謂的精神領袖，而是眾人之智，尤其是那些有熟練經驗的知識份子，他們的趨向常常左右社會的發展。既然未來的社會是被管理的資本主義社會，所以就得有科層組織。這些都表示一種特徵——人類主體。不論任何制度基於合理計算都是人類的成熟內容。合理化更趨向於統一精密，而且包含有機械化、標準化、規律化的特性。這些是有助於人類管理客觀的世界。因此，他們二位都看重在主體的功能。

盧卡奇從追求正統馬克思，到逐漸修正他的雙重性或內心矛盾的不統一而產生存有體系之過程，都是追隨馬克思的存有論來決定思惟的社會三化論辯證。這種主體思惟受到客體存在影響，始終無偏離盧卡奇之理論建構。哲學家的任務在改造世界固然是需要的，但是改造後的世界卻帶來改造自己。自己勞動的產品變成在疏離人格之後，改造自己的意識。

　　吾人批判盧卡奇建構三化的理論，主要有兩個理由，一是資本主義社會促成三化論之基礎；二是物化意識之結構功能及克服物化意識之後的主、客體的統一問題。在前一節所討論與批判盧卡奇之資本主義的見解，已能明白的顯現出資本主義與社會歷史之關係的解釋。但是，他有意疏忽真正推動的主體——資本家的角色功能，甚而賤視他們的貢獻與未來的潛能。他只片面強調意識問題的重要性，並企圖在超越物化意識的過程中，以整體性的辯證方式，來解釋無產階級在預設的條件下，能夠達到自覺，展開革命性的行動，在有紀律的組織領導下，踏上歷史的主導地位。

　　盧卡奇的這些構想與預設歷史變化的方向，顯露出一些值得批判的論點。首先是阿烈特(Andrew Arato)批判盧卡奇的一些有爭議的意見。

5.3.2　阿烈特的批判意見

5.3.2.1　等同使用物化與異化

　　盧卡奇分析物化乃是透過異化的勞動，也就是，物化過的整個資本主義社會以及在資產階級的科學與哲學的意識物化。盧卡奇有這樣的看法是因為，他等同使用物化與異化的概念，才產生這種見解。事實上，在馬克思的著作中，1930 年以前盧卡奇所看到的應該是商品拜物教，而不是異化勞動的異化概念。盧卡奇所推衍的概念是在 1910 年為席默爾的私人學生時所瞭解的勞動的異化概念。他所談的是：勞動（勞動力與勞動產品）變成一種客觀的、獨立的物——商品。商品的獨立規律控制著整個勞動者。

5.3.2.2　盧卡奇仍舊陷入經濟的死胡同

　　阿烈特指出:「盧卡奇所描述的物化問題是從經濟層面提到總體

社會上來的,但不能單從經濟危機上來解答。」❷這個見解是在 1920
年「第三國際」論組織問題時所提出來的。盧卡奇在 1923 年的《歷
史與階級意識》一書中, 大部份的内容都在批判馬克思主義的決定
論。可是, 他在分析物化時, 卻提出資本主義社會中商品的結構問
題。因為, 盧卡奇認為: 資本主義體系愈不斷地生產、再生產, 則
物化結構愈陷愈深, 其毛病為太重視經濟的思考, 而忘記了物化所
包含的哲學、倫理、社會、政治、法律等層面。

5.3.2.3 盧卡奇在方法上以仲介來超越直接性

盧卡奇在概念建構上, 要以仲介來克服資產階級的直接性, 以
實踐對抗並毀滅物化。因此, 他在描述三化的現象之後, 緊接著就
指向三化的作用。他的企圖是:「1.在歷史上由仲介揚棄抽象可能性
的直接性。2.再產生一種實踐辯證的大綱。」❸

5.3.2.4 無產階級認識歷史問題

阿烈特指出:「盧卡奇的直接性與仲介之辯證和實踐哲學的中心
問題——同一主客的辯證, 是從不同概念預設來的。」並且指出:「仲
介辯證是盧卡奇的第二種辯證。」❹

盧卡奇這些預設是在 1923 年以前, 就已經從主體方面開始進
行, 他在尋求一種同一主、客體的主體。也就是說, 盧卡奇想創造
出這個主體。那就是, 費希特及黑格爾的絕對主體或後來盧卡奇的
無產階級。盧卡奇的仲介辯證是從《歷史與階級意識》開始探討,
主要是從客體而來的, 也就是指客觀的歷史可能性。尤其在論物化
時, 企圖凸顯出無產階級主觀性的客觀可能性。

---

❷ Andrew Arato and Paul Breines, op. cit., pp. 119–131.

❸ Ibid., p. 120.

❹ Ibid., p. 131.

對盧卡奇來說，仲介就是解放永久的可能性，並且不在直接性的層面出現。阿烈特指出：「吾人要懷疑的是，盧卡奇思考的無產階級能否具備瞭解歷史及歷史任務的條件。而且，這個無產階級乃是一種隱性的教條主義的產物。」❹

5.3.3　齊塔(Viktor Zitta)對盧卡奇的批判意見

1. 盧卡奇對無產階級的物化與辯證的意識看法是：引導共產主義的精神方面到相當的程度。

2. 他的階級意識理論顯現出相當的反動。

3. 盧卡奇的辯證觀顯示出馬克思主義似是而非的一面。

從另一個角度看，齊塔的批判指出馬克思主義的異化概念中包含兩種完全矛盾的術語，「基督教的毀滅及創造世界」的概念❹。

5.3.4　費因貝格(Andrew Feenberg)批判盧卡奇

1. 危機問題

馬克思早期的著作雖然有批判資產階級社會，但是這種批判不是來自社會的危機觀，而是一種尋求歷史基礎的抽象倫理態度。然而，盧卡奇重述馬克思理論時，則強調這種社會的危機。其實，一般的危機不僅包含倫理與政治的領域，而且還有理性與文化的形式及本質。

2. 拜物教的問題

盧卡奇把拜物教當作物化是因為它包含兩種假設，馬克思所指

---

❹ Ibid.

❹ Viktor Zitta, *George Lukács, Marxism (Alienation, Dialectics, Revolution)* (The Hague: Martinus Nijhof, 1964), p. 181.

的經濟領域與資本主義社會生活的普遍形式。作為一種普遍化的拜物教時，物化才被運用到資本主義社會中所有人們共同的異化。這些包括非經濟的制度，諸如：行政、官僚與法律。馬克思無法將這種拜物教普遍化，或許偶爾仍猶疑不定。但是盧卡奇則不然。

3. 盧卡奇把馬克思批判形式上的經濟的理性，廣泛地批判所有資本主義社會生活的形式主義。這意指盧卡奇想超越馬克思解釋的經濟層面和汲取韋伯的理想類型的理性典範**❹**。

5.3.5 基爾尼(Richard Kearney)評論盧卡奇的拜物教觀念

基爾尼指出：「盧卡奇把拜物教當作是一種意識的普遍範疇，這是因為在資本主義社會的經濟下，人類的勞動本質被視為數量之意含。」**❹**基爾尼批判盧卡奇對於物化與拜物教的關係為錯誤化過程。因此，他說：

> 盧卡奇使用物化概念時，間接指涉到市場商品的拜物教化，同時也直接指涉人類意識的異化。而這種意識則變成抽象的、孤立的、凍結的、非人性化的東西。也就是，當商品物化時，意識也就跟著物化了。 拜物教與物化就如同資本主義銅幣的兩面。拜物教強調錯誤的提昇物為人類意識的情況，物化則專注於錯誤化約人類意識為物的情況。 **❹**

---

❹ Andrew Feenberg, *Lukács, Marx and the Sources of Critical Theory* (Oxford: Oxford University Press, 1986), p. 60–79.

❹ Richard Kearney, *Modern Movements in European Philosophy* (Taipei: Simda Book Company, 1987), p. 142.

　　批判盧卡奇物化論的研究著作，實際上不只上述的意含。但總括批判的內容及論點不外乎有下列幾項：

　　1. 盧卡奇在建構三化理論時，他把馬克思的抽象勞動與韋伯的合理化結合在一起加以運用，來批判資本主義社會，且企圖在克服物化之後建立他的未來社會主義社會之理論。馬克思批判資本主義的變化與興衰，是以抽象勞動來分析這種過程。韋伯具體的描述近代資本主義的精神與特徵，並提出企業家式的合理化特徵以及合理化後的各種制度之建立。盧卡奇整合抽象與具體的概念架構，形成自己的三化理論架構。這兩個對立的概念，如果想將它們融合成一種架構，則勢必要面臨理論的矛盾內容。盧卡奇常常以辯證的方式，來處理這類原本對立或矛盾的問題，使它們的架構能趨於統一。也就是說，他的分析與批判是採取辯證的方式來達到統一的局面。

　　2. 拜物教的問題

　　馬克思分析資本主義社會是根據商品的形式開始。因為，商品是勞動力在市場出售時的產物。在前資本主義社會裡，勞動力所生產的產品，尚未普遍商品化，所以還不至於影響人的意識。盧卡奇一直把近代資本主義社會視為整體，借著具體之物演變成抽象之物。於是，這個抽象化的物就侵蝕到人類，就連人的思想、意識等各方面的精神與心靈，也無法避免被侵蝕。盧卡奇結合商品與拜物教之特性，企圖涵蓋整個社會的內外生活，也就是人的精神生活與物質生活。就連馬克思都無法做到把拜物教在社會各個層面普遍化，但盧卡奇卻以商品拜物教的概念來描述人的意識。

　　3. 經濟決定論者

---

⑲　Ibid., p.142.

盧卡奇在分析社會歷史的演變時，仍以經濟方面的概念作為主要的基礎。例如：他以商品的結構深入人的意識之分析。

4. 歷史的主體問題

盧卡奇企圖預設一個階級能夠擔任未來歷史的角色，在這個推論之中，他的假設裡有一個如黑格爾的絕對概念一樣的無產階級。依照盧卡奇的描述，凡出售勞動力的人，或受到異化、物化與事化的人，不論在工廠、行政官僚或法律制度等勞動的人，都應該是反抗三化之後所形成的無產階級者。他們的共通性就是：因出售勞力及成果而受到三化影響的對象。由此推論，每一位在資產階級社會裡的人，都要起來反抗三化的影響，就可以成為不受三化侵蝕的一種新階級。換句話說，階級的形式趨於一致，原有孤立的與零碎的特性，將消失而成為統一的整體。所以，盧卡奇所認為的三化克服之後，原有資本主義社會所促成的三化因素也就消失，接著資本主義社會也就自然毀滅。

盧卡奇的推理是在概念上形成的，卻與現實不相符合。他的簡明公式是：資本主義製造出三化等現象，由設想出的新階級來克服這三化，這個所設想出的第三種自然裡的新階級出現，就表示原來的資產階級社會消失。就如同前資本主義的封建社會到近代資本主義社會一樣的過程。換句話說，每一種社會都會由某一種階級來主導，而它又會產生一種替自己掘墓的階級。所以，盧卡奇才說：「無產階級是資產階級社會的產物。」

對於主體的發展問題，就是指主體的意識能力。盧卡奇所設想的新階級——無產階級，它的自覺能力對歷史及歷史發展的任務之認識，能否達到盧卡奇所要求的理想目標，就成為他們的歷史工程之主體，是有待檢證的。

5. 無產階級與資產階級

盧卡奇認為：只要去除資產階級的存在條件，相對的，無產階級才能有生存的條件。例如：資產階級的直接性必須廢除，而以無產階級的仲介來取代。

盧卡奇指涉的無產階級取得歷史的主導地位之相關概念有：主、客同一，社會總體性，意識的革命性等。但在資產階級的意識中，則顯現出一些僵化的、無人性的、孤立的特性。只有揚棄資產階級的這些特性，無產階級的對立特性將取而代之。

綜合以上所述，批判盧卡奇的三化理論體系論，應該置於他的建構過程與物象性的觀察，並預設人類的意識與心靈受物的侵蝕之範疇。盧卡奇為了爭正統的馬克思主義之地位，在批判庸俗馬克思主義時，只侷限於方法上的差異。實際上，他們的根基仍離不開《資本論》的內容，以及德國古典哲學的推理方式。

第六章 結 論

吾人對前人的思想批判，如有意外的發現，即表示使過時的著作，再度獲得重生。其次是，補充原有著作的現代性，同時也是充實前人著作的預測力所不及的地方。盧卡奇的研究總是企圖以一個核心概念，當作描述資本主義社會之用。這種巨視的途徑，將面臨顧此失彼之憾。綜觀整個盧卡奇三化論體系之主要論點，可以得出一些認識。

6.1 三化論之評析

6.1.1 事化引發專精化

事化影響人之生活是因它的機械化規律。這是形式上的表現。但是，吾人應注意的是，事化的背後帶來的事務專精化的體系。在人的思考習慣上，已不能用簡單量化方式來克服的。尤其科學引發再分殊及再整合的衝擊，似乎已超出人的單一面或單線建構。把握事務之管理，唯有專精化，方可以解決。雖然，科學把世界分割成瑣碎的原子化部份，但是，它的管理體系卻又將分散零碎的部份整合在一起。一方面為了便利於運作與控制，另一方面也使自己不孤

立存在。

6.1.2 交換活動促成人際關係的建立

盧卡奇認為事化使人與人之間的關係，由事與事之間的關係所取代。人在社會上的外在生活，因事務而構成一種事化的關係。就如同因商品的交換，而形成一種商品物化的關係。這種物化與事化的現象，將使人如同物與事一般的僵化、無生機。如果，這種事務化就如同盧卡奇所言，是無生機的，這只是單一面的見解。人與人之間的互動結構固然藉著物與事之仲介而建立起新的關係，但這是因為工商業化的緣故，使人與人之間的接觸逐漸減少。人們除了生活固定化之外，無任何方式可以促成人與人的人際關係之建立。

吾人應該肯定盧卡奇這方面的貢獻。他提出在這個僵化與機械化的社會之中，舉凡出售勞動力製造勞動產品的勞動者，以及自由出售成就的人，他們在個人的內外生活都是規律化。盧卡奇認為這種現象是因為物化的加強所引起的，所以，他提出在揚棄物化之後，回到初期未受物化的社會，使人的本質與人格結合的生活能再出現。盧卡奇所提的是一種烏托邦式的社會生活形式，要達到這個目的，則必須遠離這種受物化的規律生活。

盧卡奇借用商品的交換與席默爾的貨幣交換之現象觀察社會，認為在資本主義社會中，人為的文明或文化之普遍現象，是不同於古代那種日出而作，日落而息的寧靜清淡生活。

盧卡奇只觀察商品交換有關弊的方面，而從未發現商品交換的利的方面。顯然的，商品交換會造成物化關係，但是，商品交換也是人與人之間相互認識的仲介物。商品交換之進行，除了獲利之外，如從另一個角度看，「交換」次數的增加，可以彌補因工業化社會人

與人之間的冷漠現象。也就是，藉著多次的商品交換及事務辦理的機會，反而增加彼此之間的情感之建立。

盧卡奇過度的強調抽象概念之建構，忽略了實際情況的發展。以前，人的群居生活，是因同族的血親關係，或因利害之共識。但是，當代社會是一種多元化的社會，雖然人是群居在一起，但是因工作分工的性質，造成不同的生活形態，無法取得如同前人的共識，正好需要有一種接近彼此之間陌生的現象之仲介物。因此，反而需要靠物或事等仲介物。以前的人，是一親戚間的血統等因素，促成群居，而現今的社會已不再講求這種因素的結構，所以就產生了另一種新的方式來取代。

因此，吾人應該認同盧卡奇分析的途徑，藉物與事之接觸，加強這種人為的文明缺陷——精神空虛與人際冷淡。但是，吾人不能同意他的悲觀分析推理及過度烏托邦式的預設。

6.1.3 資本家的角色

盧卡奇批判資本主義社會的分割狀態，都是因資產階級的科學所帶來的結果。他只批評科學所引發分殊的弊病，但並未重視科學所帶來的貢獻。這些貢獻也都是來自於資產階級的辛勤成果。

盧卡奇雖然採用韋伯用來分析資本主義精神的合理化，但是，並未深入汲取韋伯的企業家道德，他只看到連韋伯都厭惡非個人主義的資本主義之數種類型。然後，盧卡奇再加以推理它的自我毀滅過程，而一再認為應該由有意識到歷史中或自己在歷史的任務的無產階級所取代。這一點推理，始終無法擊中資本主義發展的要害，反而如同馬克思一樣自取其辱。不但資本主義未消滅，反而加速了它的前進，尤其是福利國家的社會制度，更照顧全民的生活。

6.1.4　盧卡奇所塑造的無產階級

　　盧卡奇企圖應用像列寧的職業革命家黨的真正目的是，建立一個在物化體系克服之後，由另一個階級，建立一種非物化的社會。不論這種社會是如前資本主義社會或未來的社會主義社會，其主導力量，都應該是由在意識上有新共識的階級。這個階級並不是馬克思所說的那種無產階級，它是基於剝削關係，而推翻資產階級的一種階級。然而盧卡奇所指的階級，是揚棄物化之後的無產階級。儘管他們兩人所說的階級都是無產階級，但是，他們所不同的地方是，在於從意識上有自覺，而且應該起來改造這種物化與事化所造成的現象，以求得一種新的非三化生活的一種社會。

　　因此，吾人不可混淆盧卡奇與馬克思的無產階級之概念。盧卡奇之無產階級是指凡已受物化意識的全人類，都要以整體性來觀察與認識，人類遭受同樣情況的物化災難，共同起身瞭解這種災難的嚴重性，也就是要瞭解社會與歷史的發展，不應認同這種有物化的永久性之發展。尤其，自己就是負責改造這種不合人性的生活規律的歷史主體。這就是盧卡奇建構一種新的無產階級的目的所在。然而馬克思的主張是，揚棄剝削的關係，推翻資產階級之後，自己成為一個沒有剝削的階級。盧卡奇認為階級的革命意識是，因自己人格的喪失，才激起的，反而沒有刻意強調因剝削所造成的革命意識。這些見解可說是，盧卡奇當時獨創的觀點不同於當時共產國際所觀察的現象。

6.1.5　盧卡奇的共產黨組織之功能

　　盧卡奇的一生之中，共有 53 年的時間，參加共產黨組織活動。

盧卡奇認為這種組織應有兩個功能，一是啟發無產階級的意識，去認識歷史的主體任務；其次，他所主張的黨的嚴格紀律與精神，就如同列寧的職業革命家黨的紀律。

6.2　對於盧卡奇物化論批判之我見

6.2.1　對於盧卡奇的批判精神

盧卡奇以黑格爾的辯證法之主、客互動方式，批判以恩格斯的自然辯證法之主、客流動方式，作為宗旨的共產黨教條主義。吾人贊成，盧卡奇有不畏懼生命威脅和膽識，反駁當權派所固守理論的精神，並且批判他們的錯誤。盧卡奇從方法論徹底推翻整個教條主義的基礎，用黑格爾式的辯證法對抗庸俗的馬克思主義的理論，爭取正統的地位，且獲得非馬克思主義者之支持。盧卡奇的這種貢獻，將使吾人在研究上，不至於陷入共產黨內部之意識形態鬥爭之死胡同。因此，吾人應支持這種由方法上的批判傳統的教條主義，比起在意識形態的內容之爭論，來得確實可信。

6.2.2　盧卡奇的資本主義批判

吾人雖然以熊彼得的意見，批判盧卡奇忽略企業家角色，但是不能同意熊彼得論企業家之退化的意義。因為企業家不能只限於中、小公司的領導，吾人應該從整個社會的所有擔任企業管理者之角色，來看他們在社會階層的功能。不論任何行業，在近代科技的社會裡，都得重視企業管理的知識與技術。吾人所要強調的是，統合這些分工的企業管理之角色。擔任這些角色者，用不著深入瞭解各部門的

管理內容,而要懂得如何統合運用這些能具備有管理企業知識的人,也就是說,不再深入各種企業管理人的知識,應該懂得知人的知識,當今跨國公司或聯合壟斷企業,都已經凸顯出具有軍事管理科學的特徵。因為所有各部門的參謀,應有負責管理及建議的義務。但是所有的指揮官必須承擔所有工作的成敗責任。盧卡奇批判資本主義缺失,如果從資本主義有利的發展特性來觀察其過程,則必然影響他所建構的三化理論體系之預測性與詮釋性。

6.2.3　盧卡奇物化與事化意識的批判

　　盧卡奇從意識危機進行觀察到克服物化後的無危機的建構過程,完全是出於主觀的、抽象的推理。在抽象的推理當中,面臨主、客同一的可能性。假如按照盧卡奇所預設的一種新階級 —— 無產階級,則這種情形是有可能。因為原來在資產階級社會的無產階級是資本主義社會的產物。無產階級從意識上來認識歷史的任務,也就是揚棄原有的物化意識,而形成一種非物化的意識。吾人在研究盧卡奇的三化理論體系時,發現到盧卡奇在建構物化論之後的目的是,要從現代社會不合人性的文明與文化之中,求得解脫,勢必要以烏托邦的途徑,以及抽象的辯證過程中,獲得圓滿的解決。吾人應該深入反省,人類面臨自我創造的世界,反對人類未來發展的適宜性與侷限性等問題,也就是提出一套適切可行的辦法,去克服現實與理想之間的不調合問題。

盧卡奇生平與著作

　　為便於查考盧卡奇之生平與著作，特編輯這一份年譜。所採用的資料有 Frank Benseler 編的《盧卡奇八十大壽紀念論文集》(1965)，附有 Jürgen Hartmann 所編的著作錄，一律保持原來的書名。其次由 Luchterhand Verlag 出版盧卡奇《論意識型態》，附上 Peter Ruth 編的年譜，因此，就以盧卡奇每篇論文所記載執筆時間作為主要的依據。除此之外，也參考由 Frank Benseler 著《盧卡奇的革命思想》一書中有關盧卡奇生平與著作，依編年次序排列。又參考由 Hermann Luchterhand Verlag GmbH.在 1970 年編的《盧卡奇》(*Georg Lukács*)生活資料。以上三本書都是德文版。另外一本日文版是由國松孝二等編的《盧卡奇之研究》，書中附錄喬治・盧卡奇年譜（著作年譜）。

　　關於盧卡奇著作之選擇雖然以其德文著作為主體，但也包含其初期以其匈牙利等語言所完成的著作在內。其餘非譯為德語的，以及為理解涵蓋盧卡奇的種種背景之重要文獻均有收錄。本盧卡奇生平與著作編輯原則，論文的名稱以〈 〉符號來表示，其餘的單行本、雜誌、新聞等名稱則以《 》符號顯示。論文按各個寫作的年次彙編，單行本則以各個出版年次編排。本年譜內容有兩部份：一是生平(Der Lebenslauf)以"L"表示；另一是著作(Das Werk)則以"W"表示。

1885 年

L： 4 月 13 日出生於奧匈帝國的首都布達佩斯匈牙利皇室樞密
官、 匈牙利通用信貸銀行經理尤瑟夫・盧卡奇(József
Lukács)的家裡，是一個信仰新教的純粹猶太家庭。

1902 年

L： 6 月畢業於布達佩斯新教的文科中學(Gymnasium)， 然後在
布達佩斯大學學習法律和國民經濟學。

1902 ～ 1903 年

W： 〈劇場〉(指柏林國家劇場)分別刊於《匈牙利沙龍》雜誌 1902
年 11 月、12 月和 1903 年 1、2、3、4、5、7 等月份。另有
〈新霍普特曼〉(Az uj Hauptmann)則發表於《未來》6 月 7
日及 8 月 23 日。

1904 年

L： 與桑朵・黑維西(Sandor Hevesi)、拉施樓・巴諾齊(Banoczy)
以及瑪謝・貝內狄克(Marcell Benedek)四人在布達佩斯設
立一家叫沓利牙劇院(Die Thalia-Bühne)， 盧卡奇參加了在
1901 年設立且為歐思卡・亞系(Oszkar Jaszi)所領導的社會
科學協會組織。

W： 發表兩篇文章:〈戲劇的形式〉在《星期三》發表；另一是刊
載於《二十世紀》 的 〈易卜生的理念〉 (Gondolatok Ibsen
Henrikrol)。《二十世紀》是社會科學協會的機關雜誌，盧卡
奇在 1909 年之前投給這份雜誌的稿件約有十餘篇之多。

1906 年

L： 擔任《二十世紀》和《西方》的專欄撰稿人。

W： 〈高更〉(Gauguin)同樣發表於《二十世紀》。〈諾瓦利斯〉

(Novalis)收編於《靈魂與形式》，首次在《西方》 1908 年卷
1 的第 313 頁刊出。

1908 年

L: 2月接受基斯發魯第協會(Kisfaludy-Gesellschaft)頒發克里斯
提那一盧卡奇(Lukács-Krisztina)獎， 此獎是針對他在 1911
年首次出版的書——《現代戲劇發展史》所頒發的。

W: 除了〈諾瓦利斯〉之外，另有〈魯道夫・卡斯納〉 (Rudolf
Kassner)、〈斯蒂凡・葛歐格〉(Stefan George)、〈理查・比爾
一霍夫曼〉(Richard Beer-Hofmann) (在 1909 年發表)，均
刊登在《西方》這本雜誌上。

1909 年

L: 11 月獲得布達佩斯大學哲學博士學位。

W: 發表一些《馬扎兒小品文》 (Uj magyar lira ＝ Neue un-
garische Lyrik ＝新匈牙利抒情詩)，當中盧卡奇將匈牙利的
一流抒情詩人燕德・阿迪(Endre Ady)標示為未曾革命的匈
牙利革命者之詩人。共十一篇，分別發表於三家雜誌。在《西
方》的第 1、2 冊有四篇：〈理查・比爾一霍夫曼〉、〈薛帕・
瑪基特洛爾(Szelpal Margitrol) 的筆記〉、 〈托馬斯・曼
(Thomas Mann)的新小說〉與〈安深克魯伯〉(Anzengruber)。
於《二十世紀》有六篇：〈社會劇的可能性〉、〈新匈牙利抒情
詩〉、〈達尼(Job Daniel)的小說〉、〈史特林堡的 60 個太陽〉、
〈卓越的博士〉、〈莫利斯小說輯〉(Moricz zsigmaond novellas
koenyve)。在《布達佩斯的巡視》則發表一篇〈戲劇的形式〉，
這篇文章亦同時以僅 36 頁的小冊子出版單行本。

1910 年

L: 遷移到柏林，研究德國古典哲學，尤其是對喬治・席默爾 (Georg Simmel)的課程。從這一年起開始到各地旅行，特別是德國、義大利等國家。

W: 共發表九篇文章及兩本書。書的部份是:《靈魂與形式》和《文學史的評論》或《文學史的方法論》。這兩本書是由布達佩斯的富蘭克林統一書店(Fanklin Tarsulat Nyomda)所出版。其中《文學史的評論》或稱《文學史的方法論》是先以文章的方式發表於《亞歷山大紀念書籍》，其餘八篇分別在三家雜誌刊出。《西方》有四篇:〈岔路〉、〈祁克果〉(Søeren Kierkegaard)與〈歐森〉(Regine Olsen)、〈尼特茲雪羅〉(Fuelep Lajos Nietzscherol)、〈關於某種模糊性〉；刊於《復興》的有三篇:〈美學文化〉、〈菲利普〉(Charles Louis Philippe)、〈論健康〉；〈貝拉・巴拉斯的詩〉(Die Gedichte von Balazs)則刊於《佩斯・柳德》(*Pester Lloyd*)。

1911 年

L: 繼續停留在柏林與布達佩斯,且廣泛的與恩斯特 (Paul Ernst, 1866～1933，是一位新古典詩人及作家) 書信往來。他在〈精神的貧困〉一文中說明其最早的戀人——伊爾瑪・塞德列爾(Seidler Irma, 1883～1911)的死,並表達自己內疚的心情,且把《靈魂與形式》題獻給她。

W: 出版《現代戲劇發展史》和《靈魂與形式》兩本書；發表八篇文章。在《新全景》是〈憧憬與形式〉；在《匈牙利的莎士比亞協會》有一篇〈莎士比亞與現代戲劇〉；《震旦》有一篇〈小說〉；在《精神》有五篇:〈精神的貧困〉、〈論悲劇形而上學〉、〈威廉・狄爾泰〉(Wilhelm Dilthey)、〈李奧帕多・奇

格勒〉(Leopold Ziegler)、〈猶太人的神祕主義〉。

1912 年

L: 停留在柏林期間與布洛赫(Ernst Bloch)結成友誼，偶爾到法國與義大利，在義大利的佛羅倫斯完成有系統的美學計劃，但沒有成書。遷移到海德堡，草擬一份《海德堡藝術哲學》，此書於 1974 年出版。

W: 〈精神的貧困〉一文刊載於《新頁》。此外，還有一份對話和一封信。

1913 年

L: 在海德堡結識韋伯(Max Weber)、拉斯克(Emil Lask)、葛歐格(Stefan George)及耿道爾夫(Friedrich Gundolf)，並且旁聽李克爾特(Heinrich Rickert)及文德班(Wilhelm Windelband)的課程。他是「週日圈」的成員之一，這個聚會每週討論巴拉斯(Balazs)有關實際的哲學、文學及政治等問題，要求精神科學為其立足點，而被冠上「精神指標」的美名，最後是由盧卡奇所統領，且成為歐洲精神的中心，與盧卡奇曾經參加過於 1917 年在布達佩斯成立為布達佩斯精神科學之自由學派的「社會學學會」形成對立。在海德堡盧卡奇與布洛赫都是韋伯圈的成員。

W: 出版一本僅 92 頁的《美學文化》；發表四篇文章：在《西方》是〈一對戲劇模式的字〉及〈最後的太陽〉；在《佩斯・柳德》是〈新匈牙利的劇作家〉；在《法蘭克福日報》是〈論電影美學〉。

1914 年

L: 這年春天在海德堡與葉蓮娜・格拉本科(Jelena Addrejewna

Grabenk)結婚，她是俄國畫家和革命家，於 1905 年參加革命運動而流亡國外，是盧卡奇的第一任妻子。完成有關多斯妥耶夫斯基(Dostojewski)的一本著作，這本書有助於獲得大學授課的資格。 其中有一章以《小說理論》 之標題摘錄於 1916 年由德蘇瓦(Max Dessoir)專為美學與一般藝術科學所主辦的雜誌上。盧卡奇除了廣泛研讀黑格爾與馬克思的著作 ——《政治經濟學批判導論》之外，並忙碌於無政府工團主義（如沙博）以及盧森堡(Rosa Luxemburg)的作品。

W: 將《現代戲劇發展史》的緒論翻譯成德文，以名為〈現代戲劇的社會學〉發表於《社會科學與社會政治文獻學》，另外對馬沙科克(Thomas G. Masaryk)的《俄國史與宗教哲學》一書的書評也刊載於此雜誌。

1915 年

L: 回到布達佩斯適逢戰時，透過父親的關係，體格檢查為患有嚴重神經衰弱症，不符合服兵役的條件，才擔任書信檢查的工作，四個星期後就免除兵役。

W: 有四篇文章是〈文化社會學的本質與方法〉與下列三篇書評：《評索洛維也夫選集》(Rezension von: W. Solovjeff, *Ausgewählte Werke*)、評述《編年史的理論與其史》及評述《園藝史》發表於《社會科學與社會政治文獻學》。

1916 年

L: 再次前往海德堡，繼續從事《海德堡的藝術哲學》，1912 ～ 1914 年寫作。之後，又回到布達佩斯。將〈小說理論〉以德文分二次在雜誌上發表。

W: 有二篇文章及一篇書評。在恩斯特(Paul Ernst)的五十大壽文

集有一篇及在《美學與一般藝術科學雜誌》有二篇是〈小說理論〉與〈評索洛維也夫選集〉。

1917 年

L： 年初再前往海德堡，一直到年終才折返布達佩斯。和曼海姆(Karl Mannheim)、豪哲(Arnold Hauser)、沙博(Ervin Szabó)、佛戈拉西(BeL Fogarasi)共同創立精神科學自由學院並發表學術報告。

W： 有二篇文章，一是〈麻煩的樓刺伊樓〉(Forgacs Rozslrol)刊於《西方》；另一是〈在美學的主、客關係〉(Die Subjekt-Objekt Beziehung in der Aesthetik)刊於*Logos*。

1918 年

L： 5 月 25 日在海德堡大學提出申請任教資格鑑定。6 月 18 口李克爾特(Heinrich Rickert)給予很好的鑑定。但是，麥爾斯(Heinrich Maiers)則持反對的評鑑。最後哥泰姆(Gotheim)教授因韋伯的一封信給予有力的支持。於是在 12 月 7 日榮獲系任的職位。12 月中旬加入匈牙利共產黨(Die Kommunistische Partei Ungarns)，它在 11 月 21 日由庫恩(Béla Kun)所組成的。並且是《國際》(這是一份馬克思主義的實踐與理論的雜誌)屬於匈共黨(KpU)的科學雜誌的成員。受到沙博的工團主義，羅南‧霍爾斯特(Henriette Roland-Holst)與盧森堡的觀念影響。

W： 有二篇悼文，〈席默爾〉(Georg Simmel)在《盧森堡》(pester, Lloyd)與〈拉斯克〉(Emil Lask)在《康德之研究》發表。〈巴拉斯與其敵人〉、〈在美學的主、客關係〉發表在《雅典》；〈保守與進步的觀念論之探討──盧卡奇的評論〉及〈磨坊主人〉

刊載於《二十世紀》；〈作為倫理問題的布爾什維克主義〉刊載於 *Szabad Condolat*。

1919 年

L： 在 3 月 22 日成立革命評議會政府（僅到 7 月 31 日），初期盧卡奇只是代理教育人民委員職務，接下來就單獨負責整個工作。也擔任過紅軍第五師的政治委員。此外，又擔任兩家雜誌的編輯——《紅色報》與《今天》。到了 6 月，盧卡奇從羅馬尼亞前線回來。在馬恩勞動大學作一篇有關〈新舊文化〉的報告。從 8 月底到 9 月初，在推翻議會政府之後，對在布達佩斯的共產黨言，一切的活動都是非法的。盧卡奇也就在克文斯（Otto Korvins, 1920 年被殺害）被逮捕之後，流亡到維也納，一直到第二次黨代表大會，即一直到 1930～1931 年止。在流亡期間開始與第二任妻子波爾什梯貝・蓋爾特魯德(Bortsieber Gertrud, 1882～1963)一起生活。她是一位公務人員的遺孀，為了領取撫恤金和子女撫養費，所以直到 1934 年前往俄國以前兩人沒有正式結婚。盧卡奇在當地因匈牙利新政府尋求引渡而遭逮捕。後來因比爾・霍夫曼 (Beer-Hofmann)等十人署名搭救才被釋放。

W： 只有出版一本《戰術與倫理學》。又發表十六篇文章：《火炬》的〈實際佔有的文化〉；《紅色報》的〈新聞自由與資本主義〉、〈澄清〉、〈革命者的舉止是什麼?〉、〈談論匈共黨的第一次會議〉、〈談論青年勞動者土地聯盟會議〉；《國際》的〈法秩序與暴力〉、〈精神領導的問題與工人的精神〉、〈舊文化與新文化〉、〈歷史唯物論的功能變化〉；《人民論壇》的〈無產階級戰術的勝利〉、〈真的統一性〉、〈澄清〉；《歌唱家》的〈前言〉

是在 Podach-Vertes 寫的一本《社會發展的趨勢》書裡；《自由青年》的〈在布達佩斯的青年勞動者地方聯合會議中演講的報告〉；《社會建設》的〈在共產主義生產裡的道德角色〉。

1920 年

L: 在柏林出版《小說理論》，它以歷史哲學探討偉大抒情詩的形式之外，又共發表三十五篇文章於兩家雜誌，即《無產階級》以及《共產主義》。《無產階級》是在維也納發行；《共產主義》也是在維也納， 它是共產國際針對東歐國家的一份黨機關報。兩者的區別是《共產主義》以理論為主；《無產階級》卻以實際政治為要。列寧針對 1920 年 2 月《共產主義》之中盧卡奇論〈議會主議的問題〉致於嚴屬的批判左派激進主義。7 月到 8 月被委派到莫斯科參加共產國際第二次全世界性的會議。12 月受邀在第二次東南歐國際共青團會議做一篇題目為〈世界反動與世界革命〉的報告。

W: 僅出版一本書是《小說理論》。三十五篇文章如下：《共產主義》14–18 頁的〈知識份子的組織問題〉、115–116 頁的〈最新克服馬克思主義〉、 161–172 頁的〈議會主義的問題〉、238–250 頁的〈第三國際的組織問題〉、 415–423 頁的〈階級意識〉、482–488 頁的〈共產黨的道德使命〉、847–854 頁的〈資本主義的封鎖與無產階級的抵制〉、 1107–1115 頁的〈機會主義與盲動主義〉、1259–1264 頁及 1324–1333 頁的〈合法性與非法性〉、1432–1440 頁的〈義大利的工團主義的危機〉、1466–1473 頁的〈加塞爾 (Kassel, Nassau 之首都) 與哈勒 (Halle, 德國城名)〉、1538–1549 頁的〈新舊文化〉、1561–1564 頁的〈德國共黨的黨大會〉。另一《無產階級》

雜誌上刊載有二十二篇文章為:〈社會內部的白色恐怖〉、〈政府的危機〉、〈為何匈牙利無產階級不至破產?〉、〈殖民地的自由戰爭〉、〈自我批判〉、〈聯合抵刮與聯合抵制〉、〈奧托〉(Korvin Otto)、〈革命與反革命〉、〈德國無產階級的統一〉、〈大罷工與德國地方的工人議會〉、〈假日腐化〉、〈義大利革命的危機〉、〈共產黨與德國地方的工人政治會議〉、〈白色恐怖與獨立〉、〈我們國家在哪兒?〉、〈加塞爾與哈勒〉、〈試圖鞏固〉、〈危險區〉、〈恩格斯百周年紀念誕辰〉、〈誰在思考?〉、〈假借革命的工會〉以及〈一般的柏兜內(Bodone)〉。

1921 年

L: 6 月到 7 月間共產國際在莫斯科召開第三全大會,盧卡奇代表匈牙利共產黨前往參加大會。其在黨內所持的立場是與貝拉・庫恩(Béla Kun)成對立的。曾會晤過列寧。

W: 在五家雜誌共發表二十篇文章。在《無產階級》有:〈普魯士議會選舉的平衡〉、〈協商的終極結論——交易所經紀人的冷靜〉、〈德國危機〉、〈匈牙利危機的持續性〉、〈狂風暴雨之前〉、〈包爾・列維〉(Paul Levi)、〈德國最後通牒與世界危機〉、〈國會的哥力次〉;在《共產主義》有:〈作為馬克思主義的盧森堡〉、〈烏克蘭的民族布爾什維克主義〉,乃對 1921 年在維也納出版《危險的革命》做的書評、〈第三次全會之前〉;《青年國際》有:〈世界反動與世界革命〉、〈教育工作的問題〉、〈黨與匈牙利的青運〉、〈黨與青年的問題〉;在《國際》裡有:〈群眾的自發性、黨的能動性〉、〈革命主導的組織之問題〉;在《共產國際第三次全會記錄》裡的〈1921 年 7 月 2 日的第十三次會議的討論報告〉、〈前言〉是寫在盧森堡著《群眾

罷工》。

1922 年

L: 繼續留在維也納（1922～1924）。除了給《紅旗》寫文章之外，主要把時間投入《歷史與階級意識》內的數篇文章。

W: 在盧達斯(Ladislaus Rudas)著《貝拉・庫恩的政策與匈共策的危機》裡的〈再次夢幻的政策〉；《紅旗》；《歷史與階級意識》裡的〈序言〉、〈物化與無產階級的意識〉、〈組織問題的方法論〉、〈合法性與非法性〉；另外二篇是〈蘇聯共產黨與無產階級革命〉與〈評述盧森堡著《蘇聯革命的批判》〉。

1923 年

L: 出版一本至今仍然極重要且影響深刻的批判性馬克思主義的理論作品——《歷史與階級意識》。第一次在此書提「物化」。

W: 由柏林馬力克出版社(Der Malik-Verlag Berlin)發行《歷史與階級意識》。

1924 年

L: 6 月到 7 月，在共產國際第五次全會與其它四位(Graziadei, Bordiga, Korsch und Boris)被 Bucharin, Nikolai Ivanovich (1888～1938)，尤其是 Inovjew (原名 Radomyslsky, Grigory Evseievich, 1883～1936) 點名清算他的左傾思想。在《勞動者文學》受到盧達斯(L. Rudas)與偉柏林(A. Debrin)批評《歷史與階級意識》。出版《列寧》(Lenin)，關於他的思想之研究，起初由勞動者書店出版，後來才由馬力克出版社接辦。

W: 出版的書僅一本《列寧》，同一年在柏林及維也納發行德文本

與匈牙利文本；日文本則在 1927 年才出版。《論壇》發表二篇〈關於列寧〉與〈列寧〉；《國際》的〈有關於拉薩爾(Lassalle)的述評〉、〈柏恩斯坦(Bernstein)的勝利〉；阿德勒(M. Adller)著《康德認識批判的社會學》之書評。

1925 年

L: 發表一份一再為盧卡奇使用的布哈林的書評（現歸存《盧卡奇全集》第 2 冊《社會主義與勞工運動史的文獻》）。

W: 《新三月》有四篇文章：〈新信徒拉薩爾〉(Lassalle uj hivei)、〈尤凱〉(Jokai)、〈馬樓孔－係力亞－基納〉(Marokko-Sziri-a-Kina)及〈為何拉叩西同志救匈牙利〉。書評有三篇均編輯《盧卡奇全集》第 2 冊：布哈林著《歷史唯物論的理論》之書評、維特夫歐革爾著《市民社會的科學》之書評及〈新版的拉薩爾書信集〉；這三篇都發表在《社會主義與勞工運動史的文獻》，分別在 216–224 頁、224–227 頁、401–423 頁。

1926 年

L: 盧卡奇著作〈莫色斯・黑斯(Moses Hess)與觀念論辯證法的諸問題〉首先發表在雜誌上，接著才以單行本出版。從 1926 年到 1929 年，部份的文章都以假名「布魯姆」(Blum)（它是盧卡奇在黨裡的別名）發表。例如，在維也納的《新三月》及布達佩斯的《100％》等雜誌。

W: 在萊比錫的赫許斐德出版社(Verlag Hirschfeld, Leipzig)發行《莫色斯・黑斯與觀念論辯證法的諸問題》之前，早先刊載於《社會主義與勞工運動史的文獻》。此外，刊載同一雜誌。另二篇書評是：《列寧選集》的書評與〈馬克思主義的旗幟下〉。《國際》的〈尼爾森聯盟〉(Der Nelson-bund)。《新三月》

的〈冠沙克・拉尤斯〉(Kassak Lajos)。

1927 年

L: 仍停留在維也納。〈階級意識〉是從《歷史與階級意識》被翻譯成日文的。

W: 瑪克士・伊斯特曼(Max Eastman)著,《馬克思、列寧與革命科學》之書評刊載於柏林的《國際》。在《新三月》發表〈影響東方的十月〉。《100%》的〈關於墳墓裡二幽靈的握手〉。

1928 年

L: 盧卡奇從 1928 年到 1930 年一直是匈共黨中央委員。 黨內有爭論時盧卡奇都站在所謂郎德樂派系(Die sogenannte Landler-Fraktion)這一邊。他以假名布魯姆(Blum, Lukács 曾說此為他在此運動中的化名) 所編輯成的〈布魯姆提綱〉(Blum Thesen)準備為非法的匈共黨第二次會議之用,其中認為從霍悌政權(Horthy-Regime),直接過渡到革命獨裁是不可能, 因而首次發展他的民主獨裁的概念。

W: 發表的文章仍然以四家雜誌社為主。《100%》裡有〈農民小說〉與〈普列漢諾夫逝世第十週年〉。《社會主義與勞工運動史的文獻》的五篇書評:《天才概念的發生》之書評、《範疇論》之書評、《政治浪漫》之書評、《洞察德國浪漫的社會與國家》之書評與《論現代民主裡的黨本質的社會學》之書評。《新三月》裡有〈死亡的戰鬥〉、〈匈牙利無產階級專政時的反革命力量〉 與〈工業發展方向與階級鬥爭的勞工政策〉。

1929 年

L: 秘密前往匈牙利領導運動非法停留三個月於匈牙利, 所以,托馬斯・曼(Thomas Mann, 1875 ～ 1955)特為受到政治迫

害的盧卡奇向奧國首相申請避難檔。盧卡奇被匈共黨與共產
國際嚴苛批判是起因於〈布魯姆提綱〉的批評。在 12 月 4 日
盧卡奇以〈自我批評〉一文回應被批評為「右傾思想」,於是,
退出黨的一切活動。

W: 《社會主義與勞工運動史的文獻》 裡一篇〈論呂列〉 (O.
Ruehle),《東歐革命史》之書評。《新三月》的一篇〈澄淆〉。

1930 年

L: 取得奧國的證明,前往莫斯科並停留到 1931 年再遷移柏林。
在莫斯科時, 盧卡奇擔任李雅沙諾夫(Rjasanow)領導的馬·
恩·列研究所的研究員。主要的工作是《馬·恩全集》編輯。
由此盧卡奇才有機會認識《手稿》且提出物化與異化之間的
區別。盧卡奇展開《青年黑格爾》(*Der Junge Hegel*)的寫作。

W: 無任何著作發表。

1931 年

L: 直到 1933 年都居住在柏林。一方面擔任德國作家柏林地區
(反對派) 保護聯盟的副主席,另方面又是無產階級革命作
家的成員, 也是該機關報《左彎》 之共事者。 投稿以柯樂
(Keller)為其筆名。

W: 《莫斯科全景》裡的〈森林中的工廠〉、〈關於多斯妥耶夫斯
基的遺稿〉及〈新蘇聯的純文學〉。《左彎》有〈蕭伯納(Shaw)
對蘇聯的懺悔〉與〈維力·卜雷德(Willi Bredel)的小說〉。《紅
色建構》的〈自由主義與馬克思主義的關鍵字〉。

1932 年

L: BPRS 準備討論盧卡奇與歐特瓦的方法論爭議。盧卡奇開始
擔任《國際文學》雜誌編輯的工作。

W: 《左彎》有六篇：〈逆論文學的自發性說〉、〈傾向或黨派性?〉、
〈被法西斯化的歌德(Goethe)〉、〈報導或形象化——對歐特
瓦小說的批判性的意見〉、〈吉哈特・霍普特曼〉 (Gerhart
Hauptmann)及〈轉禍為福〉。《實際性》的〈歌德的世界觀〉。
《馬克思主義》(馬克思主義勞工學校的報紙) 的〈歌德與辯
證法〉。《國際文學》的〈諷刺文學的問題〉。莫斯科的《文學
百科全書》第 6 冊裡的〈拉薩爾〉。《紅色建構》的〈拉薩爾
文學理論的批判〉。

1933 年

L: 在 2 月完成一篇〈走向馬克思之路〉，1955 年才發表。完結
《青年黑格爾》第一文稿。在 3 月得到希特勒政府的證明，
經捷克轉往蘇聯。移居該國，盧卡奇修改他的現實主義概念，
並把一部份刊載在他曾偶爾參與編輯的二家雜誌——《國際
文學》與《新聲音》上。盧卡奇有二度 (1933 ～ 1938 年;
1942 ～ 1944 年) 在莫斯科蘇聯科學學院的哲學研究所做研
究工作，從 1934 年成為正式研究員。也在莫斯科共產主義
科學院裡的語言與文學研究所工作。1933 ～ 1945 年盧卡奇
是《國際文學》常年共事者。1933 ～ 1939 年盧卡奇把很多
文章首次發表在他有參與過的雜誌——《文學批判》。又第一
次以俄文寫成的〈表現主義的重要性與衰敗〉，1934 年發表
在《國際文學》。盧卡奇試圖把表現主義解釋為資本主義與法
西斯主義的敗象。在 8 月完結一篇草稿〈德國法西斯哲學如
何發生?〉，1982 年才第一次發表。

W: 《國際文學》有三篇：〈馬克思、恩格斯與拉薩爾之間在細金
根的討論〉、〈走向馬克思之路〉及〈表現主義的重要性與衰

敗〉俄文版。

1934 年

L: 盧卡奇與德國當代文學的現實主義作家海涅(Heinrich Heine, 1797 ～ 1856)共同以俄文發表文章。也著手於席勒(Schiller)與歌德(Goethe)之間往來書信的工作。從年末一直到翌年 1 月，盧卡奇負責報告小說理論的問題。這項討論是在蘇聯科學學院哲學研究所舉行。6 月 21 日參加莫斯科共產主義科學院哲學研究所為紀念列寧《唯物主義和經驗批判主義》一書發表 25 週年的學術會議，為他的《歷史與階級意識》一書提出檢討。

W: 《國際文學》的〈表現主義的重要性與衰敗〉、《馬克思主義的認識》的〈作為許多共產黨的布爾什維克化之唯物論與經驗批判詩的意義〉俄文版。同時，在二家雜誌《文藝報》與《文學批判》發表的〈尼采為法西斯主義美學的先驅〉俄文版。《文學百科全書》第 8 冊的〈尼采〉俄文版。莫斯科研究機構發表有〈梅林〉(Franz Mehring)俄文版、〈海涅〉俄文版、〈馬克思與飛許(F. T. Vischer)〉俄文版。

1935 年

L: 盧卡奇成為德文版《國際文學》編輯委員。從事德國反法西斯作家地下組織的宣傳工作。

W: 《國際文學》的〈赫德林之西貝里翁〉(Hölderlins Hyperion)、〈左拉(Zola)與現實主義〉法文版、〈尼采為法西斯主義美學的先驅〉、〈尼采為法西斯主義美學的先驅〉法文版、〈尼采為法西斯主義美學的先驅〉英文版。《文學批判》的〈恩格斯為文學理論家與文學批判家〉俄文版、〈凡根概牡劇作家〉俄文

版，及〈托馬斯・曼關於文化遺產的意見〉俄文版。《文學百
科全書》的〈做為資產階級抒情詩的長篇小說〉俄文版。莫
斯科、列寧格勒學院出版刊物〈前言〉與〈論席勒的美學〉。

1936 年

L: 4 月開始在《談論》、《國際文學》與《文學批判》發表文章，
盧卡奇以這些文章影響蘇維埃形式主義與自然主義論戰，其
間他以內在結構的現實主義的方法對抗膚淺自然主義的寫
作方式。1936 ～ 1937 年《歷史小說》完成。1936 ～ 1937
年、1939 ～ 1941 年二次為《文學全景》的共事者，這份雜
誌是由《文學批判》的編輯負責發行。盧卡奇個人共刊載十
五篇。

W: 《談論》的〈人造的人物象的智慧相貌〉，另刊載俄文版及法
文版。《文學月刊》的〈市民現實主義的衰落〉。二篇〈巴爾
扎克〉(Balzac)俄文版。《文學批判》有〈敘述或描述〉俄文
版，英文版刊於 1938 年，〈韓沙・法拉弟(Hansa Falldi)的新
小說〉俄文版，也發表在《文學評論》。而此雜誌又刊四篇以
歐系波(G. Osipow)為筆名的俄文文章〈馬特人〉(Mraty)、〈布
登洛基〉(Buddenbroki)、〈阿羅史密斯〉(Arrowsmith)、〈小
說〉。《國際文學》有〈作為文學史家與文學批評家的恩格斯〉、
〈托馬斯・曼關於文學遺產的意見〉、〈解放者〉、〈蘇聯憲法
草案〉、〈論小說〉、〈偉大的無產階級的人道主義者〉、〈小說
的問題〉法文版。

1937 年

L: 把〈馬克思主義與十九世紀文學理論〉發表在莫斯科國家出
版社。亦是蘇聯的德國勞動者機關報──《德國中央報》的

　　共事者。並把〈歷史小說〉翻譯成俄文發表在《文學批判》
　　上。完結《青年黑格爾》的作品。

W: 俄文論文集〈十九世紀文學理論與馬克思理論〉、〈席勒與歌
　　德的往來書簡〉、〈法西斯化與實際的畢希納(Georg
　　Büchner)〉以俄文版發表。《文學批判》有〈克來斯特(Heinrich
　　von Kleist)的悲劇〉、〈歷史小說〉分成四集發表。《國際文學》
　　有〈阿諾・齊威格〉(Arnold Zweig)、〈現代文學的席勒理論〉、
　　〈民族詩人海涅〉。《德國中央報》的〈辯證唯物論的古典闡
　　述〉、〈費爾巴哈的遺產〉、〈十月革命二十週年〉。

1938 年

L: 3 月起盧卡奇是蘇聯作家聯盟德國分部的成員。 1938 ～
　　1941 年他是《新聲》的主編，許多的文章由盧卡奇提供。他
　　對「直接性的範疇」提出解說。

W: 出版一本書《歷史小說》，也同時有日文版。《德國中央報》
　　有〈無產階級人道主義〉、〈關於 Johannes R. Becher〉、〈Julius
　　Hays "Haben" 戲劇〉、〈關於托爾斯泰〉、〈狄德羅與現實主義
　　理論的問題〉。《國際文學》的〈瓦特・史考特與歷史小說〉、
　　〈對於德國反法西斯作家的歷史小說——自由主義與民主之
　　爭〉，另又以匈牙利文發表於《新聲》、〈馬克思與意識形態
　　衰敗的問題〉、〈托爾斯泰與現實主義的發展〉。《談論》的〈在
　　市民美學中的和諧人的理想〉、〈關於現實主義?〉、〈夸特(Hen-
　　ri Quatre)國王的青年〉、〈未發表過的托爾斯泰的遺稿〉、〈在
　　托爾斯泰美學裡的粗俗人道主義?〉，也以匈牙利文刊於《新
　　聲》。在莫斯科《新聲》都以匈牙利文再將這一年發表過的文
　　章重新刊載。 〈文學批判的歷史小說與市民現實主義的危

機〉、〈民主人道主義的歷史小說〉。

1939 年

L: 1923 年 11 月到 1940 年 3 月,盧卡奇每次在蘇聯文藝科學討論會都發揮他的影響力。他提出實際性如何在意識形態世界觀上仲介到人造的形象。

W: 《文學批判》的〈關於二種藝術家〉俄文、〈關於齊威格(Arnold Zweig)的戰爭小說〉俄文、〈藝術家和評論家〉。《新聲》的〈歐迪(Ady)──匈牙利大歌唱家的悲劇〉、〈社會主義的現實主義〉、〈寫作專精的責任〉、〈對十九世紀俄國革命批判的評論〉。《國際文學》的〈塞戈(Anna Segher)與盧卡奇往來的書信〉及〈作家與批評家〉。

1940 年

L: 僅在二家雜誌發表文章。雖然文章的篇數是很多,但主要的內容仍舊是不多;只不過是以各種語文再版而已。

W: 《國際文學》的〈保民官或官僚〉、〈埃森多夫〉(Eichen-dorff,1788 ~ 1857 年,德國詩人)及〈拉貝〉(Wilhem Raabe)。《新聲》的〈戰鬥或投降〉、〈三年的左拉〉、〈一次又一次:什麼是匈牙利?〉及〈匈牙利民主史與現代民主史〉。

1941 年

L: 被捕,在以格奧基・季米特洛夫為首的德國和奧地利知識份子進行干預後獲得釋放。在 10 月盧卡奇被迫與蘇維埃作家聯盟的所有成員撤退到沓許肯特(Taschkent)。該地恰好是該聯盟的德國分部所在點,更使一些平常不易相見的作家有機會共事。例如: J. R. Becher, A. Gabor, F. Leschnitzer, G. v. Wangenheim, E. Weinert, F. Wolf。〈德國又如何成為反動意

識形態的中心?〉的草稿 1982 年於布達佩斯被 L. Sziklai 出
版。它主要是徹底批判德國從古典人道主義到法西斯主義的
野蠻行為的德國歷史之路。

W: 《共產國際》的〈海涅與 1848 年革命的意識形態準備〉。《國
際文學》的〈實現性與逃避〉、〈浮士德之研究〉(Faust- Studien,
I、II)。《文學評論》的〈威爾特〉(Georg Weerth)。《新聲》
的〈高基的條理藝術〉、〈序言或跋〉、〈實現性與逃避〉、〈辭
職〉及〈Babits Mihaly 的陳述〉。

1942 年

L: 仍然停留在莫斯科，並在三個機構工作： 蘇聯科學院(Die
Akademie der Wissenschaften der UdSSR)、《國際文學》及
在莫斯科發行的《新聲》。

W: 《國際文學》的〈放逐的詩〉及〈內在的光是最陰暗的發光
方式〉。

1943 年

L: 這一年如同 1942 年只為《國際文學》雜誌寫文章。

W: 僅有五篇文章:〈關於普魯士之風尚〉、〈刺蝟〉、〈沙勒〉(Adam
Scharrer)、〈德國法西斯主義與黑格爾〉及〈德國法西斯主義
與尼采〉。

1944 年

L: 過了 26 年的流亡生活，12 月回到祖國，在布達佩斯大學擔
任文學與文化哲學課的正教授。把一些出了名的文學作品用
不同語言發表。又是四個機構的成員：「匈牙利國會」(Der
ungarische Parlament)、「匈牙利科學院主席團」(Mitglied des
Präsidium der Ungarischen Akademie der Wissenschaften)、

「愛國人民陣線地區會員」(Mitglied des Landesrates der pa-
triotischen Volksfront)及「世界和平會員」 (Mitglied des
Weltfriedensrates)。

W: 〈作家的責任〉匈牙利文、〈命運的轉變〉及〈敘述或描述?〉
中文版。

1945 年

L: 仍是布達佩斯大學正教授。1945 ～ 1946 年,在《自由人民》
與《新語》二家雜誌社工作。盧卡奇尤其以俄羅斯及蘇維埃
的文學為寫作的主題。

W: 在〈作家的責任〉德文附一篇〈前言〉。《自由人民》的〈匈
牙利知識界與民主〉、〈民主之路〉、〈論壇俱樂部〉、〈黑色的
聖誕節〉、〈加拉夫優夫的家庭〉、〈托爾斯泰與西方文學〉。《國
際文學》有〈帝國主義時代的德國文學〉、〈追求市民〉、〈德
國文學的進步與反動?〉。《建構》的〈種族幻想是人類進步
的敵人〉及《火花?》的〈Jozsef Attila 的詩歌〉。

1946 年

L: 在匈共黨第三次大會上發表談話。9月與雅斯培(Karl Jaspers)
以日內瓦的國際衝突為歐洲的精神主題進行論戰。之後,在
9月召開日內瓦國際會議上, 提出一篇與梅洛‧龐蒂(Mau-
rice Merleau-Ponty)討論有關〈馬克思主義前的歐洲精神〉為
題的報告——〈貴族的世界觀或民主的世界觀〉依據《盧卡
奇之研究》日文版附錄第 10 頁記載, 這一篇報告被蒐集在
《存在主義或馬克思主義?》第二章裡,但經編者查證由日人
城塚登翻譯該書第二章標題是「從現象學到存在主義」,然而
該篇則蒐編在邊瑟勒(Frank Benseler)的《盧卡奇的革命思

想》裡面的第三章 197 頁。盧卡奇一再提出這一篇文章之目的乃是強調意識形態的探討及對抗法西斯主義與威脅和平的反動。1946 ～ 1956 年在一家專為文化政策問題的《社會展望》雜誌工作。1946 ～ 1949 年在布達佩斯的《論壇》工作。

W: 出版六本書:《新德國文學史之概略》、《偉大的蘇俄現實主義》、《為天秤的人民作家》、《歌德及其時代》、《尼采及法西斯主義》 及 Gorrfried Keller 著《蘇聯民族少數的國家出版社》的一篇導論。《社會展望》的〈民主與文化〉、〈社會主義之路〉、〈文藝與民主〉、〈Moricz Zsigwond 的覺醒〉、〈社會主義〉、〈Osvat Ernoe 的作品〉、〈評 Barcsai Geza 著的《對抗德國帝國主義的匈牙利科學生活》〉及〈評 Szalai Sandor 著的《社會的現實性與社會科學》〉。《自由人民》的〈列寧〉、〈匈牙利民主文化問題〉、〈盧卡奇說明日內瓦之路〉、〈評 Fogarasi Bela 著的《馬克思主義與邏輯》〉。《新語》的〈沙第可夫—史德林〉(Szaltikov-Scsedrin)、〈普希金〉(Puskin) 及〈歐斯特羅夫斯基〉(Osztrovszkij)這三篇都是蘇聯的作家名字。《實際性》的〈民主的危機或右派批判〉、〈普魯士王國〉。《文藝報》的〈托爾斯泰文學裡的粗俗人道主義〉。《新匈牙利國》的〈最後的算帳〉。《論壇》的〈匈牙利文學的特性〉、〈新月〉、〈第一號的答覆〉、〈貴族的世界觀與民主的世界觀〉、〈存在主義〉。《知識份子與人民的民主》的〈知識份子的認識加上馬克思主義觀〉、〈勞工運動與勞工文化〉、〈列寧與文化的問題〉。《文藝報》的〈飛連刺 (Ferenc 是匈牙利男人的姓) 的樹園〉。《彩虹》的〈受歡迎的裁縫師〉。《人民教育》

的〈敘述蘇俄科學生活〉。《馬、恩藝術，文藝與火花》的〈馬、恩美學著作之導論〉。《現代月刊》的〈普魯士思想與納粹主義〉。《遺產與未來》的〈尼采為法西斯主義美學的先驅〉。《建構》的〈第一次世界大戰前德國社會學〉及〈二次世界大戰間的德國社會學〉。《新方向》的〈現代社會的精神危機〉。《日日展望》的〈十九世紀悲劇的民主〉。《殿》的〈馬克思主義前的歐洲精神〉及〈歐洲二大哲學——馬克思主義與存在主義〉。《論壇》的〈貴族世界觀與民主世界觀〉。

1947 年

L: 1947～1955 年在《星星》雜誌工作。有一篇在布達佩斯的《火花》雜誌上發表的文章——〈文學與民主〉，盧卡奇以匈牙利人民的民主進行研討文化的問題。

W: 出版十二本書《歌德及其時代》、《德國文學的進步與反動》、《文學與民主》、《歷史小說》、《馬克思主義美學的根基》、《作品與教育推動》、《市民足跡》、〈托瑪斯・曼的中產階級〉、《列寧與文化的問題》羅馬尼亞版、《市民哲學的危機》。《論壇》的〈對新舊逸聞〉、〈卡沙克(Kassk)的六十週年紀念〉、〈自由或藝術的方向〉、〈不佳小說的選錄〉、〈非黨派的社會生活〉、〈評文藝討論〉、〈匈牙利的藝術理論〉、〈世界景像的變遷〉。《自由人民》的〈論共產主義的美學〉。《社會展望》的〈透視資本主義世界景像改革〉。

1948 年

L: 1948～1949 年都在《年輕匈牙利》雜誌社工作。前往巴黎參加紀念黑格爾大會，並在 8 月前往華沙參加世界和平會議並報告一篇〈知識份子的責任〉。

W: 《關於現實主義》、《青年黑格爾》、《命運的轉變》、《馬、恩
二人為文藝史家》、《存在主義或馬克思主義》法文版、《現實
主義的問題》、《新匈牙利文化》、《新民主的馬克思主義哲學
作品》及《修正的文學理論與文學學說》。

1949 年

L: 1949 ～ 1956 年為匈牙利國會的成員；匈牙利科學院主席團
的成員；愛國人民陣線地區的成員；在華沙波蘭科學院的榮
譽成員。1949 ～ 1955 年在柏林的《意義與形式》雜誌社工
作，但是大部份是重新翻印。這一年的 1 月參加巴黎黑格爾
研討會報告〈黑格爾研究的問題〉。被迫做自我批判。

W: 《馬克思與恩格斯的文藝理論》、《市民哲學的危機》、《偉大
的蘇俄現實主義者》。另又發行德文版，附上前言的《尼采與
法西斯主義》、《歌德及其時代》另有義大利版。《國家論壇》
的〈為何吾人興趣於德國文學?〉。

1950 年

L: 1950 ～ 1953 年，1955 年，1962 年在《文學報》工作。

W: 第二加大版本《歌德及其時代》、《德國文學的進步與反動》、
《帝國主義時代的德國文學》及《歐洲現實主義之研究》。

1951 年

L: 1951 ～ 1955 年在《文學報》工作。被迫遠離政治生活。

W: 《存在主義或馬克思主義?》、《建構》的〈偉大祖國戰爭的英
雄〉、《史達林作品的語言學及文學》、《意義與形式》的〈古
噴泉〉。《文學報》的〈文學與藝術當做上層結構〉。

1952 年

L: 從這一年起盧卡奇參加機構的活動遠超過雜誌社的數量。

W：《巴爾扎克與法國現實主義》、〈十九世紀德國諸現實主義者〉、《世界文學中的蘇聯現實主義》。《哲學年鑑》的〈二次革命期間非理性主義的建立〉。

1953 年

L：1953 ～ 1956 年參與德國哲學雜誌社的工作並把《理性的毀滅》及《美學史》的文章登載於該雜誌上。

W：《論美學史》。《德國哲學雜誌》的〈謝林的非理性主義〉、〈祁克果〉。《文學報》的〈談匈牙利學院〉。

1954 年

L：1954 ～ 1956 年都在《新德國文學》工作。又在柏林建構出版社發行三本書。

W：《理性的毀滅》、《美學的獻議》、《青年黑格爾與資本主義社會的問題》。《德國哲學雜誌》的〈藝術與客觀真理〉、〈青年馬克思的哲學發展〉及〈古典哲學的特殊性問題〉。

1955 年

L：為德國科學院的通訊院士。柏林出版社發行《盧卡奇七十大壽論文集》。

W：《歷史小說》。

1956 年

L：盧卡奇曾在《歷經過的思想》，說到出版他的全集構想。以義大利文出版 1947 年前部份發表過的書。10 月時是匈共黨的中央委員之一，並被提名為文化部長，但拒絕接受。11 月因整甲運動而被逮捕，和妻子蓋爾特魯德一起被送到羅馬尼亞的監獄，到 1957 年 4 月初回到匈牙利。

W：《德國哲學雜誌》的〈特殊性為美學主要的範疇〉。

1957 年

L: 展開有關美學與存有學的寫作。這一年再版的書以日文及義
大利文之譯本為主。

W: 《尼采》。

1958 年

L: 在東德出版盧卡奇的作品之後， 許多學者展開批判他的理
論。同時他也撰寫文章批判史達林。把《歷史與階級意識》
裡的文章分篇譯成法文發表。

W: 《駁斥誤解的現實主義》、《從歌德到巴爾扎克》。

1959 年

L: 主要再版翻譯從 1956 ～ 1958 年已發表過的書。

W: 《理性的毀滅》。

1960 年

L: 柏林建構出版社發行一本《盧卡奇與修正主義》。

W: 《存在主義或馬克思主義?》。

1961 年

L: 由彼得・魯次(Peter Ludz)出版《論文藝社會學》。

W: 〈藝術反映實際性、資本主義社會與現代文學〉、〈階級意識〉。

1962 年

L: 盧卡奇寫給阿貝透・克羅齊(Alberto Carocci)的信裡再次清
算史達林。

W: 《理性的毀滅》並附新的前言、《歷史小說》由 Merlin Press,
London、Beacon Press, Boston 二家出版。

1963 年

L: 1962 年出版《百科全書》指出盧卡奇被開除黨籍一事，為盧

卡奇嚴厲反駁並聲稱他一直受到不斷的譴責（直至 1970 年情形仍未有所改變）。

W: 《美學的特性》有 I、II 二冊，《小說理論》(*La Theorie du Roman*)及《小說理論》(*Teoria del romanzo*)。

1964 年

L: 1 月 18 日接受《普拉格雜誌》之訪問。

W: 《現實主義的問題》第 2 集，及《二百年的德國文學》。《論壇》的〈文化共存的問題〉、〈對中蘇爭議的反省〉、〈戲劇與環境〉。

1965 年

L: 慶祝 4 月 13 日八十大壽並出版論文集。

W: 《小說理論》。〈介於修正主義與教條主義之間的盧卡奇〉。

1966 年

L: 9月有三個人，霍爾次(Hans Heins Holz)、郭夫勒(Leo Kofler)及阿扁德羅特(Wolffgang Abendroth)訪問盧卡奇，並在廣播電臺播送。完成「經歷的思想」訪談部份。

W: 《與盧卡奇的對話》，分別在 1967 年及 1968 年出版。

1967 年

L: 寫一篇《歷史與階級意識》新序文。再次加入匈牙利共產黨。

W: 《美學範疇的特殊性》之〈前言與跋〉。

1968 年

L: 獲得扎格列普大學(Die Universität Zagreb)的榮譽博士。

1970 年

L: 獲艮特大學(Die Universität Gent)的榮譽博士。接受英國《新左派評論》編輯部的專訪。這篇專訪發表在《新左派評論》

第 68 期。

1971 年

L: 1 月口述他的自傳。3 月到 5 月完成校正，1966 年對話式的
自傳之錄音帶譯稿。6 月 4 日逝世。

參考書目

(1) 盧卡奇的原著作與譯文

Part Ⅰ　德文版(Georg Lukács Werke Gesamtausgabe):

Bisher erschienen und lieferbar:

1. Band 2, *Frühschriften I——Geschichte und Klassenbewußtsein*
2. Band 4–6, *Probleme des Realismus* I, II, III
3. Band 7, *Deutsche Literatur in zwei Jahrhunderten*
4. Band 8, *Der Junge Hegel*
5. Band 9, *Die Zerstörung der Vernunft*
6. Band 10–12, *Probleme der Ästhetik*
7. Band 15, *Entwicklungsgeschichte des modernen Dramas*
8. Band 16–17, *Frühe Schriften zur Ästhetik*

以上全輯由 Hermann Luchterhand Verlag GmbH.出版。

Part II 日文版本:

共有十四冊（於緒論的資料探討部份有詳述）

(2) 中文部份

1. 卡爾・馬克思，《哲學的貧困》，臺北: 谷風出版社，民國 77 年。

2. 西斯蒙第，《政治經濟新原理》，北京: 商務印書館，1977 年。

3. 列寧，《唯物主義和經驗批判主義》，北京: 人民出版社，1973 年。

4. 克萊博，《當代社會理論》，臺北: 桂冠圖書公司，民國 76 年。

5. 李英明，《哈伯馬斯》，臺北: 東大圖書公司，民國 75 年。

6. 李卜克拉西著，《價值學說史》，上海: 黎明書局，民國 22 年。

7. 洪鎌德著，《傳統與反叛》，臺北: 臺灣商務印書館，民國 74 年。

8. 恩格斯，《自然辯證法》，北京: 人民出版社，1971 年。

9. ___.《1848 年至 1850 年的法蘭西階級鬥爭以及內戰》，北京: 人民出版社，1970 年。

10. 馬克思・韋伯，《新教倫理與資本主義精神》，臺北: 谷風出版社，民國 77 年。

11. 馬、恩、列，《自然辯證法文選》，北京: 人民出版社，1980 年。

12. 中共中央馬、恩、列、斯著作編譯局，《馬恩全集》，卷 1、2、3、13、21、23、25，北京: 人民出版社，1975 年。

13. 陳墇津，《科西與西方馬克思主義》，臺北: 森大圖書公司，民國 76 年。

14. 陳秉璋，《社會學理論》，臺北: 三民書局，民國 74 年。

15. 張振東，《西洋哲學導論》，臺北: 學生書局，民國 67 年。

16. 張茂桂，《社會實體與方法》，臺北：巨流圖書公司，民國 78 年。

17. 傅偉勳，《哲學與宗教》第 1、2、3 集，臺北：東大圖書公司，民國 79 年。

18. 鄭學稼，《列寧主義國家論之批判》，臺北：國際共黨問題研究社，民國 66 年。

19. 閻嘯平，《馬克思理論的詮釋》，臺北：桂冠圖書公司，民國 79 年。

20. 盧彬，《經濟思想史》，上海：新生命書局，民國 20 年。

21. 戴維・麥克萊倫，《馬克思以後的馬克思主義》，臺北：谷風出版社，民國 77 年。

22. ___.《青年黑格爾學派與馬克思》，臺北：谷風出版社，民國 76 年。

(3) 外文部份

Part I　Books and Reviews

A. Books in German:

1. Apitzsch, Ursula. *Gesellschaftstheorie und Ästhetik bei Georg Lukács bis 1933*. Stuttgart-Bad Cannstatt: Frommann-Holzboog, 1977.

2. Autorenkollektiv. *Georg Lukács. Verdinglichung und Klassenbewußtsein*. Berlin, 1975.

3. Bahr, Ehrhard. *Georg Lukács*. Berlin: Colloquium Verlag,1970.

4. Ban, Sung-wan. *Das Verhältnis der Ästhetik Georg Lukács zur deutschen Klassik und zu Thomas Mann*. Frankfurt am Main: Pe-

ter Lang, 1977.

5. Benseler, Frank. *Festschrift zum achtzigsten Geburtstag von Georg Lukács*. Neuwied am Rhein: Luchterhand, 1965.

6. Beyer, Wilhelm Raimund. *Vier Kritiken: Heidegger, Satre, Adorno, Lukács*. Köln: Pahl-Rugenstein, 1970.

7. Brumm, Barbara. *Marxismus und Realismus am Beispiel Balzac —Eine kritische Auseinandersetzung mit Marx, Engels, Lukács und Barberis*. Frankfurt am Main: Peter Lang, 1982.

8. Cerutti, Furio, Claussen, D. *Geschichte und Klassenbewußtsein heute: Diskussion und Dokumentation*. Amsterdam: Verlag de-Munter, 1971.

9. Dutschke, Rudi. *Versuch, Lenin auf die Füße zu stellen: Über den halbasiatischen und den westeuropäischen Weg zum Sozialismis. Lenin, Lukács und die Dritte Internationale*. Berlin: Wagenbach, 1974.

10. Ebadian, Mahmoud. *Die Problematik der Kunstauffassung Georg Lukács*. Hamburg: Buske,1977.

11. Katzbach, Karl August, Hrsg. *Ernst, Paul und Georg Lukács Dokumente einer Freundschaft*. Düsseldorf: Paul-Ernst Gesellschaft-Emsdetten, Lechte,1974.

12. Farner, Konrad. *Der Aufstand der Abstrakkonkreten oder die Heilung durch den Geist*. Neuwied: Luchterhand, 1970.

13. Fuerst, Norbert. *Ideologie und Literatur*. Düsseldorf: Paul Ernst Gesellschaft-Emsdetten, Lechte, 1975.

14. Gallas, Helga. *Marxistische Literaturtheorie—Kontroversen im*

Bund proletarisch-revolutionärer Schriftstellen. Neuwied: Luchterhand, 1971.

15. *Georg Lukács zum 70. Geburtstag.* Berlin: Aufbau-verlag, 1955.

16. *Georg Lukács und der Revolutionismus.* Berlin: Aufbau-verlag, 1960.

17. *Georg Lukács — Sein Leben in Bildern, Selbstzeugnissen und Dokumenten.* Stuttgart: Metzler, 1981.

18. *Georg Lukács: Eine Autobiographie im Dialog.* Frankfurt am Main: Suhrkamp, 1981.

19. *Geschichte und Klassenbewußtsein heute.* Frankfurt am Main: Materialismus Verlag, 1977.

20. *Gespräche mit Georg Lukács.* Rheinbek bei Hamburg: Rowohlt, 1967.

21. Girnus, Wilham. *Von der unbefleckten Empfängnis des Ästhetischen — zur Ästhetik von Georg Lukács.* Berlin: Akademie Verlag, 1972.

22. Goldmann, Lucien. *Lukács und Heidegger.* Darmstadt, Neuwied: Luchterhand, 1975.

23. Grunenberg, Antonia. *Burger und Revolutionär — Georg Lukács 1918–1928.* Köln: EVA, 1976.

24. Gutte, Rolf. *Marxistische Literaturbetrachtung mit besonderer Berücksichtigung der Theorie von Georg Lukács.* Marburg: Marburg Univ., 1957.

25. Hanak, Tibor. *Lukács was anders.* Meisenheim a. Glan: Hain, 1973.

26. Hauser, Arnold. *Im Gespräch mit Georg Lukács*. München: Beck, 1978.

27. Hellerbart, Gyula. *Georg Lukács und die ungarische Literatur*. Hamburg: Author, 1975.

28. Heller, Agnes, u.a. *Die Seele und das Leben — Studien zum frühen Lukács*. Frankfurt am Main: Suhrkamp, 1977.

29. Hermann, Istvan. *Die Gedankendwelt von Georg Lukács*. Budapest: Akademiai Kiado, 1978.

30. Jurgensen, Manfrede. *Deutsche Literaturtheorie der Gegenwart — Georg Lukács*. München: Franke, 1973.

31. Kammler, Jörg. *Politische Theorie von Georg Lukács*. Darmstadt, Neuwied : Luchterhand, 1974.

32. Kettler, David. *Marxismus und Kultur*. Neuwied Berlin: Luchterhand, 1967.

33. Kofler, Leo. *Haut den Lukács. Realismus und Subjektivismus*. Lollar: Achenbach, 1977.

34. Krueckeberg, Edward. *Der Begriff des Erzählens im 20. Jahrhundert zu den Theorie Benjamins, Adornos und Lukács*. Bonn: Bouvier, 1981.

35. Kutzbach, Karl August. *Paul Ernst und Georg Lukács*. Emsdetten: Lechte, 1974.

36. Lacko, Miklos. *Politik, Kultur, Literatur*. Budapest: Akademiai Kaido, 1980.

37. Lichtheim, Georg. *Georg Lukács*. München: DTV, 1971.

38. Ludwig, Martin H. *Industriereportage in der Arbeiterliteratur —*

Theoretische Positionen und Beispiel. Beyer, 1977.

39. Lukács, G. *Dialetik zwischen Idealismus und Proletariat.* Köln: Pahl Rugenstein, 1978.

40. *Georg Lukács.* München: Boorberg, 1973.

41. *Georg Lukács zum 13 April 1970.* Berlin: Luchterhand, 1970.

42. Matzer, J. Hrsg. *Lehrstuck Lukács.* Frankfurt am Main: Suhrkamp, 1974.

43. Meszaros, I. Hrsg. *Aspekte von Geschichte und Klassenbewußtsein.* München: List, 1972.

44. Mittenzwei, W. Hrsg. *Dialog und Kontroverse mit Georg Lukács.* Leipzig: Reclam, 1975.

45. Raddatz, Fritz J. *Georg Lukács in Selbstzeugnis und Bilddokumenten.* Rheinbek bei Hamburg: Rowohlt, 1972.

46. Renner, Rolf G. *Ästhetische Theorie bei Georg Lukács — zu ihrer Genese und Struktur.* München: Francke, 1976.

47. Rosshoff, H. *Emile Lask als Lehrer von Georg Lukács —Zur Form ihres Gegenstundsbegriffs.* Bonn: Bouvier, 1975.

48. Schmitt, H. Hrsg. *Der Streit mit Georg Lukács.* Frankfurt am Main: Suhrkamp, 1978.

49. Treptow, E. *Aspekte zu Epikur, Lukács, Habermas.* München: Verlag Uni-Druck, 1978.

50. Turk, H. Hrsg. *Klassiker der Literaturtheorie von Boileau bis Barthes.* München: Beck, 1979.

51. Witschel, G. *Ethische Probleme der Philosophie von Georg Lukács.* Bonn: Bouvier, 1981.

52. Zmegac, V. *Kunst und Wirklichkeit: Zur Literaturtheorie bei Brecht, Lukács, und Bloch*. Hamburg: Gehlen, 1969.

B. Books in French:

1. Arvon, H. *Georg Lukács ou le front populaire en litterature*. Paris: Seghers, 1968.

2. ___. *Georg Lukács' porblème du realisme*. Paris: L'arche, 1975.

3. Bahr, Ehrhard. *La pensée de Georg Lukács*. Toulouse: Privat, 1972.

4. Bourdet, Yvon. *Figures de Lukács*. Paris: Editions Anthropos, 1972.

5. *Europe (Paris)*, vol. 57, no. 600, 1979. Special issue devoted to Lukács.

6. Fischbach, Fred. *Lukács, Bloch, Eisler: contribution a l'histoire d'une controverse*. Lille: Presses Universitaires de Lille, 1979.

7. Holz, Hans, H. *Conversations avec Lukács*. Paris: F. Maspero, 1969.

8. *L'Homme et la Societé*, no. 43–44, 1977. (Special issue containing previously unpublished Lukács material and essays).

9. Loewy, Michael. *Pour une sociologie des intellectuels revolutionnaires. L'evotion politique de Lukács, 1909–1929* (*Sociologie d'aujourd'hui*). Paris: Presses Universitaires de France, 1976.

10. ___. *Marxisme et romantisme revolutionnaire. Essai sur Lukács et Rosa Luxembourg*. Paris: Le Sycamore, 1979.

11. *Lukács-Goldmann: Dialectiques et sciences humaines*. By Gold-

mann in Cerisy, 1982.

12. Revai, Jozsef. *La litterature et la democratie populaire, ā propos de G. Lukács.* Paris: Edition de la Nouvelle Critique, 1950.

13. Tertulian, Nicolian, Nicolas. *Georg Lukács: Étapes de la pensée esthetique.* Paris: Le Sycamore, 1980.

    C. Books in English:

1. *Bloch, Ernst, G. Lukács, B. Brecht, W. Benjamin, and T. Adorno, Aesthetics and Politics.* Edited by Roland Taylor. London: New Left Books, 1977.

2. Bahr, E. *Georg Lukács.* New York: Frederick Ungar, 1972.

3. Cambridge Review: *"Georg Lukács" A Memorial Symposium.* Special number xciii (28 Jan. 1972).

4. Fekte, Eva. *Georg Lukács: His Life in Pictures and Documents.* Budapest: Corvina, 1981.

5. "In Memoriam Georg Lukács." *The New Hungarian Quaterly (Budapest) 13* (Autumn 1972) pp. 3–167.

6. Kilminster, R. *Praxis and Method —A Sociological Dialogue with Lukács, Gramsci and the Early Frankfurt School.* London: Routledge and Kegan Paul, 1979.

7. Kiralyfalvi, Bela. *The Aesthetics of Georg Lukács.* Princeton, N. J.: Princeton Univ. Press, 1975.

8. Murphy, Peter. *Writings by and about Georg Lukács: A Bibliography.* New York: American Institute for Marxist Studies, 1976.

9. Revai, Jozsef. *Lukács and Socialist Realism.* London: Fore Publi-

cation, 1950.

10. *Telos*, no. 10, Winter 1971, pp. 3–154, and Spring 1972, pp. 3–160.

11. *The Philosophical Forum*, Spring-Summer 1972, vol. 3, no. 3–4, pp. 308–510.

Part II   Special Journal Issues

1. *Europe*, vol. 57, no. 600, 1979. pp. 3–192.

2. *Praxis*, no. 3, May-June, 1966.

3. *Revue Internationale de Philosophie*, vol. 27, no. 106.

4. *The Philosophical Forum*, vol. 3, nos. 3–4, Spring-Summer 1972.

5. *Weimarer-Beiträge*, vol. 4, 1958.

Part III   Dissertations and Theses

1. Apitzsch, Ursula. *Gesellschaftstheorie und Ästhetik bei Georg Lukács bis 1955*. Frankfurt am Main, 1976.

2. Arato, Andrew. *The Search for the Revolutionary Subject. The Philosophy and Social Theory of the Young Lukács 1910–1923*. Univ. of Chicago, 1975.

3. Ban, Sung-wan. *Das Verhältnis der Ästhetik Georg Lukács zur deutschen Klassik und zu Thomas Mann*. Berlin (FU), 1976.

4. Barsony, L. *Kritik des Begriffs Realismus bei Georg Lukács*. Master's Thesis, McGill Univ. Montreal, 1971.

5. Breines, Paul. *Lukács and Korsch 1910–1932. A Study of the Genesis and Impact of Geschichte und Klassenbewußtsein,*

Marxismus und Philosophie. Univ. of Wisconsin, 1927.

6. Csorba, Sylvia. *Georg Lukács und seine deutschen Kritiker seit 1956*. Edmonton, Univ. of Alberta, 1975.

7. D'amico, Robert. *Consciousness and History. Phenomenological and Structuralist Philosophies of the Human Sciences.* State Univ. of New York at Buffalo, 1974.

8. Drees, Martin. *Alltag und Vergegenständlichung. Eine kritische Rekonstruktion zentraler Aspekte des Gesamtwerkes von Georg Lukács.* Bonn, 1981.

9. Ebadian, Mahmoud. *Die Problematik der Kunstauffassung Georg Lukács.* Hamburg,1977.

10. Federici, Silvia. *The Development of Lukács' Realism.* State Univ. of New York at Buffalo, 1980.

11. Feenberg, Andrew L. *The Dialectics of Theory and Practice.* San Diego Univ. of California, 1972.

12. Froschner, Gunter. *Die Herausbildung und Entwicklung der geschichtsphilosophischen Anschauungen von Georg Lukács. Kritik revisionistischer Einstellungen des Marxismus-Leninismus.* Berlin, Inst. für Gesellschaftswiss. Beim ZK d. SED, 1965.

13. Grunenberg, Antonia. *Der Zusammenhang zwischen Links-radikalismus und Geschichtsphilosophie in Praxis und Theorie von Georg Lukács (1918–1928).* Berlin (FU), 1975.

14. Huber, Hans Herbert. *Die Kategorie Arbeit bei Lukács und das logisphänomenale Bewußtsein, gefaßt im gesellschaftlichen Sein.* Dipl-Arbeit Linz, 1975.

252 · 盧卡奇

15. Kammler, Jörg. *Politische Theorie von Georg Lukács: Struktur und historischer Praxisbezug bis 1929.* Marburg, 1972.

16. Kadarkay, Arpad. *Georg Lukács: An Intellectual Portrait.* Santa Barbara Univ. of California, 1969.

17. Kaufmann, Robert L. *The Theory of the Essay: Lukács, Adorno, and Benjamin.* San Diego Univ. of California, 1981.

18. Loewy, Michael. *L'évotion politique de Lukács 1909–1929: contribution à une sociological de l'intelligentsia revolutionnaire.* Uni. de Paris V. F., 1975.

19. Ludz, Peter. *Der Ideologiebegriff des jungen Marx und seine Fortentwicklung im Denken von Georg Lukács und Karl Mannheim.* Berlin (FU), 1956.

20. Mackenthun, Minfried. *Methodologische Aspekte des Wirklichkeitsbegriffs einer marxistisch sich verstehenden Soziologie der Literatur, dargestellt am Beispiel der Theorie von Georg Lukács.* Bochum, 1972.

21. Maretzky, Klaus-Dieter. *Geschichte und Klassenbewußtsein. Probleme der Marx-rezeption in Georg Lukács geschichtsphilosophischen Werk.* Berlin (FU), 1970.

22. Manaard, Jacques. *Humanisme et realisme dans l'esthetique de Georg Lukács.* Paris, 1974.

23. Paetzel, Peter. *Zum allgemeinen Verhältnis von Gesellschaftstheorie und Erkenntnistheorie. Untersuchungen zu Alfred Sohn-Rethel und Georg Lukács.* Berlin (FU), 1975.

24. Parker, Pamela Ann. *Lukács on Kant: A Study in Dialectical Ma-*

terialism. June 1981.

25. Patterson, Patriack. *German Philosophy and the Premarxist works of Georg Lukács.* Unpublished Master's Thesis. San Diego State Univ., 1974.

26. Rosshoff, Hartmut. *Zur Form des Gegenstandsbegriffs bei Emile Lask und dem frühen Georg Lukács.* Berlin (FU), 1970.

27. Rucker, Silvie. *Totalität bei Georg Lukács und in nachfolgenden Diskussionen.* Univ. Münster, BRD., 1973.

28. Schmidt, James W. *From Tragedy Dialectics. The Theoretical Implications of Lukács' Path from Simmel to Marx.* Massachusetts Institute of Technology, 1974.

29. Schneider, Christian. *Essay, Moral, Utopie. Ein Kommentar zur essayistischen Periode Georg Lukács.* Univ. Hannover, 1979.

30. Seidel, H. *Zur Entwicklung der marxistisch — leninistischen Philosophie in Deutschland in der Periode des ersten Weltkrieges der Novemberrevolution und der revolutionären Nachkriegskrise.* Univ. Leipzig, 1971.

31. Thom, Martina. *Das theoretische Wesen und die politische Funktion des neuhegellianischen Revisionismus in den zwanziger Jahren unseres Jahrhunderts in Deutschland, unter besonderer Berücksichtigung von Georg Lukács und Karl Korsch.* Univ. Leipzig, 1964.

32. Werness, George. *Georg Lukács and Socialist Realism, 1930– 1950.* Univ. of California at Santa Barbara, 1973.

33. Wirkus, Bernd. *Zur Dialektik der Aufklärung in der Ästhetik:*

Struktur und Methodenprobleme der Ästhetik Georg Lukács. Univ. zu Kologne, Selbsverlag, 1975.

34. Zimmerman, Marc Jay. *Genetic Structuralism: Lucian Goldmann's Answer to the Advent of Structuralism.* Univ. of California at San Diego, 1975.

35. Zitta, Victor. *Georg Lukács: A Study in Study in the Genesis and the Nature of His Marxist Outlook and Communist Involvement.* Univ. of Michigan, 1962.

Part IV   Essay and Articles

A. Studies in German:

1. Abusch, Alexander. "Lukács revisionistischer Kampf gegen die sozialistische Literatur." In *Kulturelle Probleme des Sozialistischen Humanismus.* Berlin: 1962, pp. 325–337; und in *Humanismus und Realismus in der Literatur.* Leipzig: 1971, pp. 167–180.

2. ___. "Er kann das Alte in sich nicht überwinden." *Sonntag XIII*, no. 25 (1958).

3. Adorno, T. W. "Erpresste Versöhnung. Zu Georg Lukács: 'Wider den missverstandenen Realismus' ." *Noten zur Literatur*, vol. II. Frankfurt am Main, 1961, pp. 152–187. First published in *Der Monat* (November 1958): 37–49.

4. Andersch, Alfred. "Zu einem Vorwort von Georg Lukács." *Neue Rundschau 75*, no. 1 (1964): 181–184.

5. ___. "Zu e. neueren Bemerk von Georg Lukács (1964)." In his *Die Blindheit D. Kunstwerks.* 1965, pp. 61–65.

6. Anonymous. *Der Spiegel*, no. 24 (June 1971): p. 160.

7. ___. "Ein Gespräch mit Georg Lukács." *Osteuropa 20* (1970): 505–511.

8. ___. "Lukács. Wieder an die Brust." *Der Spiegel 21*, no. 45 (1967): 194–196.

9. Aron, Raymond. *Deutsche Sozialogie der Gegenwart*. Stuttgart: Alfred Kroener Verlag, 1953.

10. Back, Joachim, Hrsg. *Literatursoziologie. I. Begriffe und Methodik. II. Beiträge zur Praxis*. Stuttgart: Kohlhammer, 1977.

11. Bahr, Ehrhard. "Die angelsachische Lukács-Renaissance." *Text + Kritik* no. 39/40 (October 1973): 70–75.

12. Baier, Lothar. "Streit um den schwarzen Kasten. Zur sogenannten Brecht-Lukács-Debatte." In *Lehrstuck Lukács*. Jutta Matzner, Hrsg. Suhrkamp, 1974, pp. 244–255.

13. ___. "Vom Erhabenen der proletarischer Revolution. Ein Nachtrag zu 'Brecht-Lukács-Debatte'." In *Der Streit mit Georg Lukács*. H.–J. Schmitt, Hrsg. Suhrkamp, 1978, pp. 55–76.

14. Balogh, Elemer. "Zur Kritik des Irrationalismus.— eine Auseinandersetzung mit Georg Lukács." *Deutsche Zeitschrift für Philosophie 6* (1958): 253–272; 622–633. Reprinted in Georg Lukács und der Revisionismus. Berlin: Aufbau-verlag, 1960.

15. Barck, Simone. "Wir wurden mündig erst in deiner Lehre...Der Einfluß Georg Lukács' auf die Literaturkonzeption von Johannes R. Becher." In *Dialog und Kontroverse mit Georg Lukács: Methodenstreit deutscher sozialistischer Schriftsteller*. Werner Mitten-

zwei, Hrsg. Leipzig: Reclam, 1975, pp. 249–285.

16. Baroschian, V. D. "Georg Lukács and Modern Literature." *Wert und Wort* (1965): 142–148.

17. Batt, Kurt. "Erlebnis des Umbruchs und harmonische Gestalt: Der Dialog zwischen Anna Seghers und Georg Lukács." In his *Widerspruch und Übereinkunft*. F. Fuhrmann, Hrsg. Leipzig: Reclam, 1978, pp. 265–305. Also in his *Schriftsteller, Poet und wirkliches Blau*. Hamburg: Hoffmann & Campe, 1980, pp. 236–271. Also in *Der Streit mit Georg Lukács*. Suhrkamp, 1978, pp. 12–54.

18. Baum, H. G. *Marxismus contra Vision tragique?* Stuttgart-Bad Canstatt: Frommann/Holzboog, 1974, pp. 207.

19. Benjamin, Walter. *Versuche über Brecht*. Frankfurt: Suhrkamp, 1966.

20. Bense, Max. "Georg Lukács zum 70. Geburtstag." In *Augenblick, Aesthetica, Philosophica, Polemica 1*, no. 3 (1955): 24–36. Also in his *Rationalismus und Sensibilität. Präsentationen*. Krefeld, 1956, pp. 122–136.

21. ___. *Rationalismus und Sensibilität*. Krefeld, Baden-Baden: Agis Verlag, 1956.

22. ___. "Der Fall Georg Lukács." *Aufklärung* (*Gelsenkirchen*) *1*, no. 6 (1951): 139–141.

23. ___. *Die Philosophie* (*Zwischen den Beiden Kriegen*, Vol. I). Frankfurt: Suhrkamp, 1951, pp. 222–259.

24. Besson, Waldemar. "Die Zerstörung der Vernunft von Georg

Lukács." *Neues Forum 201*, no. 2 (1965): 365–369.

25. Beyer, Wilhelm R. "Marxistische Ontologie —Eine idealistische Modeschöpfung." *Deutsche Zeitschrift für Philosophie 17* (1969): 1310–1331.

26. ___. *Vier Kritiken: Heidegger, Satre, Adorno, Lukács* . Köln: Pahl-Rugenstein, 1970.

27. Bloch, Ernst. "Aktualität und Utopie." *Der Neue Merkur 7* (October 1923–March 1924): 457–477. Reprinted, "Aktualität und Utopie: zu Lukács *Geschichte und Klassenbewußtsein*." In his *Philosophische Aufsätze zur objektiven Phatasie*. Frankfurt am Main: Suhrkamp, 1969, pp. 598–621.

28. ___. "Zur Rettung von Georg Lukács." *Die Weissen Blätter*, 1919, pp. 529–530.

29. Borkenau, Franz. "Der Fall Georg Lukács." *Rheinischer Merkur* (April 26, 1957): 5.

30. Bukharin, Nikolai and Deborin, A. *Kontroversen über dialektischen und mechanistischen Materialismus*. Frankfurt am Main: 1974.

31. ___. Attacked *History and Class Consciousness* at the fifth Congress of the Comintern in 1924. See: Fifth Congress of the Communist International: Abridged Reprot (published by the Communist Party of Great Britain, n.d.), pp. 17–132.

32. Deborin, Abram M. "Lukács und seine Kritik des Marxismus." In *Arbeiterliteratur* (Vienna), no. 10 (1924): 615–640.

33. "Die Brecht-Polemik gegen Lukács." In *Expressionismusdebatte*.

Frankfurt am Main: Suhrkamp, 1973, pp. 302–336.

34. Fetscher, Iring. "Zum Begriff der 'Objektiven Möglichkeit' bei Max Weber und Georg Lukács." *Revue Internationale de Philosophie 27* (1973): 501–525.

35. Fleischhauer, Ingeborg. "Majakovskij und Lukács: Zwei Antworten auf die Frage nach dem Verhältnis zwischen Verdinglichung und Revolution." *Philosophisches Jahrbuch 84* (1977): 353–367.

36. Fogarasi, Bela. "Die philosophischen Konzeptionen Georg Lukács." *Problème des Friedens und des Sozialismus 2*, no. 6 (1959): 40–46.

37. Hahn, E. "Dialektik und Klassenbewußtsein." *Hegel-Jahrbuch* (1972): 210–222.

38. Hanak, Tibor. "Kommunistische Diskussionen um Georg Lukács." *Osteuropa 11*, no. 7/8 (1961): 527–533.

39. ___. "Georg Lukács: Geschichte und Klassenbewußtsein." *Zeitschrift Philosophie Forschung 25* (January-March 1971): 138–145.

40. Harter, K. "Dialektische Totalität bei Georg Lukács und integrale Ganzheit bei Leo Gabriel. Unter dem Aspekt ihrer Auswirkungen auf die neue anthropologische Konzeption des Individuums." *Wissenschaft und Weltbild 25*, no. 3 (1972): 178–187.

41. Lick, Josef. "Klasseninteresse und Klassenbewußtsein." *Deutsche Zeitschrift für Philosophie 27* (1979): 1310–1323.

42. Marck, Siegried. *Die Dialektik in der Philosophie der Gegenwart*

(2 vols.). Tubingen: J. C. B. Mohr, 1929–1931. [Critique of Lukács' Theories of Reification and Alienation. Excellent study.]

43. Tokei, Ferenc. "Bemerkungen zum postumen Werk von Georg Lukács." *Deutsche Zeitschrift für Philosophie 27* (1979): 1382–1386.

44. Zima, Peter V. "Dialektik zwischen Totalität und Fragment." In *Der Streit mit Georg Lukács.* H. J. Schmitt, Hrsg. Suhrkamp, 1978, pp. 124–172.

B. Studies in French:

1. Andler, Alexandre. "Revolution culturelle dans la revolution proletarienne de Hongrie. Lukács et la republique des conseils de 1919." *Pensée*, no. 206 (1979): 3–6.

2. Aron, Raymond. *La sociologie allemande contemporaine.* Paris: Gallimard, 1946.

3. Badia, Gilbert. "Renouveau de Georg Lukács? A propos des Écrits de Moscou." *Pensée*, no. 181 (1975): 121–125.

4. Barberis, Pierre. "Lukács et mous." *Europe 510* (1971): 208–215.

5. Baudy, Nicolas. "Georg Lukács ou la fin d'un esthete." *Les Nouveaux Cahiers*, no. 27 (Winter 1971–1972): 1–12.

6. Blanchard, Yvon. "Travail et telelogie chez Hegel selon Lukács." *Dialogue* (Canada) *9* (1970): 168–180.

7. Bonnel, Pierre. "Lukács contre Satre." (A propos de G. Lukács, Existentialisme ou Marxisme?) *Critique 4*, no. 27 (August 1948):

698–707.

8. Bourdet, Yvon. "Entretien avec Georg Lukács. Critique de la bureaucratie socialiste. Questions de methode." *L'homme et la Societé*, no. 20 (1970): 3–12.

9. Breton, Stanislas. "L'irrationalisme selon Georg Lukács." In *La crise de la raison dans la pensée contemporaine* (Recherches de Philosophie, V.). Paris-Pruges: Desclee de Brouwer, 1960, pp. 207–212.

10. Cottier, M. M. Review of Geschichte und Klassenbewußtsein. *Revue de Theologie 66* (1966): 644–646.

11. Duvignaud, Jean. "L'ideologie, cancer de la conscience." *Cahiers Internationaux de Sociologie 46* (January–June 1969): 37–50.

12. "Entretiens avec Georges Lukács." *Le Monde* (13 November 1970): 22.

13. Erval, François. "Pour Lukács la terre ne tourne pas' (Satre)." *Combat* (February 3, 1949). [Cf. Les Écrits de Satre, pp. 210–211.]

14. ___. "Georges Lukács et l'autocritique." *Les Temps Modernes 5* (1949): 1109–1127.

15. Feenberg, Andrew. "Lukács et la critique du marxisme orthodoxe." *L'homme et la Societé*, no. 31–32 (January–June 1974): 109–133.

16. Fejto, François. "Georges Lukács entre le dogmatisme et le revisionnisme." *Esprit 29*, no. 2 (February 1961): 249–260.

17. Fischbach, Fred. "Lukács, Bloch, Eisler. Contribution a l'histoire d'une controverse." *Europe 600* (1979): 36–85.

18. Furter, Peirre. "La pensée de Georg Lukács en France." *Revue de Theologie et de Philosophie 3e serie. 9*, no. 4 (1961): 353–361.

19. Gabel, Joseph. "Communisme et dialetique." *Lettres Nouvelles* (April-May 1958).

20. ___. *La Fausse consciene*. Essai sur la réification. Paris, 1962.

21. ___. "Korsch, Lukács et le problème de la conscience de classe." *Annales 21*, no. 3 (May–June 1966): 668–680.

22. ___. "Le Lukacisme aux Etats-Unis (A propos de la revue), *Telos*." *L'homme et la Societé*, no. 31–32 (January–June 1974).

23. ___. Rousset, Bernard, and Trenh, Van Thao, ed. *Actualité de la dialectique*. Paris: Anthropos, 1980.

24. Gisselbrecht, Francois. "Le jeune Lukács." *La Nouvelle Critique*, no. 6–7 (July–August 1957).

25. Goldmann, Lucien. "La réification." *Temps Modernes 14* (1959): 1433–1474. Reprinted in his *Recherches Dialetiques*. Paris: Gallimard, 1959, pp. 247–259.

26. ___. "Lukács, Gyoergy." *Enciclopaedia Universalis 10* (1971): 126–128.

27. Goriely, Georges. "Lucien Goldmann etait-il vraiment marxiste?" *Revue de l'Institut de Sociologie (Solvay) 1* (1980): 133–142.

28. Guerin, Daniel. "Satre, Lukács, et...la gironde." *Les Temps Modernes 13* (1957): 1132–1137.

29. Hanak, Tibor. "Comment Georg Lukács a été conduit au concept de réification." In *L'Alienation aujourd'hui*. Joseph Gabel, et al., ed. Paris: Editions Anthropos, 1974.

30. Hermann, Istvan. "Lukács, penseur de la totalité." *Europe 600* (1979): 27–34.

31. Horvath, Marton. "Sur l'autocritique de Lukács." *La Nouvelle Critique 2*, no. 13 (February 1950): 99–107.

32. Hyppolite, Jean. "Alienation et objectivation: A propos du Livre de Lukács La jeunesse de Hegel." *Étude Germaine*, no. 2 (1951): 117–124.

33. Kanapa, Jean. "La crise de l'ideologie bourgeoise: A propos d'Existentialisme ou Marxisme? de G. Lukács." *Cahiers du Communisme 25* (1948).

34. Katalin, Lakos. "Chronologie de G. Lukács." *Europe 600* (1979): 183–192.

35. Klebaner, Daniel. "Un marxiste maudit: Georges Lukács." *Les Nouvelles Litteraires* (5 June 1971): 10.

36. Koopeczi, Bela. "Lukács et 1919." *Pensée*, no. 206 (1979): 7–17.

37. Laszlo, Bela. "Georges Lukács ou le destin du dernier philosophe marxiste." *Preuves 1*, no. 5 (1951).

38. Loewy, Michael. "Notes sur Lukács et Gramsci." *L'Homme et la Societé*, no. 35–36 (January–June 1975): 79–87.

39. ___. "Ideologie revolutioannaire et messianisme mystique chez le jeune Lukács (1910–1919)." *Archives des Sciences Sociales des Relegions* (Paris) *23*, no. 45 (1978): 51–63.

40. ___. "La societé réifiée et la possibilité objective de sa connaissance chez Lukács." *Recherche Sociale*, no. 72 (1979): 17–31.

41. Lukács, Jozsef. "Les problèmes de la religion et de l'irrarionalisme dans l'oeuvre de Gyoergy Lukács." *Ann. Univ. Scient. Budapest. Philos.-Soc. 10* (1976): 21–34.

42. Maria, Roger. "Recontre avec Georg Lukács." *La Nouvelle Critique*, no. 20 (1969): 24–27.

43. Masset, Peirre. *Les 50 Mots-cles du marxisme*. Toulouse: Privat, 1970, p. 206.

44. Merleau-Ponty, Maurice. *Humanisme et terreur*. Paris: Gallimard, 1947.

45. ___. *Les Aventures de la dialectique*. Paris: Gallimard, 1955.

46. ___. *Sens et non sens*. Paris: Nagel, 1948.

47. ___. "Lukács et l'autocritique." *Les Temps Modernes 5*, no. 50 (December 1949): 1119–1121.

48. Miguelez, Roberto. "Connaissance et conscience, Science et Ideologie." *Revista Internacional de Sociologia 31*, no. 5–6 (January–June 1973): 67–82.

49. ___. *Sujet et histoire*. Ottawa: Editions de l'Iniversite d'Ottawa, 1973, p. 222.

50. Mittenzwei, Werner. "Lukács, le Front Populaire et la Liberation." *Europe 600* (1979): 86–104.

51. Nair, Sami and Loewy, Michael. *Goldmann ou la dialectique de la totalité*. Introduction, Choix de textes, Bibliographie. Paris: Segheres, 1973. p. 176.

52. Niel, Henri. Review of Geschichte und Klassenbewußtsein. *Critique 17*, no. 174 (1961): 975–990.

53. Pannonicus. "Une nouvelle affaire Lukács." *Les Temps Modernes 13*, no. 143–144 (1958): 1429–1435; and ibid, no. 145: 1715–1717.

54. Pernice, G. "Review of Lukács Existentialisme ou Marxisme?" *La NEF* (1949): 183–188.

55. Prevost, Claude, editor. *Georges Lukács: Écrits de Moscou.* Paris: Editions Sociales, 1973.

56. ___. "Note sur Lenin, Lukács, Anna Seghers." *La Nouvelle Critique*, no. 79–80 (1975): 99.

57. Rohrmoser, Gunter. *Theologie et alienation dans la pensée du jeune Hegel.* Paris: Beauchesne, 1970, p. 120.

58. Rosenberg, Harold. "Georges Lukács et la troisieme dimension." *Les Temps Modernes 20*, no. 22 (November 1964): 917–929.

59. Sarkany, Stephane. "Sur un ouvrage oublie de Lukács." *Europe 600* (1979): 12–27.

60. Schaff, Adam. "Conscience d'une classe et conscience de classe. En marge de l'ouvrage de Georg Lukács, Histoire et conscience de classe." *L'Homme et la Societé*, no. 26 (October–December 1972): 3–17.

61. Tertulian, Nicolas. "L'évolution de la pensée de Georg Lukács." *L'Homme et la Societé* (Paris), no. 20 (1971): 13–36.

62. Tokei, Ferenc. "L'ontologie de l'etre social: Notes sur l'oeuvre posthume de Gyoergy Lukács (1885–1971)." *Pensée*, no. 206

(1979): 29–37.

63. Weyembergh, Maurice. "M. Weber et G. Lukács." *Revue Inter-nationale de Philosophie 27* (1973): 474–500.

人名索引

十四劃

十九劃

術語索引

世界哲學家叢書（一）

書　　　名	作　　者	出　版　狀　況
孔　　　子	韋　政　通	已　出　版
孟　　　子	黃　俊　傑	已　出　版
荀　　　子	趙　士　林	已　出　版
老　　　子	劉　笑　敢	已　出　版
莊　　　子	吳　光　明	已　出　版
墨　　　子	王　讚　源	已　出　版
公　孫　龍　子	馮　耀　明	已　出　版
韓　　非	李　甦　平	已　出　版
淮　南　子	李　　增	已　出　版
董　仲　舒	韋　政　通	已　出　版
揚　　雄	陳　福　濱	已　出　版
王　　充	林　麗　雪	已　出　版
王　　弼	林　麗　真	已　出　版
郭　　象	湯　一　介	已　出　版
阮　　籍	辛　　旗	已　出　版
劉　　勰	劉　綱　紀	已　出　版
周　敦　頤	陳　郁　夫	已　出　版
張　　載	黃　秀　璣	已　出　版
李　　覯	謝　善　元	已　出　版
楊　　簡	鄭曉江 李承貴	已　出　版
王　安　石	王　明　蓀	已　出　版
程　顥　、程　頤	李　日　章	已　出　版
胡　　宏	王　立　新	已　出　版
朱　　熹	陳　榮　捷	已　出　版
陸　象　山	曾　春　海	已　出　版

世界哲學家叢書 (二)

書　　　　　名	作　　者	出　版　狀　況
王　廷　相	葛　榮　晉	已　　出　　版
王　陽　明	秦　家　懿	已　　出　　版
李　卓　吾	劉　季　倫	已　　出　　版
方　以　智	劉　君　燦	已　　出　　版
朱　舜　水	李　甦　平	已　　出　　版
戴　　震	張　立　文	已　　出　　版
竺　道　生	陳　沛　然	已　　出　　版
慧　　遠	區　結　成	已　　出　　版
僧　　肇	李　潤　生	已　　出　　版
吉　　藏	楊　惠　南	已　　出　　版
法　　藏	方　立　天	已　　出　　版
惠　　能	楊　惠　南	已　　出　　版
宗　　密	冉　雲　華	已　　出　　版
永　明　延　壽	冉　雲　華	已　　出　　版
湛　　然	賴　永　海	已　　出　　版
知　　禮	釋　慧　岳	已　　出　　版
嚴　　復	王　中　江	已　　出　　版
康　有　為	汪　榮　祖	已　　出　　版
章　太　炎	姜　義　華	已　　出　　版
熊　十　力	景　海　峰	已　　出　　版
梁　漱　溟	王　宗　昱	已　　出　　版
殷　海　光	章　　清	已　　出　　版
金　岳　霖	胡　　軍	已　　出　　版
張　東　蓀	張　耀　南	已　　出　　版
馮　友　蘭	殷　　鼎	已　　出　　版

世界哲學家叢書 (三)

書　　　　　名	作　　者	出　版　狀　況
牟　　宗　　三	鄭　家　棟	排　　印　　中
湯　　用　　彤	孫　尚　揚	已　　出　　版
賀　　　　麟	張　學　智	已　　出　　版
商　　羯　　羅	江　亦　麗	已　　出　　版
辨　　　　喜	馬　小　鶴	已　　出　　版
泰　　戈　　爾	宮　　　靜	已　　出　　版
奧羅賓多・高士	朱　明　忠	已　　出　　版
甘　　　　地	馬　小　鶴	已　　出　　版
尼　　赫　　魯	朱　明　忠	已　　出　　版
拉達克里希南	宮　　　靜	已　　出　　版
李　　栗　　谷	宋　錫　球	已　　出　　版
空　　　　海	魏　常　海	排　　印　　中
道　　　　元	傅　偉　勳	已　　出　　版
山　鹿　素　行	劉　梅　琴	已　　出　　版
山　崎　闇　齋	岡田武彥	已　　出　　版
三　宅　尚　齋	海老田輝巳	已　　出　　版
貝　原　益　軒	岡田武彥	已　　出　　版
荻　生　徂　徠	王　祥　齡 劉　梅　琴	已　　出　　版
石　田　梅　岩	李　甦　平	已　　出　　版
楠　本　端　山	岡田武彥	已　　出　　版
吉　田　松　陰	山口宗之	已　　出　　版
中　江　兆　民	畢　小　輝	已　　出　　版
蘇格拉底及其先期哲學家	范　明　生	排　　印　　中
柏　　拉　　圖	傅　佩　榮	已　　出　　版
亞　里　斯　多　德	曾　仰　如	已　　出　　版

世界哲學家叢書（四）

書　　　　名	作　　者	出　版　狀　況
伊　壁　鳩　魯	楊　　適	已　　出　　版
愛　比　克　泰　德	楊　　適	已　　出　　版
柏　　羅　　丁	趙　敦　華	已　　出　　版
伊　本・赫　勒　敦	馬　小　鶴	已　　出　　版
尼　古　拉・庫　薩	李　秋　零	已　　出　　版
笛　　卡　　兒	孫　振　青	已　　出　　版
斯　賓　諾　莎	洪　漢　鼎	已　　出　　版
萊　布　尼　茨	陳　修　齋	已　　出　　版
牛　　　　頓	吳　以　義	已　　出　　版
托　馬　斯・霍　布　斯	余　麗　嫦	已　　出　　版
洛　　　　克	謝　啓　武	已　　出　　版
休　　　　謨	李　瑞　全	已　　出　　版
巴　　克　　萊	蔡　信　安	已　　出　　版
托　馬　斯・銳　德	倪　培　民	已　　出　　版
梅　　里　　葉	李　鳳　鳴	已　　出　　版
狄　　德　　羅	李　鳳　鳴	已　　出　　版
伏　　爾　　泰	李　鳳　鳴	已　　出　　版
孟　德　斯　鳩	侯　鴻　勳	已　　出　　版
施　萊　爾　馬　赫	鄧　安　慶	已　　出　　版
費　　希　　特	洪　漢　鼎	已　　出　　版
謝　　　　林	鄧　安　慶	已　　出　　版
叔　　本　　華	鄧　安　慶	已　　出　　版
祁　　克　　果	陳　俊　輝	已　　出　　版
彭　　加　　勒	李　醒　民	已　　出　　版
馬　　　　赫	李　醒　民	已　　出　　版

世界哲學家叢書（五）

書　　　　　名	作　　　者	出　版　狀　況
迪　　　　　昂	李　醒　民	已　　出　　版
恩　　格　　斯	李　步　樓	已　　出　　版
馬　　克　　思	洪　鎌　德	已　　出　　版
約　翰　彌　爾	張　明　貴	已　　出　　版
狄　　爾　　泰	張　旺　山	已　　出　　版
弗　洛　伊　德	陳　小　文	已　　出　　版
史　賓　格　勒	商　戈　令	已　　出　　版
韋　　　　　伯	韓　水　法	已　　出　　版
雅　　斯　　培	黃　　　藿	已　　出　　版
胡　　塞　　爾	蔡　美　麗	已　　出　　版
馬克斯・謝勒	江　日　新	已　　出　　版
海　　德　　格	項　退　結	已　　出　　版
高　　達　　美	嚴　　　平	已　　出　　版
盧　　卡　　奇	謝　勝　義	已　　出　　版
哈　伯　馬　斯	李　英　明	已　　出　　版
榮　　　　　格	劉　耀　中	已　　出　　版
皮　　亞　　傑	杜　麗　燕	已　　山　　版
索　洛　維　約　夫	徐　鳳　林	已　　出　　版
費　奧　多　洛　夫	徐　鳳　林	已　　出　　版
別　爾　嘉　耶　夫	雷　永　生	已　　出　　版
馬　　賽　　爾	陸　達　誠	已　　出　　版
阿　　圖　　色	徐　崇　溫	已　　出　　版
傅　　　　　科	于　奇　智	已　　出　　版
布　拉　德　雷	張　家　龍	已　　出　　版
懷　　特　　海	陳　奎　德	已　　出　　版

世界哲學家叢書（六）

書　　　　　名	作　　　者	出　版　狀　況
愛　因　斯　坦	李　醒　民	已　　出　　版
皮　　爾　　遜	李　醒　民	已　　出　　版
玻　　　　爾	戈　　　革	已　　出　　版
弗　雷　格	王　　　路	已　　出　　版
石　里　克	韓　林　合	已　　出　　版
維　根　斯　坦	范　光　棣	已　　出　　版
艾　　耶　　爾	張　家　龍	已　　出　　版
奧　斯　丁	劉　福　增	已　　出　　版
史　陶　生	謝　仲　明	已　　出　　版
馮・賴　特	陳　　　波	已　　出　　版
赫　　　　爾	孫　偉　平	已　　出　　版
愛　默　生	陳　　　波	已　　出　　版
魯　一　士	黃　秀　璣	已　　出　　版
普　爾　斯	朱　建　民	已　　出　　版
詹　姆　士	朱　建　民	已　　出　　版
蒯　　　　因	陳　　　波	已　　出　　版
庫　　　　恩	吳　以　義	已　　出　　版
史　蒂　文　森	孫　偉　平	已　　出　　版
洛　爾　斯	石　元　康	已　　出　　版
海　耶　克	陳　奎　德	已　　出　　版
喬　姆　斯　基	韓　林　合	已　　出　　版
馬　克　弗　森	許　國　賢	已　　出　　版
尼　布　爾	卓　新　平	已　　出　　版